詳解  INDUSTRIAL ENGINEERING

インダストリアル・エンジニアリング

体系化とマネジメントへの展開

伊藤謙治
Kenji Itoh

日本能率協会マネジメントセンター

はじめに

日本での IE（Industrial Engineering）の歴史は意外と長く，第二次世界大戦後すぐにいくつかの大学でコース，あるいは学科として設立され，すでに70有余年を経ている。アメリカで始まった IE を当時，一般には「経営工学」と訳された。また，別の大学では「管理工学」，あるいは「工業経営」と訳されるところもあった（その後さらに対象や利用するアプローチの拡大とともに，たとえば「経営システム工学」というような，マイナーな名称変更をした時期，あるいは大学もある）。その後の戦後の復興期，そして高度経済成長期には国公立，私立を問わず，多くの大学に次々と関連する学科が設置されていった。

IE を広く捉えたときの管理技術の総称である「経営工学」は，テイラー以降の時間研究・作業研究の技法を中心とした狭い意味での IE とともに，QC（Quality Control; 品質管理），OR（Operations Research; オペレーションズ・リサーチ）を活用して，高度成長期を通じて我が国の強みであった現場の生産性向上に大きく寄与していった。このように，戦後日本の製造業を中心として重要な役割を果たす管理技術者を輩出すべく，大学にはなくてならない，工学系の主要な学科・専攻（大学院）へと成長していった。

IE は製造業のみならず，サービス産業や銀行・金融業など，さまざまな産業・領域における組織において，その考え方，アプローチ，そして技法が利用されている現代社会になくてはならない管理技術として機能している。実際に多くの（ほとんどの）企業において今日でも，現場改善・作業改善の重要な手法として，テイラー，そしてそれ以降に開発された作業分析・作業改善の各種技法が適用されている。

それゆえ，社内での円滑・効果的な利用・普及を意図して，多くの従業員・管理者が習得すべき必須の内容として IE の教育・訓練は行われている。現在

において IE は工場マネジメントの技法にとどまらず，あらゆるタイプの組織に適用が可能なマネジメントの技術基盤になっている。

一方，大学における教育・研究の状況に目を転じると，産業界における実践的重要性にもかかわらず，その後のバブル期，IT（information technology; 情報技術）をはじめとする，高度技術の利用が盛んな時代になっていくと，方法論として成熟・確立されたように映る経営工学関連の学科・専攻は，他の分野の学科・専攻と融合して名前を変えたり，あるいは専門分野ごとなくなっていった大学も少なくない。このようにして，経営工学繁栄の昭和から平成・令和の時代に入ると，日本の大学の工学系の学部・大学院から「経営工学」という名前が徐々に姿を消していっている。

上述した産業界における IE の重要性や活用状況と，大学における IE 教育とのギャップを埋めておかないと，テイラーを知らない経営工学の卒業生が大学を出ていったり，産業界で現場管理の担当者・管理者になって初めて IE という学問の存在を知ることになる人材を輩出するという危機感が，本書をまとめようと思った一つのモチベーションになっている。

今では IE と聞くと，生産現場における作業改善と，それを実施する方法と認識する人が多い。それとともに，ホワイトカラーの比率が55％を超え，直接生産に従事している人がわずかになっている現在，もう IE はそんなに使うところがないと思っている人は結構多いように思われる。そうではなく，IE は生産性や効率だけでなく，あらゆるタイプのマネジメントに共通する普遍的な考え方，アプローチを有するマネジメントのパラダイムである。

それを実践しやすくするには，IE を体系的に整理し，現代社会における必要性との関係から説明する必要があり，これが本書執筆の第2のモチベーションである。これらのモチベーションに従って，本書は経営工学，経営学などのマネジメントを主要な専門分野にしている学部・大学院の学生，そして企業や組織においてマネジメントの実務，その周辺業務を担当している人々を対象としている。

IE は生産といった狭い範囲の対象に限ったものではなく，さまざまな作

業・業務・組織の設計・改善・管理に関する考え方，アプローチ，そしてそれを支援する方法・技法を有する普遍的な実践的学問である。近代 IE の始まりである百数十年前の企業活動の多くが生産活動であり，その当時活躍した人が開発した方法が現在でも実社会で適用されている。それらの方法・技法が製造部門，工場マネジメントの分野で大きな効果を上げているために，かえって多くの人が IE の適用範囲を生産分野に限定しているように思われてならない。

　本書では，テイラー，ギルブレスをはじめとする IE の創成期から現在までに開発され，それぞれの時代の状況や対象に適応してきた IE の考え方，アプローチ，それを実践に移す手法について，現在のさまざまな形態の作業・業務・組織に利用することができるように整理し直し，IE をマネジメントに対する技術基盤として体系的に論じていく。これにより IE の考え方を理解・習得し，IE が単なる生産活動・作業改善の手法・ツールではなく，現在の高度，成熟化した組織においてさまざまな組織目標を満たすための管理活動をサポートする実践的学問であることを示すことが，本書の目的である。

　このような目的に従って，本書は次の 5 章で構成されている。まず第 1 章では IE の概論として，IE の考え方や捉え方を理解するために，IE の定義や解釈，そして歴史的な成り立ちや IE を取り巻く関連分野について論じる。

　概論に引き続き，第 2 ～ 4 章が本書の主要部分である。これらの各章では IE のもつ具体的なアプローチや手法を学ぶために，生産作業・工程を対象とする IE の方法論と，それに従った方法・技法を説明する。

　第 2 章では，作業レベルの設計・管理を対象に，その活動を行うための最も重要な基本的な概念，すなわち標準時間を説明する。そのための手法として直接時間観測，PTS 法（Predetermined Time Standard），そして標準資料法について論じる。

　第 3 章では，作業を分析し，改善するための考え方と方法について詳しく説明する。ここではサーブリッグ，動作経済の原則，ワーク・サンプリング，そして習熟などが議論の対象となる。

　第 4 章では，複数の作業で構成される生産工程を対象に，その設計・分析の

仕方として工程図記号，さらに工程間のバランスをとり，各工程を効率的に編成するライン・バランシング，そしてこれらの複数工程を工場の敷地内に最適配置するプラント・レイアウトの問題を取り上げる。

最後の第5章では，それまでの章で論じてきたIEの考え方やアプローチを，伝統的なIEが得意とする対象からさらに多くの分野，そしてさまざまなタイプの問題への適用を展望する。そのため，ここではIEと関連する諸分野との組み合わせを考え，伝統的なIEの限界を打破し，高度・成熟化した現代社会における諸問題にIEを適合させるための方法を論じて，本書をまとめる。

本書の内容の中心は，筆者をIEの道へと導いていただいた恩師の東京工業大学・名誉教授の秋庭雅夫先生からの教えによるものである。2021年3月に他界された先生に最大限の感謝を申し上げます。本書に含まれる内容の多くは，秋庭先生の教えとともに，筆者の三十数年の大学での授業がもとになっている。これまでの間，東京工業大学・工学部経営工学科（現在は工学院・経営工学系）でIEの授業を受講してくれた当時の学生諸君，そして東工大での教員生活の後半の約20年間に一緒に授業を担当してくれた東京工業大学・青木洋貴准教授に謝意を表します。

最後に，本書に関連するさまざまな意見交換や助言を通じて，本書の内容・校正等に関する貴重なアイデアをいただいた日本能率協会コンサルティング（JMAC）常任顧問の齋藤彰一氏，そして本書執筆の機会を与えていただき，多くの助言等，ご支援いただいた日本能率協会マネジメントセンター・出版事業本部長の黒川剛氏，取締役の千野道人氏，そして多大な編集の労をとって頂いた同社出版事業本部の東寿浩氏を始めとする編集部の方々に，この場を借りて感謝の意を述べさせて頂きたい。

2022年3月末日

伊藤　謙治

詳解インダストリアル・エンジニアリング
——体系化とマネジメントへの展開——

目　次

＊本文中に［1］というような，カギカッコ付きの番号の記述は，その文章の内容をオリジナルとして発表した文献を示している。その番号の具体的な文献については，巻末の「引用文献」リストにまとめてあるので，参照されたい。

第1章
IE 概論
——IE の歴史と捉え方——

　本章では，IE に関する概論としてその全体像を捉えるため，IE の定義，歴史的な成り立ち，そして特徴について論じる。

　IE の誕生・初期の発展時の内容として，特に重要なテイラーの科学的管理法，フォード・システム，そして IE の精神について説明する。それに続き，IE を現代的な組織における問題解決の技術として昇華させるために，これまで実践してきた伝統的な IE に対して，その特徴，そしてその本質について論じていく。

1.1 IE とは

1.1.1 IE の定義

作業の設計・管理・改善という活動は大昔からあったであろうが，現在インダストリアル・エンジニアリング（**IE; Industrial Engineering**）という名称で認知され，そして理解されている活動や専門分野は，**フレデリック・ウィンスロウ・テイラー**（Frederic Winslow Taylor, 1856～1915 年）が**科学的管理法**（Scientific Management）[1]として作業を成り行き的な管理ではなく，科学的な分析に基づいて管理・改善を実施した活動や，そこで用いた方法に源を発している。

それ以降，さまざまな人々，企業，組織がこのような管理に関する活動，実践，そして研究を続けて，知識やノウハウ，アプローチ，方法論，手法を開発し，そしてそれらを改良，蓄積し，今日に至っている。このようなテイラー以降の，作業，業務，工程，システム，組織等の構築・管理の技術・方法や，これに関わる内容を「IE」と称して，多くの企業や組織で実施している。

（1）アメリカ IE 協会による定義

IE の内容を説明するにあたって，今となってはかなり古いものとなってしまうが，アメリカ IE 協会（American Institute of Industrial Engineers; AIIE）の1955年の定義がある[2]。これが非常にうまい定義であり，現在においても最も頻繁に引用されている IE の定義である。これによると，IE は，「**人，資材，および設備**[1)]**の統合されたシステムの設計，改善，ならびに設定に携わる。それは，数理科学，自然科学，および社会科学における専門の知識と技能とともに，そのようなシステムから得られる結果を明記し，予測し，評価するための工学的な分析，ならびに設計の原則と方法を利用する**」とある。この定義には，この分野を表す重要な要素が明示的に示されている。

1）IE の進展とともに「経営システム工学協会」と組織の名称を変えている。2022年3月現在の定義では，経営資源としてこれらに「情報」，および「エネルギー」が追加されている[3]。

（2）IEの対象とする活動

　第一の点として，IE は人，資材，および設備の統合されたシステムを対象にし，それに対する設計，改善，設定等に関わる業務，活動を実践するという，IE が行うべき活動を明記している。六十数年前の，コンピュータが企業・組織でほとんど使われていない時代においては，組織運営のための代表的な資源（**経営資源**）は，「ひと」「もの」（これを，この定義では「もの」を「資材」と「設備」（当時は機械とほぼ同義）に分けている）であった。

　すなわち，IE は，**経営資源を使ってシステムを統合的に（システム全体が最適になるように）設計・設定・管理・改善するための実践的活動**であり，そのための概念，アプローチ，方法論，手法，ツール開発・研究等を実施する諸活動である。

（3）経営資源

　上記の IE 定義で，「ひと」（man），「機械」（machine），「資材」（materials）を英単語の頭文字から **3M**，そしてこれらに加えて，もう一つのM「金」（money）も，どのような組織でも必要な経営資源である。これら **4M** が当時，どのような組織においても管理すべき代表的な経営資源であった。IT（information technology）が発展した現在においては，これら 4M に加えて，「情報」はどの組織でもその運営に必要不可欠な重要な資源である。

　アメリカ IE 協会はその後，「アメリカ」を削除して単に IE 協会（IIE；Institute of Industrial Engineers）となり，さらに現在ではシステム的な要素も含めて経営システム工学協会（IISE；Institute of Industrial and Systems Engineers）と名称を変更していったが（日本の経営工学関連の学科も「経営システム工学科」というように名称変更した大学も多くあった），現在の定義でも上述した1955年に制定した定義にマネジメントに利用する経営資源として「情報」（information）と「エネルギー」（energy）を加えただけであり，他の部分の記述は全く変わっていない[3]。

　個々の企業や組織によっては，これら 4M＋情報，エネルギーだけでなく，ほかにも管理すべき重要な経営資源があるかもしれない。それらも含めて経営

資源を効果的に使って上述した活動を行っていく分野が IE である。

（4）IE 活動の方法

上述した IE の定義の 2 番目の文では，IE 活動をどのように行っていくのか，それに利用する技術，方法，アプローチについて記している。この文の前半部分では，自然現象，社会現象，経済・社会活動，そして人間の行動・活動を理解した上でシステム・組織を管理，運営するために，数学的手法である数理科学，物理，化学等の自然科学，そして経済学，社会学などの社会科学を利用して IE 活動を行っていくことが明記されている。

ここで，人間行動・人間心理などに関わる心理学（さらに言うと人文科学）の利用が明示的に含まれていないが，社会科学に内包されているものと考えるべきである。

文章の後半にある「システムから得られる結果を明記し」という記述から，現実・実際の現場のデータを獲得，解析，すなわち**現場の観察に基づく分析，予測を，データ解析に裏打ちされた工学的方法を利用する**問題解決アプローチの重要性を示唆している。

さらに，「設計の原則と利用」の部分では，活動の継続性と，継続した組織活動からの学習の必要性を暗示しており，**システム運用・組織活動に対する知の創造**を謳っている。

（5）JIS の定義

我が国の JIS（Japan Industrial Standard; 日本産業規格[2]）においては，IE は経営工学と注釈を付けられた上で，|経営目的を定め，それを実現するために，環境（社会環境および自然環境）との調和を図りながら，人，もの（機械・設備，原材料，補助材料およびエネルギー），金，および情報を最適に設計し，運用し，統制する工学的な技術・技法の体系。時間研究や動作研究など伝統的な IE 技法に始まり，生産の自動化，コンピュータ支援化，情報ネットワーク化の中で，

2）日本の国家標準の 1 つである JIS はかつては，「日本工業規格」と呼ばれていたが，2019年7月より「日本産業規格」と改称した。

制御，情報処理，ネットワークなどさまざまな工学的手法が取り入れられ，その体系自身が経営体とともに進化している」（JIS Z8141）と定義されている。

　このJISの定義の前半の文では，経営資源として現代社会にマッチするように金，情報，エネルギーが含まれているが，本質的にはAIIEの1955年の定義と内容は同じである（これを参考に作られた定義であるので，当然ではあるが）。後半の文章では第2・3章で説明するテイラーとそれ以降に開発された手法，利用技術，適用対象を含めたIEの歴史的な発展過程にも触れられている。

（6）IE適用の対象領域

　現在IEを利用している組織，企業の多くにおいては，テイラー以降，初期の対象であった生産・製造現場に適用しているケースが多い。また，IE適用のために利用する手法，そしてツールとして技術が確立されているもののほとんどが，生産・製造のために開発されたものである。そのため，現在では単に「IE」と言うと，多くの人は生産・製造への適用を主目的とした管理・改善技法・手法を思い浮かべるであろう。すなわち，IEは典型的には生産・製造現場を対象とした管理技術としての狭義の解釈で認識されているであろう。

　しかしながら，上述の定義（アメリカでも日本でも）でもわかるように，IEを定義するのに製造・生産，組み立て，加工など，生産現場を強く連想させる用語は全く含まれておらず，**IEはすべてのシステム，すべての組織，すべての業務を対象とした設定・管理・改善活動**であり，これまで行われてきた経営工学そのものであることがわかる（広義の定義）。

　本書においては，IEの狭義の解釈を打破するために，IEの考え方，捉え方，問題解決の仕方を説明した後，各章の前半部分で生産作業・工程を対象に確立されてきた手法や技法を論じる。そして，各章の最後の節において広義に定義された（定義を文字通りに解釈した）IE，すなわち現代社会におけるさまざまな組織や業務，そこでの問題に対するIEアプローチと，その適用方法について例示，紹介していく。

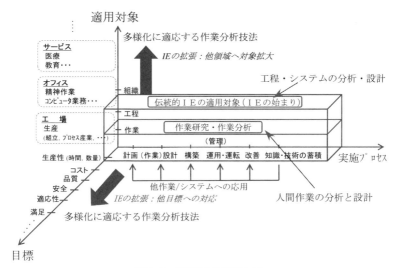

図 1.1　広義 IE の概要と軸

1.1.2　IE の広義解釈

　テイラー以降，IE の初期の時代，そしてその後の長い期間においても，IE の目標は作業・工程の生産性（効率）を対象とした向上であった（これを本書では以降「伝統的な IE」と呼ぶことにする）。前項で論じたように IE を広義の解釈の通り，現代社会でのさまざまな組織を対象とした設計・設定・管理・改善活動であるためには，IE の実践・利用に関する捉え方を拡張しなくてはならない。そのため，ここでは図 1.1 に示すように，目標，適用対象，そして活動の実施プロセス（段階）の 3 つを取り上げて，関連する個々の IE 活動を特徴付けてみる。

（1）管理目標・管理特性

　伝統的な IE の目標であった生産性——そのための時間（time）や数量（quantity）の管理（この 2 つを合わせて，D—delivery（引き渡し）—と略称することが今日，一般的である）——だけでなく，コスト（C—cost）も重要な目標である。そして，品質（Q—quality）も管理の最重要項目である。これら 3 つ

の特性が，生産工程における最も重要な**管理特性**であり，よく **QCD** と一括して略称される。

　現在，多くの企業や組織で QCD を上回る（少なくても建前上は第一義的な）目標に，安全（safety）がある。これらの組織目標はそれぞれ独立ではなく，少なくても一部は従属的，あるいは関係し合っている。また，変動の速い現在においては，これらの管理特性のほかにも，たとえば柔軟性（flexibility）も重要な目標であろう。さらに，製品・サービスを利用する顧客の満足度（CS；customer satisfaction），それを創造する従業員の満足度（ES；employee satisfaction）などの満足，他にも管理すべきいろいろな特性がある。

　上述した通り，これまでの伝統的な IE では生産性を対象とし，広義の IE（経営工学）の 1 分野であった品質管理，原価管理では，それぞれ品質，コストといった単一の管理特性を最適化するようにマネジメントを行っていたものである。

（2）管理の適用対象

　適用対象としては，テイラーに始まった最初の IE では構成レベルの最も低い，作業を対象としていた。対象の構成レベルは作業から，（生産で例示すれば）複数の作業が集まった工程，さらに多くの工程が 1 つの建屋内に存在する工場へと広がっていく。伝統的な IE は主としてこのような工場内の作業，工程を対象に活動が進められていた。

　現在では，生産・製造に関連する組織や作業場だけでなく，さまざまな形態，サービスに携わる組織，オフィスがあり，それらも現代的な（広義の）IE では適用対象としている。そこでは，これまでの IE で主対象としてきた筋骨格系を使ってきたマニュアル作業でなく，精神作業，コンピュータを使った認知作業，知的業務など，さまざまな形態の作業や業務対象が存在している。

（3）実施プロセス

　3 つめの軸として，管理の実施プロセス（あるいは管理する業務・システムのライフサイクル）がある。作業（あるいは業務）を例にとって説明すると，まず

計画（段階）がある。計画が出来上がったら，その作業を設計し，実際に構築し，現場で実践していく（運用・運転）。運用・運転をある期間実施していけば，不具合や問題も露見し（あるいはこれを見つけ出し），改善が必要となってくる。

　このような運用・改善を長期間，多くの作業で継続して，繰り返し実施することにより，知識・技能・技術が蓄積されていく（IE の定義にもあったように，これを「原則」「ガイドライン」「方法」として再利用可能な組織知識としてまとめる）。これが次の活動，他の工程や業務に対する IE 活動へと，効果的に受け継がれていく。

（4）個別活動の捉え方

　伝統的な IE や，広義の IE の構成要素である品質管理，原価管理といった経営工学の各分野は，これらの3軸に対して，点，あるいは線として活動してきた。たとえば，IE の始まりであるテイラーの標準時間（課業）の設定[3]は，作業を適用対象に，生産性（時間）を目標に，その設計段階（実施プロセス）の活動をサポートする方法と解釈できる。

　作業改善のための分析技法であるサーブリッグ[4]は，生産性を目標に作業の改善を行うための分析技法として図1.1の空間上では［作業，生産性，改善］という点にマッピングできる。これらの方法を含む初期の時間研究，動作研究，作業研究と称される一連の技法は，生産性を目標として作業を対象に，計画から知識・技術の蓄積までのプロセスを線として活動と特徴付けることができる。より多くの内容を含んだ管理活動，たとえば経営工学の一分野である品質管理は，主として品質を目標に工程を対象とした実施プロセス全般を管理する線上の活動として捉えることができる。

　伝統的な IE を，高度技術を伴う成熟化した現代の社会状況に適合した広義の IE として真に機能させるためには，図1.1に示した空間上においてそれぞれの点，あるいは線として実施されている活動から，面として，さらに空間全体として利用できるアプローチ，方法を備えることである。

3）これについては次節で詳しく説明し，第2章でそのための方法を論じる。
4）これについては第3章で詳しく論じる。

　これらの一例として，伝統的な IE の適用対象であった生産現場の作業・工程・工場から，医療，交通などのサービス，社会システムへと拡張し，対象の多様化に適応する分析方法，作業・組織の目標を生産性だけでなく，安全や満足度など，目標の多様化に適応するアプローチ，技法への対応について，第 5 章で議論する。

　このような試みにより，IE の適用空間の点・線としての利用から面，あるいは空間全体への適用が可能となることが期待される。

1.2　IE の成り立ち：テイラー，フォードとその後

1.2.1　テイラーと科学的管理法

　本書において何度も触れているように，現在我々が IE，あるいは経営工学として活動，実践している内容は，テイラーの業績を起源としている。

　彼が始めた作業管理の考え方や方法は，高度な技術を使い，異なる形態の製品を作っている現在の製造現場においても通用し，使用しているものも数多い。このような管理技術が脈々として現場や組織の管理に受け継がれている。

　このようなことから，IE の歴史を知り，そして IE の考え方を理解する上でも，テイラーの仕事を振り返ることは必須である。

（1）テイラーの時代

　テイラーが IE の分野で活動を始めたのは，南北戦争が終わってまだ20年程度を経た頃で，恐慌からようやく脱しようかという時期であった。企業の業績もまだ低迷していた。アメリカ社会においては人種間の不平等，差別はあり，会社内では経営者と労働者は反目し合っていた。経営者はなるべく安い賃金で労働者を使おうとし，労働者はなるべく作業を楽してサボろうとしていた。

　テイラーは工場での見習い工や作業長（今で言う職長や組長）を経て，現代風に言えば生産の作業改善を請け負う経営コンサルタントのような職に就いていた。彼は多くの工場を渡り歩き，それぞれの工場で作業改善を実施し，次々

に成果を上げていった。個々の工場での改善活動の方法を論文や書籍として発表していき，彼の存在が全米中に知られるようになっていった。

（2）テイラーの活動

テイラーの初期の活動としてミッドベール製鋼所での改善業務がある。これが後に**時間研究**（Time Study）と総称される IE の始まりである。その後，ベツレヘム製鋼所に移り，金属切削研究，ショベル作業，ズク（鉄くず）運びなどの作業改善を通じて，時間研究の技術，方法を精緻，進化させていった。これらの作業改善活動で利用，開発した方法をまとめ，彼の作業管理に対する考え方や方法を「**科学的管理法**」（Scientific Management）として集大成してまとめた。

このような功績によって，テイラーは「近代 IE の始祖」，あるいは「科学的管理法の父」と呼ばれる，誰もが認める IE，あるいは経営工学のパイオニアである。

テイラーによる改善活動により，多くの工場で高い生産性を達成することとなった。しかし，その反面，労使対立が激化していた当時においては，**テイラリズム**（Taylorism；テイラーの作業改善のアプローチ）に対して過度な労働強化・労働搾取の批判が起き，1911年11月から1912年 2 月まで米国下院に科学的管理法特別調査委員会が開かれることとなり，テイラー自身も何回か証言台に立っている。

このときの議事録が詳細に残っており，彼の考え方や，このような管理法を導入するに至った動機や狙いなども克明に記されている。これらの内容が，論文とともにテイラーが開発・提案した工場管理・作業改善の方法の理解を補完する貴重な資料となっている。

（3）出来高払い制

前述したように，テイラーは自分自身の作業改善のコンサルティングを通じて開発した方法を，論文や書物として世に発表していく。彼の著作「**工場管理法**」（Shop Management）[4]では，**出来高払い制**（piece rate system），課業の設

定，時間研究の必要性，そして工場の組織形態を機能組織に変更することを提案している。

前に述べたように当時は，労使対立が激しく，工場内では作業者の怠業[5]が一般的に広まっていた。作業者に対する当時の賃金体系は**日給制**であり，工場に出勤していれば1日決まった賃金を貰え，一生懸命作業しても，いい加減に仕事しても同じ額の賃金であった。これでは一生懸命働くモチベーションがなくなると，日給制が怠業の大きな原因の1つとテイラーは考えていた。

そこで，彼は日給制から出来高払い制に給与体系を変更することを提案した。今で言う歩合制に近いものである。1個作っていくらで，その日に生産した製品あるいは部品の個数（量）により賃金は決定される。たくさん製品を作れば（サボらずに普通に作業すれば）給与は増えるので，作業者は一生懸命働き，怠業はなくなるという訳である。

（4）課業と時間研究

出来高払い制を採用するとなると，問題は賃率をどのように設定するかである。製品を1個作ったときの報酬を決めなくてはならない。賃率が低ければ作業者が貰える賃金はかえって減ることになるので，彼らのモチベーションはさらに低下する恐れがある。一方，賃率が過度に高いと（当時の経営者がそうすることはなかったと思うが），人件費は製品の出来高に対して高騰してしまう。すなわち，道理に合った，適切な賃率を決める必要がある。

そのためには，**1日に働くべき適切な作業量**（生産する個数）が，これに対する基本となる。これを**課業**といい，英語では"task"という単語である。この課業が賃金設定，そして作業管理の基本になるので，これを「エイヤ」で決めてしまうわけにはいかない。合理的な，そして科学的な分析に基づいて課業を決めなくてはならない。これが科学的管理法の原点であり，テイラー以降の人々の業績も含め，これに関する一連の方法や活動を時間研究と称している。

5）「怠業」とは職務をサボることであるが，英語ではsoldieringという用語を使っていた。

（5）機能組織

当時の工場は現在と比べると規模は小さいが，現在の事業部制のような組織形態であった。機械製造工場では生産する機械種別ごとに部門が分かれて，部門ごとにその下に製造，生産技術，購買，管理，等々，それぞれの機能・職能が配置されていた。

ある機械の製造現場で効果的な作業改善が行われる場合，担当者やセクションが違う類似の別の機械部門では，この改善技術がうまくトランスファーしていかない。一事が万事で，それほど広くない，別の製品の製造・管理が隣や近くの現場で行われているにもかかわらず，すべての職能・部門でこのような類似した活動が個々に起こっていた。

最適な組織の形態は，企業の規模，製品品種の豊富さ，製造工程や必要な職能の特徴など，さまざまな要因で決定されるべきである。小規模で類似の製造工程・職能で構成されていた当時の単一の工場では，事業部的な組織形態から，職能により部門を構成する機能組織にすることをテイラーは推奨していた。

（6）科学的管理法の原理

このようにして，さまざまな工場や生産の現場においてテイラーが実践，開発してきた方法，もっというと彼の組織管理技術の集大成である科学的管理法[1]の原理は，次の4点にまとめられる。すなわち，(a)労使双方の利害の一致と協力；(b)経験則の廃止：科学的研究・方法による作業；(c)作業者の選択と訓練；および(d)責任の分担（作業者と管理者），である。

a）労使双方の協力

テイラーが活躍していた時代では経営者と労働者が反目し合っていた。しかし，科学的管理法を適用し，作業者が怠業をなくし働けば，出来高払い制により多くの賃金を得ることができ，作業者は豊かになることをテイラーは説いていった。

当時は，よい製品であれば消費量が増える時代であったので，出来高払いで労務費は上がっても，それにもまして生産量が増えるので（製品1個あたりの労務費は下がる），多くの優れた製品で売り上げは上がり，会社・経営者も潤っ

ていくことになる。

すなわち，**労使の利害は一致**しているので，反目し合うのではなく，協力し合っていこうというものである。

b）科学的研究による作業

当時は，作業の管理が作業者任せになっているところが多かった。そのような現場，工場では，作業者の経験に応じて技能を身につけ，経験により実行してきた作業方法で作業を遂行することになる。

そうなると，経験豊富な技能者が行う作業が最善な方法となり，あるところまで作業に習熟していくと，それ以上の向上は見られなくなる。また，自分自身の経験に固執して「この作業はこうすべき」という先入観となってしまい，改善がストップしてしまう。

テイラーから始まり，それ以降の人々によっても開発されてきた作業分析の方法を用いて，作業を科学的に分析していくと，今まで最善と思われていた作業方法にも多くのムダや無理があることがわかり，大きな改善を実感することができた。

経験のみに基づいた改善では，現状に基づいたマイナーな変更は可能であっても，現状をブレークスルーするような抜本的な作業設計・改善を行うことはできない。これを排除し，科学的研究に基づく作業方法を実践するために，テイラーは**経験則の廃止**を謳ったのである。

c）作業者の選択と訓練

どのような人や作業者にも得手不得手はある。適材適所で職務を配置するのは，どの時代にも当てはまる永遠の真理であろう。そのため，その職務が得意な，必要な技能を持つ作業者を選択することは第一義的な重要な要素である。

しかしながら，その職務が得意な作業者を選んで，その作業者に得意な業務を割り付けるだけでは十分ではない，そこからさらに訓練を積ませ，より高い技能，幅広い知識を身につけることが重要である。テイラーはこのことを強調して，**作業者の選択と訓練**を科学的管理の重要原理に入れている。

d）責任の分担

科学的管理法の4つめの原理が，作業者と管理者（ここでは現場管理者）の

役割分担の明確化である。すなわち，作業者は，作業者のやるべき作業をしっかりと遂行し，管理者は管理者のやるべき職務に責任を持って作業，そして作業者を適切に管理せよということである。

これは表面的に解釈すると，現代社会における職務環境には逆行するようにも見える。作業者に「作業以外のことは考えず，業務の管理には口出しせず，作業だけを黙々と遂行せよ」と言われれば，1.2.4項の人間性疎外にあるように，作業者のモチベーションは低下し，むしろ生産性は低下するであろう。

一方，管理者においても作業者の行う業務を知らず，彼らの業務に対する思いを知らず，彼らを管理すれば，的を射ない机上の管理になるのは必定である。テイラーはそのような意味で役割分担を言っているのでは決してない。当時の工場内の状況を考えると，作業方法，作業に用いるジグやツールの選定や考案，すべてが作業者任せで，現場管理者は作業をサポートするようなことは何もしていないのが常であった。

テイラーは，このような作業方法の設定や現場の作業環境，作業条件の整備は現場管理者の仕事であり，作業者に委ねるのではなく，管理者が責任を持ってこれらの業務に当たらなくてはならないという，管理者側の問題を特に主張していた。作業者は，このように適切に管理されている作業環境，作業方法により，怠業なく，作業に集中すべきであることを説いている。

1.2.2　フォードとフォードシステム

（1）フォードの理念

初期の IE を語る上でテイラーとともに欠かせない人物が，フォード自動車の創設者である**ヘンリー・フォード**（Henry Ford：1863〜1947年）である。フォードは機械工から身を起こし，その後デトロイトでフォード自動車を設立した。フォードは機械技術者であるとともに，企業経営者としての理念を持ってフォード自動車を経営していった。

彼の経営理念は一言で表すと，「奉仕の精神」と「高品質の追求」と言われている。**奉仕の精神**とは，企業の利潤より，従業員への福祉，さらに社会への奉仕を優先するということである。これについては，次項（1.2.3項）で詳し

く説明する。

　フォードの**高品質の追求**については，高品質を満足させるためにはさまざまな手段を使う，いわば品質に対する完全主義とでもいうべき姿勢につながっている。これに関する逸話や事例も残されている。たとえば，（当時の）自動車は鋼材の塊を走らせているようなものであり，自動車全体の品質は鋼材の品質に大きく依存する。鉄鋼会社の供給する鋼材の品質が十分でないと判断するや，より良質の鋼材を得るために，新工場の設立の時に工場内に高炉を有する鉄鋼・原料工場（いわば製鉄所）を建設するまでに至った。

　その後，専門の鉄鋼メーカで大量に製造した方が大量効果により安価に，そして高い品質の鋼材を供給するようになった。そのため，工場内での鋼材生産は中止されたが，創業者の理念を忘れないため，その後かなり長きにわたってこの高炉を工場内に残していたという。

　このあと述べるフォード・システムの構成要素である部品規格化，作業専門化なども，この高品質追求に大きく寄与している。

（2）フォード・システム

　フォードがIEにとって欠かせない人物として挙げられる理由は，今日の自動車の生産システム（組立工程）と同型のものを100年以上も前に既に作り上げた点にある。彼が作り上げたシステムは一言で言うと，**コンベアによる大量生産方式**である。この方式は，彼の名前をとって「**フォード・システム**」，あるいは工場の所在地から「**デトロイト・システム**」と呼ばれている。

　この生産方式を可能にした背景に，T型フォードという当時爆発的に売れた車種の存在がある。現在の自動車は多種少量生産の典型的な製品であるが，T型フォードは真っ黒なボディー（後に赤とか，他の色の車種も生産されたそうである）の1車種で，大量生産により製造コストが下がり，他メーカの車種と比べ安価に販売できた。最盛期の1910年頃には，アメリカ全体の自動車の56％のシェアがあったそうである。

　現在の自動車の生産工程の原型となっているフォード・システムを100年以上も前に可能とした重要な要素としては，次の4つがある：部品規格化，作業

専門化，流動機械化，そして生産統合化である。

a）部品規格化

　製品としての自動車の品質を向上させるためには，納入されてくる部品の品質は必須条件である。また，規格の定まっていない部品ではうまく組み付けられない不良が発生することも多々ある。その都度ラインはストップすることになる。このようなことでは連続生産はなしえない。フォードはそのために**部品を規格化**し，規格に合わない部品は彼の工場には受け入れなかった。

b）作業専門化

　作業の専門化とは，たとえばある作業者はエンジンを組み付けるだけ，別の作業者はフロントガラスを取り付けるだけ，右側のタイヤを組み付けるだけといったように，**個々の作業者に限られた種類の作業だけを専門的に行わせる**作業形態である。今日の自動車の組立工程でも，個々の作業者はピッチタイム[6]内で完結する作業を繰り返し行っている。ピッチタイムや専門化される作業の範囲は現在とは異なっていたかもしれないが，この方式の原型は既にこのとき出来上がっていたのである。

　フォードはこの作業専門化により，「この部品の組み付けは自分がやって，その出来映えは誰にも負けない」というように，作業者の責任感の増大，モチベーションの向上を狙っていたと言われている。現在であれば，少ない種類の同じ作業を毎日，毎日やっていれば飽きてしまって，モチベーションが下がってしまいそうなものである[7]。しかし，当時のＴ型フォードはシェア50％以上で，町の中を走っている自動車の大部分が自分が組み付けたエンジン，あるいは他の部品であり，それが快調に走っているのを見ていれば，自分自身の作業を誇りたい気持ちもわかるであろう。

　夜中にきつい作業を行っている鉄道の保線業務に携わっている作業者に，日本が誇る代表的技術の新幹線を自分たちが支えているのだという自負を聞いた

6）ピッチタイムについては4.3節の工程編成のところで詳しく説明するが，1台の製品が産出される間隔のことである。現在の多くの日本の自動車メーカではピッチタイムは1分程度である。

7）これについては1.2.4項において人間性疎外の問題としてさらに議論するとともに，それに対処方法についても論じる。

ことがある。当時のフォードの作業者もこれと相通ずる思いがあったのではないかと想像できる。

c）流れ生産方式

このように専門化された作業者の間をワークである組立途中の自動車が組立を行いながら，次の作業者へと運ばれていく。台車に乗せたワークをただ次の作業者に運び，運び終えた場所で作業を行い，また次の作業者に運ぶという運搬—作業の繰り返しでは（運搬はかなりの時間比率を占める）運搬中には全く付加価値を生まない。フォード・システムでは，重い自動車をベルト・コンベアで運びながら同時に作業を行うという**流れ生産方式**を実現させた。

d）生産の同期化

自動車は部品点数が非常に多い製品である。組立工程においてはこれらの部品をラインサイドにおいて順次組み付けていく。1つの部品でも足りないと，上記の流れ生産のライン全体がストップしてしまう。これを回避するため，ラインサイドに部品在庫を置いて，部品切れにおけるライン停止に対処する。

部品のなかにはエンジンやフロントガラス，タイヤなど，大きな部品，構成物もある。これらがラインサイドに溢れるほどストックされると邪魔になり，ライン上での作業の妨げになってしまう。そのため，ラインサイドの部品在庫はなるべく少なくしたいが，少ない場合にはその部品の欠品によりライン全体が止まってしまうことが危惧される。つまり，流れ生産方式において少ない部品在庫でもラインをストップさせることがない効果的な仕組みが必要である。

この仕組みをさらに難しくさせる要素として，エンジンやトランスミッション，ドライブシャフトなど，これらの構成物を生産するサブラインもある。これら構成物を生産するサブラインとメインの組立ラインの同期が取られていないと，構成物の欠品によりメインのラインが止まってしまったり，逆にラインサイドに部品が溢れてしまったりする。いずれの場合も，メインの組立ラインでの生産は円滑に行われない。

このように，効果的な流れ生産方式のための仕組みとして，メインとサブラインの生産を統合化する**生産の同期化**は必須条件であるが，技術的にもかなり困難なものである。現在では，1つの組立ラインで複数車種を取り扱っている

混合生産を行っているので，その構成部品のラインも完成品に組み付ける部品の順番に合うように同期を取らねばならない。1 品種を連続生産していたフォードがこの方式を開始した当時と比べ，現在の生産同期化の困難度レベルは桁違いである。しかし，100年以上も前にこの方式を発想し，実現したことは IE の画期的な 1 ページである。

1.2.3　IE の精神

　これまで，IE 誕生，そしてそれに続く先達の活躍の歴史を見てきた。彼らの活動からわかることは，IE は単に生産性を上げるための方法論ではなく（生産性を上げるために何をやってもいいというわけではない），その中に IE を実践していくための哲学，価値観が築かれている。それを「**IE の精神**」と呼んで，今日においても脈々と受け継がれている。

　すなわち，IE の精神とは，「こういう心持ち，理念をもって，IE 活動を行っていこう」という基本原理のようなものである。IE の精神は 3 つの精神，すなわち(a)尊重の精神，(b)公平の精神，そして(c)奉仕の精神で構成されている。前出のテイラーやフォードのところで述べたことと重複するところもあるが，これらを簡単に説明しよう。

（1）尊重の精神

　IE 活動で特に何を尊重するのかというと，労力である。テイラーが作業改善のコンサルティングを行っている頃，アメリカの工場，会社では怠業が蔓延していた。すなわち，毎日工場に出勤してきて，作業者自身の労力を正当に使わず，怠業によりムダにした部分もかなりあった。そこで，テイラーは「労力は貴重であるので，無駄にすべきではない」と，**労力の尊重**を説いた。

　作業者の労力を必然的にムダにはさせない仕組みとして出来高払い制を提案していくことになる。あまりいい例ではないかもしれないが，今日大学において授業中に居眠りをしていたり，スマートフォンをいじって授業を聞いていない学生もいる。せっかく貴重な時間を使って授業に出席しているにもかかわらず，彼らの労力を正当に使わなかったり，スマホに時間を浪費しているわけである。

学生を注意するだけではなく，居眠りをさせない，必然的にスマホを使わないようにする，それ以上に魅力的な授業に改善することが，尊重の精神の適用に通じる。

（2）公平の精神

前述した出来高払い制では，課業（1日の公正な作業量）の設定，すなわち賃率が問題になってくる。賃率が低すぎれば，経営者には有利になるが，作業者には不利であり，労使間で公平でない。労使間に公平な賃率を設定しなくてはならない。

出来高払い制の導入に際して作業改善も行うので（かつ怠業も改善されるので，実質的な労働強度（作業密度）は増大する），生産量は大きくなる。科学的に分析し"公平な"賃率を設定した後，製品のスループットも上がるので，経営者側にも大きな効果がある。それと同時に作業効率も上昇し，作業者の賃金も大きく増加することになる。

そうなると，当時よく見られた現象として経営者は大幅な賃金増をみて，"公平であった"賃率を下げてしまう。それでも，さらなる作業改善や作業の習熟などにより生産量の増加が達成され，賃率を下げられる前と同じ程度の賃金は確保された。すると，経営者は賃率の低減が十分でないと，さらに賃率を下げてしまう。このようなことが何回か続くと，作業者は一生懸命働いても，どうせまたすぐ賃率を下げられてしまうと思い，馬鹿馬鹿しくなって，出来高払い制導入前の怠業の状況に戻ってしまう。**公平の精神**が保たれていない例である。

労使関係だけでなく，**さまざまな利害関係者間の公平性を保ちつつ IE 活動を行っていくのが，公平の精神**である。

（3）奉仕の精神

T型フォードの爆発的な売り上げにより，会社は大きな利潤を上げ，また従業員の給与は大きく上昇した。フォードの経営理念の重要な部分が，事業で上げた利益の社会への還元であり，これが**奉仕の精神**と呼ばれるものである[5]。

彼はどのようにして社会へ奉仕し，利益還元しようと考えていたのかというと，良い品を（品質），大量に（数量），欲しいときに（時間），安く（金額）提供することであった。すなわち，代表的な管理特性を考慮して製品を社会に効果的に供給することにあった。フォードはこのような奉仕の結果として利潤を捉えていたようである。これらの利潤を新たな事業に，そして生産に従事する作業者に，さらに大衆に帰属させるべきと考えていた。

奉仕する対象，奉仕の仕方は時代とともに変化しているが，今日においても企業の社会貢献，地域貢献，**CSR**（Cooperate Social Responsibility; 企業の社会的責任），さらには**SDGs**（Sustainable Development Goals; 持続可能な開発目標）[8]なども，奉仕の精神に結びついた，さらには発展・延長上の概念と考えることができる。

1.2.4　IE批判と人間性疎外

（1）ダラリの原則と人間性疎外

本節で論じてきた伝統的なIEアプローチを整理すると，俗に「**ダラリの原則**」と呼ばれるものである[2]。ダ・ラ・リのそれぞれの文字の前に「ム」を付け，「ムダ」「ムラ」「ムリ」を排除するように，作業を設計・改善し，効率化するというものである。

作業のムダをなくすために，作業に必要のない動作を排除する。作業にムラ

8）2015年9月の国連総会で採択された持続可能な開発のために必要不可欠な，向こう15年間（2030年まで）の国際社会共通の新たな行動計画，ならびにその目標がSDGsである。次に示す17の目標と，それらに対する169の具体的達成基準が設定されている：1．貧困をなくそう（No Poverty）；2．飢餓をゼロに（Zero Hunger）；3．人々に保健と福祉を（Good Health and Well-Being）；4．質の高い教育をみんなに（Quality Education）；5．ジェンダー平等を実現しよう（Gender Equality）；6．安全な水とトイレを世界中に（Clean Water and Sanitation）；7．エネルギーをみんなに，そしてクリーンに（Affordable and Clean Energy）；8．働きがいも経済成長も（Decent Work and Economic Growth）；9．産業と技術革新の基礎をつくろう（Industry, Innovation and Infrastructure）；10．人や国の不平等をなくそう（Reduced Inequalities）；11．住み続けられるまちづくりを（Sustainable Cities and Communities）；12．つくる責任，つかう責任（Responsible Consumption and Production）；13．気候変動に具体的な対策を（Climate Action）；14．海の豊かさを守ろう（Life below Water）；15．陸の豊かさも守ろう（Life on Land）；16．平和と公正をすべての人に（Peace, Justice and Strong Institutions）；17．パートナーシップで目標を達成しよう（Partnership）[6]。これらの目標に対して国・政府，そして企業がさまざま取り組みを行い，人間ひとり一人にとって重要な目標となっている。

があるとは，ある時は速く，あるいはうまく作業できるが，うまくいかないと
きも多いということである。自然な発想として，うまくいく方法でいつも作業
を遂行すればいい。そのためには，**作業を簡素化**し，**単純化**し，そのうえで**標
準化**してやればいい。

　作業におけるムリをなくすということは，**労働強度の低減**である。そのため
には，治具・ツールの利用，そして機械化・自動化（そのためのシステムの監
視・モニタリング）となる。テイラー以降行ってきたIEアプローチとは要する
に，作業・業務の簡素化，単純化，標準化，軽減化という言葉でまとめること
ができる。

　IEをこのように表現すると，IEにより作業を構築（最適化）された組織に
おいては，人間（作業者）は簡単，単純，そして決められた（標準化された）わ
ずかな種類の作業を，機械の歯車のように毎日毎日繰り返し行っていく，とい
う**人間性疎外**の問題が持ち上がり，IE批判が一挙に噴出した。これによるモ
チベーションの低下や，作業の効率や質に及ぼす悪影響への対処，すなわち人
間性への配慮が大きな問題となって現れてきた。

（2）ホーソン工場実験

　テイラーに始まり，フォードにより進化し，さらに3.1節で論じるサーブリ
ッグを開発したギルブレス夫妻（Frank & Lillian Gilbreth）などの初期において
は，作業設計・改善に対しては，その物理的な条件・要因，そして環境的な要
因に着目したアプローチを取っていた。このように，初期のIEでは人間が行
う作業を対象としているにもかかわらず，人間要因に対する配慮，考察はほと
んどなく，これらの専門分野である心理学の要素は直接的には入っていない。

　上述した人間性疎外の問題と相俟って，作業設計・改善の際の人間要因への
配慮は重要なポイントである。本項では，チーム／グループ・ワークの形成，
同僚・上司との人間関係など，作業設計における心理要因，あるいは人間要因
の作業効率への影響を，初めて世に知らしめたホーソン工場実験（あるいは単
に「ホーソン実験」）を紹介する。

　ホーソン工場実験は，心理学者のメイヨー（Elton Mayo）とレスリスバーガ

ー（Fritz J. Roethlisberger）を中心とする研究グループにより，米国ウェスタン・エレクトリック社のホーソン（Hawthone）工場で1924～1932年にかけて行われた。この実験の目的は，もともとは電気部品の組み立て作業における照明という物理的な環境条件が，作業能率に与える影響を調査することにあった。ところが，実験を進めていくうちに，当初の予想を覆す結果が得られた。この実験を契機に，作業に対しては物的条件だけではなく，心理的要因の重要性にも眼が向けられるようになった。

　ホーソン工場での第1実験は上述した当初の目的に従って，作業室内の照度を変化にさせて作業能率を調査するものであった。最適な照度レベルがどこかにあるはずであり，実験のテスト群には室内の照明の照度を順次上昇させ，作業パフォーマンスを測定していった。その効果を比較する対照群としては，照度を変えずに現状作業で行われている照度に一定にしておき，作業パフォーマンスを測定した。

　照度を順次上昇させていったときには，予想通り作業能率は向上していった。次に，照度を一定に保っていた。このときにも作業能率は順次向上していった。これは，メイヨーらの予想を裏切るものであった。そこで今度は，照度を高い方から順次低下させて実験を行った。このときにも作業能率は低下するどころか，現状レベルより向上していった。

　これら一連の実験結果から，照度という物的な作業条件より影響度の大きい，別の種類の要因の存在に気づかされたわけである。

　そこで，この作業の能率に影響を与える別種の要因を探すため，作業者への聞き取り調査が行われた。その結果から示唆された人間関係の影響について，第2実験では作業チーム内の人間関係を調査することになった。

　この実験では，気の合った6名の女子従業員を実験の参加者として，電話部品の組立てを彼女ら自身の自由な作業方法により，5年間という長期にわたって実施し，その間の作業パフォーマンスや作業意欲・態度等を観測した。その結果，それまでの職場で行っていた作業形態と比べて，少ない欠勤率，生産性向上，そして責任感の上昇というポジティブな傾向がはっきりと認められた。

　このような結果から，人間関係などの人間要因や，心理的要因が作業遂行に

大きな影響を与えることに気が付かされた。

（3）人間性疎外への対処

　前述した IE 批判や，作業・業務における人的・心理的要因の重要性を気づ
かせたホーソン工場実験の結果などから，人間性疎外へ対処に目が向けられる
ようになってきた。これについては，狭義の IE というより，労働心理学や産
業心理学といった分野を中心に，さまざまな理論や方法が提案されている。こ
れらの分野で提出されている考え方やアプローチを，IE に取り込んでいくこ
とも重要である。

　人間性疎外への対処に効果的で，実際に現場でよく採られている手段として，
次の5つがよく知られている[9]：職務拡大化（job enlargement），職務充実化
（job enrichment），職務快適化（job enjoyment），職務回転化（job rotation），そ
して自律グループ（autonomous group）である。

a）職務拡大化

　職務拡大化は，一人の作業者が担当する仕事の範囲を量的に大きくしようと
いうものである。前述の「ダラリの原則」により単純化，簡素化，そして専門
化した狭い範囲の仕事は時として，退屈や単調感を招くこともある。これに対
して，職務範囲を大きくして，多種類の作業を行うことにより，単調感をなく
すことが職務拡大化の狙いである。たとえば，組立ラインの作業においては，
（同じ作業速度で作業をしていると仮定すれば）ピッチタイムが職務拡大化のレベ
ルを示す尺度になりうる。

　20年近く前，進んだ社会保障制度を持つ国として有名なスウェーデンの自動
車メーカのボルボ（Volvo）の技術者から，同社の工場ではピッチタイムは3
分だと聞いたことがある。ピッチタイムが約1分の日本の自動車メーカと比べ
て，スウェーデンは日本の3倍，人間性に配慮しているといった冗談とも，本
気とも思われる会話を彼がしていたことを今でも鮮明に覚えている[10]。

　9）これらの方法については，自律グループを除き，他の4つは「ジョブ・エンラージメント」
　　「ジョブ・エンリッチメント」「ジョブ・エンジョイメント」「ジョブ・ローテーション」とい
　　うように，元々の英語による用語をカタカナ読みした方が通りがよく，一般的かもしれない。

b）職務充実化

職務拡大化は，同じ職位の他の作業者が行っている業務も自分の仕事の範囲に含めるといった量的拡大，あるいは水平的統合である。これに対して，**職務充実化**は自分より職位の高いレベルの人が通常行う業務，あるいは質的に異なる業務も行っていこうというものである。すなわち，**職務の質的範囲を広げていく垂直的統合**である。

現場の生産に関連する業務では，生産工程で生産に従事する作業者のほか，作業を支援・指示・教育する職長（あるいは組長），作業方法や標準時間を設定する IE 担当者（IEr），作業改善や工程改善を行う人，生産スケジューリングや日程計画などの生産管理を行う人など，いろいろな業務を担当する要員が存在する。職務充実化においては，このような異なるレベル，あるいは特質をもつ業務の拡大や責任・意思決定の範囲の拡大を含んで，個々の従業員の職務を充実していこうというものである。

c）職務快適化

職務快適化は，物的環境，人的環境を含め，**作業環境をより快適なものにしていくように環境整備**を行っていくものである。製造現場においては作業環境の整備は継続的に続けられている。

かつては，職務快適化の重点は温熱環境や空調，騒音対策，振動や照明など，物的環境に対する整備が中心であった。現在では，ホーソン工場実験の例からもわかるように，物的環境だけでなく人的環境の整備も非常に重要である。

d）職務回転化

職務回転化は，幅広い作業内容を複数の作業者間で，1 ヶ月ごとというように決められた期間のサイクルをもって，それぞれの職務をローテーションして，**担当作業を期間ごとに順次変更**していくものである。これにより，長いスパンで見れば，職務拡大化で実現できる仕事の範囲を大きく上回る内容の仕事を，職務回転化により経験することができる。

我が国の生産現場においては他の国と比べ，昔からジョブ・ローテーション

10）人間性に対する配慮がもちろん，ピッチタイムや職務の範囲だけで決まるわけではない。

は頻繁に行われていると言われていた。次項で紹介するトヨタ生産システムの前提条件になっている多能工の養成にも大きく寄与している。

　e）自律グループ

　自律グループとは，複数の作業者で作業チームを構成し，作業に対する裁量をすべて彼らに与え，責任をもたせ，日々の作業を実践していく職務グループである。ここで大事なことは，**与えられた責任範囲の中で，作業グループの自由裁量により職務を遂行**していくことである。

　自律グループについて例を出して説明しよう。前にも触れたスウェーデンの自動車メーカ・ボルボの組立システムを紹介しよう[7,8,9]。当時ボルボの主力工場であったカルマール（Kalmar）工場において1970年代半ば，1つの実験的な組立システムが構築された。当時においても，自動車の組立工程の主流はフォードにより始められたベルトコンベアを利用した流れ生産方式であった。

　ボルボのカルマール工場では，流れ生産方式による単純・繰り返し作業から作業者を解放すべく，人間性重視型システムの構築が計画された。生産方式変更の動機は，作業者のモチベーションの低下からくる高い離職率と欠勤率からの脱却であり，組立工程からベルトコンベアを排除した生産システムを構築した。

　このシステムでは，組立中の自動車はベルトコンベアの代わりに，自動搬送車（AGV; automated guided vehicle）を兼ねた台車に載せられ，完成車ができるまで固定した場所で作業が行われ，組み立て完成後に検査工程に自動的に運ばれていく。15名程度の作業者からなる自律グループにより組立工程の最初から最後まで，すべてそのチームのやり方で自動車を組み立てる方式を採った。

　カルマール工場での自律グループによる生産方式は，その後コンベア方式に戻ったが，さらに画期的な実験工場として1989年に同社のウッデバラ（Uddevalla）工場に受け継がれていった。ウッデバラ工場でも同様に，自律グループにより組立作業を行い，合計6つの「ワークショップ」で最終組立工程が構成された。

　それぞれのワークショップには塗装済みの車体と必要部品が固定位置の組立工程に運ばれてくる。カルマール工場での方式と同じように車体はコンベア上

を流れていくのではなく，AGV に載せられ，そこで組立作業は行われる。その場所で完成車ができるまで最終組立が同一メンバーによるチームで進めれられる。

それぞれのチームは，8 〜10名で構成され，各ワークショップには約10のチームが存在していた。各チームでは，チーム内のメンバーで作業方法や，作業の分担などを協議し，職務を運営，遂行していった。個人が担当する作業もフォードから始まった固定された作業でもいいし，ジョブ・ローテーションを頻繁に行ったり，担当を変更するなど，すべてグループの裁量により遂行されていった。

このような作業・管理方式を採ったことにより，組立工程の技能者は自動車づくりの専門家としての誇りを持ち，やり甲斐やモチベーション，満足感が得られたという報告がある。

以上述べたような人間性疎外の問題に対処が可能な方法，そして人的要因を考慮に入れた作業や職務の設計・改善に活かすことができる考え方や関連する理論は，ほかにもたくさんある（その多くは心理学の研究として発表されたものである）。たとえば，人間の欲求は一通りではなく，低次から高次まで5段階の欲求があり，それらは一度にすべて同時並列的に存在するのではなく，段階的に順番に現れてくるというマズロー（Abraham H. Maslow）の「欲求5段階説」[10]は有名である。

職務の満足感に関して，充足されているときには満足感を得られるが，充足していないときでもそれほどの不満を感じない「動機付け要因」と，充足していないときには強い不満を感じるが，充足していてもそれほど大きな満足感を得られない「衛生要因」の2つの満足感に関する要因に分けられるハーツバーグ（Frederick Herzberg）の「動機付け理論」[11]もある。

よりマネジメントへの応用に親和性のある理論としては，人間は本来は怠け者であるという前提で命令・統制により管理する方法と，人間は本来は進んで働きたがるという見方に基づいた自主性を尊重して管理する方法の2種類を提唱したマグレガー（Douglas McGregor）の「X理論」，「Y理論」[12]などがある。

これらの詳細については本書の範囲を超えるため，他書を参照していただきたい。

1.2.5　トヨタ生産システム

　IE，あるいは経営工学の偉人，この分野で貢献度の高い人を挙げよと言われれば，まず最初にテイラーが選ばれることは，多少なりともこの分野の知識がある人なら間違いのないところである。次にフォードを挙げるのに異論がある人もそれほど多くはないと思う。

　さて，3番目としては誰を挙げるであろうか。テイラーの弟子で，3.1節で論じるサーブリッグの考案者であるギルブレス夫妻であろうか。あるいは，生産管理，プロジェクト管理などを行う時によく使われるガントチャートを考案したガント（Henry Gantt）を挙げる人がいるかもしれない。しかし，彼らに同意しない人も少なくないのではないかと思う。

　彼らよりも IE への貢献度が高いと認める人が多いのが，人ではないが，**トヨタ生産方式**（Toyota Production System）を構築したトヨタ（自動車）ではなかろうか。ここで少し，IE との関連でトヨタについて論じてみたい。

　トヨタ生産方式は，世界的には **JIT**（Just in Time；「必要なときに，必要なものを，必要な量だけ生産する」という意味），あるいは**リーン生産方式**（Lean Manufacturing あるいは Lean Production）[13] として知られている[11]。今日ではライバル企業を含めて，さまざまな業種・業態でこの方式を取り入れている。また，この方式を自社流に焼き直して「○○ウェイ」（way）と称して（○○に自社の名前が入る）適用している製造メーカーも数多い。

　さらに，日本では言葉としてはそれほど聞かれないが，海外（特に欧米）ではこの方式の適用について一見相容れそうにないような病院など，医療組織でも導入しているところも多く，"Lean Hospital" としての病院経営への適用も盛んである[14]。

11）ここで "lean" とは「ぜい肉のない」という意味である。すなわちムダのない，強い体質を持つ生産方式を指している。

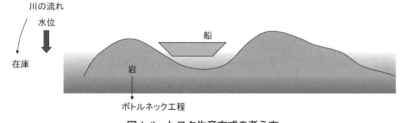

川の流れ
水位

在庫

船

岩

ボトルネック工程

図1.2　トヨタ生産方式の考え方

（1）カンバンと生産体質の強化

　トヨタ生産システムは，現場の各工程での生産指示，部品の受け渡しを「カンバン」という手段を使って行うため，初期の頃は「カンバン方式」とも呼ばれ，単なる在庫削減のためのツールと誤解している企業もかつてはあったようである。トヨタ生産システムの本質はムダを排除し，生産体質を強化を目指すシステムにある。生産体質の強化により，生産性の向上，不良の削減を狙っており，在庫削減，カンバンはムダ排除のためのインジケータ，ツール，そして手段である。

　図1.2に示す川底にゴツゴツとした岩場での船の航行を比喩に，その仕組みを説明しよう[15]。ここで，川の水位が在庫，川底の岩が生産体質，そして船が工場での生産の比喩である。川底にいくら大きな岩（ボトルネック，あるいは問題点）があっても，川の水位が高いとき（すなわち在庫レベルが高い）には岩は見えず（まだ水面下にあり），船は川を航行できる（生産は進んでいく）。

　水位（在庫レベル）が下がってくると，大きな岩が川の表面に顔を出し（ボトルネックが顕在化し），船の航行（工場の生産）がストップしてしまう。そのため，この岩（ボトルネック）を潰す，あるいは取り除いてやって（対策を採って），さらに低い水位（在庫）でも船が航行（工場の生産）できるようにする。このような対策がすぐ採れるように，生産体質を強化していくのがポイントである。このようにして，この航路での航行能力（工場の生産体質）は高まっていく。

　さらに，川の水位（在庫）が下がっていくと，次の岩（ボトルネック工程）が出現してくる。船を航行（生産を遂行）させるために，この岩（ボトルネック）

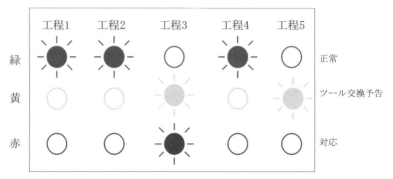

図1.3　目に見える管理・あんどん

も潰してやらなくてはならない。これを繰り返すことにより，この川（工場）は船の航行能力（生産体質）がどんどん高くなっていく。

　川の水位（在庫）を下げることが，岩（ボトルネック）を潰す原動力になっており，工場においてこの水位を下げる手段がカンバンである。カンバン枚数を減らして（水位を下げて）ボトルネックを露出させ（見える化），それに対して即座に対策を取り，生産体質を強化していく。

（2）管理の見える化

　水位が下がっても，顔を出した岩に気づかなくては仕方がない。岩の他にも航行を邪魔する状況（不具合）が生じているかもしれない。すなわち，工程の現状が誰にでも見えるような状況にしておき（**見える化**），目で見る管理をする必要がある。このような工程の見える化の典型的な仕組みが，図1.3に示す“あんどん”である。

　それとともに，航行中の機器の不良や，その他の不具合が生じたときには，直ちに船を自動的にストップさせ（ラインが止まっているので，異常がすぐわかる），その原因に対処する。これが，トヨタ生産方式における用語として使われている（にんべんの付いた）「**自働化**」である。

（3）平準化

　このような生産システムを可能とする必要条件に平準化生産があり，そして

多能工の存在がある。ここで，**平準化生産**とは，複数の製品を1つのラインで生産しているとき，それぞれの製品の生産順序を均等にならして生産を行うことである。たとえば，製品Aを100台，Bを50台，Cを50台生産するとき，同一製品を連続してA，B，Cの順番で生産する方式がロット生産である。

これに対して，「ABAC」というパターンを作って，それを50回繰り返して製品を作っていくのが平準化生産である。これにより，生産された個々の製品の在庫とともに，その製品に必要な部品の在庫，製造過程中の仕掛かり在庫が減少する。つまり，図1.2に示した川底の岩（ボトルネック）を小さくしていく効果がある。

（4）多能工

多能工とは，文字通り多くの能力を持った作業者，すなわち多くの種類の作業を遂行することができる作業者のことである。T型フォードの時代と違って，1つのラインで多品種の製品を混合生産している現在の工程においては，製品ごとに異なる作業も必要であり，どれも同じように効率的に遂行できなくてはならない。

さらに，ある作業者が何らかの理由により欠勤，あるいは作業に携われなくなったときに，その作業をできる人が他にいない，あるいは同等の効率で作業できる人がいないということになると，その一人のためにライン全体がストップしてしまう，あるいはラインの編成が著しく非効率になってしまう。すなわち，川底の岩が大きな状況である。

このような多能工を養成することが必要不可欠であり，これに現場での安全，品質面などを含めた現場従業員に対する教育・訓練が，現場の生産体質の強化を目指すトヨタ生産方式の本質とも捉えられる。

1.3　IE の本質：管理技術としての特徴

1.3.1　現場・現物主義

（1）現場理解の重要性

IE は1.1節で述べた定義からもわかるように，システムの運転や現場の作業を分析し，そこで起こっている現象，出来事，問題点を明らかにし，設計，改善，設定を行うための技術である。典型的な適用対象は，作業現場や組織内で実際に行っている作業や業務である。これらの対象をさらに効果的に（伝統的な IE では効率よく）するための改善や，これから現場で行うべき作業や職務の設計，そして設計した業務・組織（工程，工場，オフィスなどを含めて）の設定であり，すべて**実際の現場の状況に依存している活動**である。

　そのためには，今実際に作業や業務の現場で何が起こっているのか，そこにはどのような問題が潜んでいるのか，どのように物事が進んでいるのか，現場の状況を的確に，そして正確に把握をしないといけない。さらに，今現場で起こっている出来事は何か，それにはどのような要因が関連しているのか，そこでの管理の対象である人，もの，金，情報はどのように動いているのか，それらはどのように関わりあっているのか，現状をしっかり把握しなくてはならない。

　このように，**IE における問題解決のキーポイントは現場の理解**であり，まず現場の観測，観察から始まる。その意味で，IE は**現場・現物主義**である。

（2）現場理解の促進

IE はよく「なぜ」を5回繰り返す，単純な現場改善のアプローチだという人がいる。筆者が若い頃には「バカにするな」と思ったこともあるが，これはある意味，IE の現場重視の考え方を端的に語っているフレーズかもしれない。

　「なぜ」が5回でなく，3回でいいかもしれない。逆に，10回必要な場合があるかもしれない。現場観察で実際に見た（表層的な）現象から，「なぜ」「なぜ」「なぜ」を繰り返しながら，その現象を発生させている状況，原因，作業

の条件，関連する職場の要因など，より深い，根本的な問題の構造を的確に同定できれば，その問題は最早解けたも同然である。そのために現状を理解することが，問題解決の第一歩である。

このとき，頭の中で単に「なぜ」を繰り返しても，問題構造の深層にはたどり着かない。最初に見た現象から，「もしかすると，こういう原因があるのではないか」という自分なりの仮説を立て，それを現物の証拠から当たっているかを調べる（検証する）ため，さらに詳しく現場の（場合によっては別の場所）を観察する。そうするとまた新たな，あるいはさらに根本的な仮説が生まれ，それをチェックするためにまた現場を深く観察する。

このような**深い観察による現場・現物に基づく問題解決**が IE の本質である。

（3）現場理解のサポート

筆者がまだ若いときに，現場に出るときは必ずストップウォッチを持っていくように言われていたことを今でも覚えている。そのときは，標準時間を設定するために現場に出るわけでもないのに，なぜストップウォッチが必要なのか，正直に言ってわからなかった。

それとともに，現場で少しでも疑問に思ったり，変だなと感じたら，時間を測れと教えられていた。そこでの作業の時間値そのものが大事なのではない。ストップウォッチを持って時間を計ろうという意識によって，必然的に問題意識を持つことになる。

その作業に対する疑問や，「こうすれば，どうなるだろう」といったおぼろげな改善のアイデア，仮説が頭をよぎることもある。ただ現場・現物を見ればいいというものではない。現場に出ても，漫然と生産ラインを見ているだけでは，現場の実態や問題は見えてこない。

現場・現物主義にも意識が重要で，それをサポートするツール，方法が必要である。これが，これから本書で詳しく論じていく時間研究や作業分析のための種々の方法，技法である。

1.3.2　ボトムアップ・アプローチ

　前項で述べたように，（伝統的な）IE の主たる活動は現場の作業・業務改善である。当然のことながら，作業・業務はその担当者・作業者が一番よく知っており，彼らが中心となってその改善活動を行うのが通常である。すなわち，基本的には現場の力，現場の従業員の力を発揮させる活動である。

　社長を頂点とする社内の職位階層で言うと，IE は底辺に位置する人々の力，そして現場力に支えられた活動である。それが組織の生産性や，ひいては組織の利益に貢献する。このような意味において，IE は**ボトムアップ**（bottom-up）の活動である。このような現場力を支えるため，作業者の技能向上，そのための教育・訓練（OJT ―On the Job Training―，および OFF-JT を含めて）は IE の必須条件である。現場技能者の教育レベルの高い日本が強みとしている活動である。

　戦後日本の高度成長を支えてきた大きな力の 1 つが，現場の力，すなわちボトムアップの力であることは間違いない。これにより，従業員一人ひとりが能力を発揮し，技能を向上させ，自主的に作業を改善し，生産性の向上に寄与してきた。その中心的な原理，方法論，そして活動が IE である。

　IE は主として作業改善など，現在行われている作業や業務に対して，また現状を受け入れた上で，さらに効率化する活動である。そのため，IE 活動は改善を行った作業・業務のレベルで発揮されることが多い。

1.3.3　規範的アプローチ

　IE による問題解決は基本的には，「こうすべき」（たとえば「作業はこうやるべき」）といった**規範的**（normative）なアプローチである[12]。

　たとえば，第 2 章で扱う作業管理の基本となる標準時間についても，作業方法を決めて，ツールや作業条件も当該作業で使用すべきものを決めたときに，このスピードで作業を実行するのが標準的（この時間でやるべき）という時間

[12) IE 活動のすべてが規範的というわけではないが，基本となる考え方や活動の大部分は規範的である。

値である。作業改善についても現状作業に対して，そこで想定するツールを使って，提案する作業方法で作業を遂行することを期待しており，典型的な規範的活動である。

作業の分析・設計・改善に限っても，規範的なアプローチだけでなく，他のアプローチもある。たとえば，実際に起こっている現象，行っている作業をありのままに記述し，分析し，そこから解を導く**記述的**（descriptive）アプローチもある。さらに，作業の目標をうまく遂行できる（満足する）方法を見つけ出すための必要条件を規定する**形成的**（formative）なアプローチなどが，規範的なアプローチの他にもある。

次項で取り上げる「良構造／悪構造問題」とも関連するが，どのような方法で作業を行えばいいか，その方法が事前にわかっていない場合（たとえば稼働中に大地震が起こったときなど），規範的なアプローチの適用は不可能である。このようなときには形成的アプローチ（たとえば仮説―検証を繰り返して）が向いているとも言われているが[16]，そのようなアプローチに従った具体的な方法・技法が IE 以外の分野，あるいは他の管理技術においても十分に整備されているわけでない。

1.3.4 良構造問題

IE が扱う対象（作業や業務の設計・改善）は基本的には，目標（効率，作業時間，など），入出力，そしてプロセス（加工・作業方法）など，**問題の構造が事前にわかっている**。このような問題は構造化問題，あるいは**良構造問題**（well-structured problem）と呼ばれている。逆に言えば，問題の構造がわかっているから，第 2 章や第 3 章で扱うような，作業を決められた要素に分類／分解（analysis）し，それらの解を合成（synthesis）するというアプローチが採れるわけである。

たとえば，第 2 章で扱う標準時間や時間研究の方法を適用する問題も，その定義にあるように，「標準的な測定条件のもとで，人間の活動を含む作業に対して，必要とされる作業時間を決定するための方法，手続き」である。すなわち，標準的な測定条件が決まっているもとでの，あるいは決めたあとで作業時

間を決定するための方法である。ここで，「標準的な測定条件」が問題の構造を規定し，設定した（標準的な）作業方法，設備，ツール，作業環境，適切な熟練度を持った作業者などが，その要素である。

これに対して，**問題の構造が事前には（問題解決に着手する時点で）わかっていない問題**を，**悪構造問題**（ill-structured problem）という。この種の問題を解決するには，まず問題構造の同定・理解から始めなくてはならない。残念ながら現在のIEでは，基本的にこの種の問題は対象としていない[13]。

1.3.5　定常・想定内状況

規範的アプローチの利用と構造化問題を対象ということからもわかるように，IEを適用して設計・改善するのは定常時の作業・業務，すなわち想定内の状況で営まれる活動や業務である。数十年に一度発生するといった稀な状況を想定して，そのような条件下でも作業を効率的に行うように設計，改善しようということは，基本的にIEでは考えていない。

そのような事象が発生したときには，生産，あるいは企業活動はストップさせるしかない。近年においては，大地震，台風や大洪水など，自然災害により破壊された工場の生産設備，分断されたサプライ・チェーンという想定外の事象が何度も発生している。このような災害から復興し，工場や組織の活動をいち早く定常状態に戻すことは重要である。

このような回復，あるいは復興は（狭い意味での）IEによるものではない（IE活動で培った人的連携，組織間の協力関係が役立つ部分はあるが）。また，QCやORなど，現在組織で利用している他の管理技術でもこのような状況を想定して手法を構築しているものはない。

┌─◆**この章のポイント**◆─────────────
• IEは，テイラーが科学的管理法として作業や職務を科学的な分析に基づいて管理・
　改善を実施した活動や，そこで用いた方法に源を発している。テイラー以降，さまざ

13）しかしながら，本節の「現場・現物主義」のところで述べたように，IEには現場の深い観察により，問題構造の理解・把握をサポートする考え方は含まれている。

まな組織における関連する活動，実践，そして研究を通じて適用の対象を広げ，知識
やノウハウ，アプローチ，方法論，手法等を開発，そしてそれらを改良，蓄積し，今
日に至っている。

- IE は「人，資材，設備，情報，資金，およびエネルギーの経営資源の統合されたシ
ステムの設計，改善，ならびに設定に携わる。それは，数理科学，自然科学，および
社会科学における専門の知識と技能とともに，そのようなシステムから得られる結果
を明記し，予測し，評価するための工学的な分析，ならびに設計の原則と方法を利用
する技術，そしてその実践の体系」と定義される。

- テイラーの科学的管理法の原理とは，労使双方の利害の一致と協力，経験則を廃止し
た科学的研究・方法による作業，作業者の選択と訓練，および責任の分担（作業者と
管理者それぞれの責任），の4点にまとめられる。

- 100年以上も前に現在の自動車の生産システムの原型を作り上げたフォード・システ
ム（コンベアによる大量生産方式）の重要な要素として，部品規格化，作業専門化，
流動機械化，そして生産統合化がある。

- IE の精神は，尊重の精神（労力は貴重，無駄にすべきではない），公平の精神（労使
間，そしてさまざまな利害関係者間の公平性），そして奉仕の精神（事業で上げた利
益の社会への還元）の3つで構成されている。

- 伝統的な IE アプローチを一言で表すと，「ダラリの原則」と言われる。すなわち，
「ムダ」「ムラ」「ムリ」を排除するように，作業を設計・改善し，効率化するという
アプローチである。

- 作業・業務の簡素化，単純化，標準化，軽減化を原則とする IE アプローチでは，後
に人間性疎外の問題が持ち上がり，人間性への配慮が大きな問題となった。人間性疎
外の問題に対処する基本的手段として，職務拡大化（職務範囲の量的拡大），職務充
実化（職務の質的範囲・裁量の拡大），職務快適化（人的・物的職務環境の快適化），
職務回転化（作業分担の定期的ローテーション），そして自律グループ（作業グルー
プの自由裁量による職務遂行）がある。

- トヨタ生産システム，あるいは JIT の本質はムダを排除し，生産体質を強化するシ
ステムにある。在庫はムダを表すインジケータであり，カンバンはムダを排除し，生
産体質を強化するためのツールである。

- IE は現場・現物主義：IE の問題は現場の状況に依存している活動であり，現場の理解が重要である。IE 活動は，まず現場の観測から始まる。

- IE はボトムアップ活動：作業・業務は担当者・作業者が一番よく知っており，IE は現場の力，現場の従業員の力を発揮させる活動である。

- IE の問題解決は規範的アプローチ：作業方法を決めて，ツールや作業条件も決めて，そのときの標準的なスピード・時間を決め（標準時間），それにより管理する。

- IE が扱う対象は基本的に良構造問題：作業や業務の設計・改善は，目標（効率，作業時間，など），入出力，プロセス（加工・作業方法）など，問題の構造が事前にわかっている。そのため，IE が力を発揮するのは必然的に，定常時・想定内の状況における問題である。

第2章
作業の設計・管理
—— 標準時間と時間研究 ——

　本章では，伝統的な IE の典型的な適用対象である生産現場の管理において，その中心となる基本的な概念である標準時間，そのための技術体系である時間研究について論じる。標準時間を設定する手法として直接時間観測，PTS 法，および標準資料法について，その基礎となる考え方を論じ，それを具体的に実行できる手続きがわかるように詳細に説明する。

2.1 作業管理の基本：標準時間

2.1.1 時間研究と標準時間

1.2節で論じたように，テイラーがミッドベール製鋼所において出来高払い制を導入するとき，1日の公正な仕事量である課業を決定しなくてはならなかった。そして，課業を設定するための科学的な方法，手続きが必要であった。テイラー以降，他のIE研究者・技術者もこれに関連する技術，方法を構築していった。これら一連の方法や手続きを総称して，**時間研究**（Time Study）という。

時間研究とは**標準的な測定条件のもとで，人間の活動を含む作業に対して，必要とされる作業時間を決定するための方法，手続き**のことである。このような活動を行うとき，作業の測定が必須となるため，**作業測定**（Work Measurement）という用語も，時間研究とほぼ同義の内容として使われる。

（1）標準時間の定義

時間研究で基本とされるのは，この定義にあるように，例外的に行き届いた条件，あるいは逆に劣悪な条件ではなく，**標準的な作業条件**を前提にそこでの作業の方法，そして課業を設定，研究することである。ここで，標準的な作業条件のもとで必要とされる作業時間が公正な作業量（すなわち課業）であり，標準時間に結びつく概念である。

標準時間（standard time; ST）とは，**標準的な作業条件で，適切な熟練度をもった作業者が，決められた作業ベースで行なったときに，1単位の作業量を完成するのに期待される時間**，と定義される。生産現場では，英語で書いたときのこの用語の頭文字を取って，「ST」と呼ばれることも多い。

ここで注意しなくてはならないのは，時間研究の説明にもあったように，標準的な作業条件のもとで行ったときの時間値である。ここでいう作業条件には，作業方法，設備，ツール，作業環境など，作業のパフォーマンスに影響を与えうるすべての要因が含まれる。それらが標準的な（考え得る範囲で異常でない）

作業を対象としている。

　業務として定常的に行われる作業に対する時間値であるので，その作業に対する素人や十分な技能を持っていない人ではなく，逆に飛び切り優れた名人でもない，**適切な熟練度を持った**（職務をするのに十分な技能を持った）作業者が行うときの作業時間である。このような作業者がラストスパートのように最大限の力を発揮したときの作業ではなく，数時間持続可能な一定のペースで行うときの作業時間である。

　上述の定義で「1単位」と断ったのは，通常は製作する部品（製品）1個の場合が多いであろう。そこでの1単位は1個である。現場によっては1ダース，あるいは100個入りのケース単位で管理しているところもあり，そのようなところでは，それらが1単位になる。

　この定義からもわかるように，標準時間は工場等の生産現場における作業に対する設定が典型的であるが，事務作業や間接業務，医療・設計業務などでも，これに類した考え方で標準工数を決めているところは数多い。たとえば，銀行の窓口業務などではかなり以前から標準時間が設定されている銀行がある。看護師の仕事においても業務によっては標準時間（あるいはそれに類した基準時間）を設定している病院もある。また，ソフトウェア開発においてはコーディングからデバッグまで，すべての工程を含めて1人月で500ステップというように，標準時間（標準工数）を基準とした受注時の製作工期の見積もりは昔から行われている。

　このように，標準時間（あるいは同様の概念を持つ時間値）は，すべての作業管理の源になっている。

（2）標準時間の意義

　標準時間は前述したように，すべての作業管理の基本となっており，その意義は非常に幅広く，大きい。生産の管理に対しては，1日に何台の生産が可能かを標準時間により推定することができる（そもそも，この目的に対して課業の設定が必要となり，その設定が始まった訳である）。

　標準時間をもとに賃率の設定のみならず，能率測定（実際の作業が標準時間

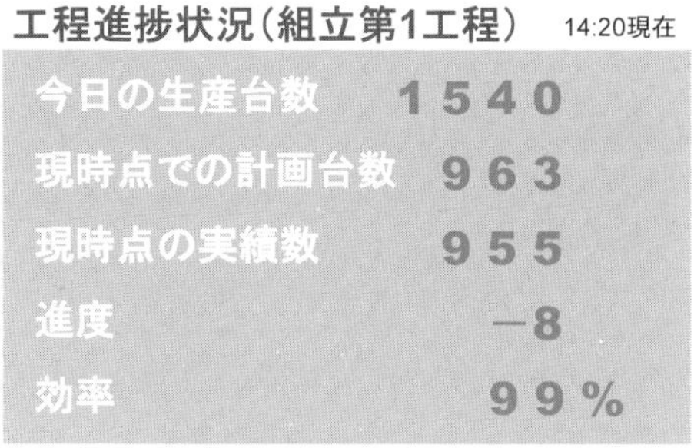

工程進捗状況（組立第1工程）　14:20現在

今日の生産台数	1540
現時点での計画台数	963
現時点の実績数	955
進度	−8
効率	99%

図2.1　標準時間を利用した現場の進捗管理

に対して，どのくらい速いか／遅いか），改善の着眼点の同定（たとえば実際の作業時間が標準時間より著しく遅い工程を改善対象にする），そして改善評価（改善により標準時間が改善前に比べてどのくらい速くなったか）などを行うことができる。また，標準時間に従って日程計画を立てることができ，それに基づき日程管理が可能となる。

さらに，必要生産量や需要量などの追加情報とともに，標準時間が資材管理，人員計画の元となる。すなわち，標準時間は管理にはなくてはならない基本情報であり，その精度が組織内の管理の善し悪しを決めると言っても過言でない。

作業の現場においては，標準時間により作業の進捗管理，たとえば図2.1に示すような進捗ボードを用いて，1日の生産中の各時点で，標準時間をもとに計算できるその時点までの生産予定台数（図では「計画台数」）と実際の生産数（「実績数」）を比較して，進捗状況，生産効率を把握することができる。

さらに，日々の進捗管理より長いスパンで，生産の各時点でのマイルストーンの設定が可能となる。標準時間と実際の作業時間の乖離の大きいところが，作業改善の必要性を示唆している現場であることは，前述した通りである。対顧客の意義として，標準時間により納期と受注価格の見積り（特に人件費に対して）を可能とし，標準時間の設定精度が納期，価格見積もりの精度に大きく影響する。

このような利用上のメリットは生産現場の管理や工業製品の製造に対してだけでなく，前述した事務作業，サービス業務，ソフトウェア開発などをはじめ

として，標準時間を設定したさまざまな対象に当てはまるものである。

2.1.2　作業時間の構成

（1）主体作業と準備作業

　製造現場の作業にしろ，事務作業にしろ，現場で行われている業務に含まれる時間は図 2.2 に示すように，主体作業時間，準備作業時間，余裕時間，および除外時間で構成されている。ここで，**主体作業**とは，その生産に**必要な直接付加価値を生む作業**である。生産ラインにおける繰り返し生産では，作業サイクルごとに毎回発生する必要不可欠な作業である。

　準備作業は，主体作業に対して毎回必要ではないが，**必要に応じて発生する主体作業を遂行する上で必要な準備**のための作業である。典型的な例として，生産の機種変更に伴う段取り，倉庫からのラインサイドへ部品の供給などがある。

（2）余裕時間

　余裕時間（allowance time）とは，**業務中に不規則的に，あるいは偶発的に現われる付加時間**，および疲労といったような**他の要因による生産性の低下を補償するための時間**である。余裕時間は表 2.1 に示すように，人的余裕時間と管理余裕時間に分けられる。人的余裕はさらに，用達余裕と疲労余裕に分類される。

　用達余裕とは文字通りトイレに行くためだけでなく，水を飲むとか，汗を拭くなど，**人間の生理的欲求を満たす要求を補償する時間**である。**疲労余裕**は，**作業の継続に伴なう疲労による作業遅れに対する補償**である。

　管理余裕は，作業とは直接関係はないが，**職場の管理上必要な時間**であり，職場余裕と作業余裕で構成される。**職場余裕**は，朝礼，打ち合わせ，掃除，日報の作成など，**職場での管理に必要な付随業務のための余裕**である。機械の調整や点検といったように，**作業には必要だが，不規則に発生するための時間を補償する**ものが**作業余裕**である。

　余裕時間とは，これら用達余裕から作業余裕までのすべての余裕の合計時間

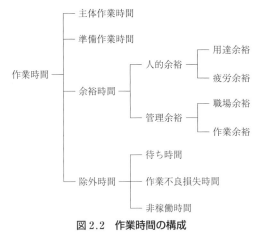

図2.2 作業時間の構成

表2.1 余裕時間の構成

余裕			説明
人的余裕	用達余裕	…	生理的要求（トイレ，水飲み，…）に対する補償
	疲労余裕	…	疲労による作業遅れに対する補償
管理余裕	職場余裕	…	打合せ，掃除，付随事務作業，…
	作業余裕	…	作業に必要だが，不規則に発生する仕事（機械の調整，給油，…）

である。

（3）除外時間

除外時間は，これまで説明した主体作業，準備作業，および余裕以外の時間である。効果的な現場管理により除外時間をなるべく小さくすることが，管理の目標となる。除外時間を構成する代表的なものが，（たとえば部品切れによる）待ち時間，作業不良による損失時間（たとえば手直しなどをしなければならない），そして非稼働時間である。

（4）正味時間

標準時間は式(2.1)に示すように，主体作業を正味行うための時間（その意味で「**正味時間**」という）と余裕時間の合計値である。

余裕時間については，1サイクルの時間が長い作業，短い作業もあり，これらに対して一律に30分といったように固定値を与えるのは得策でない。そこで，式(2.2)のように，**余裕率**を決めてやり，これを正味時間に掛け合わせて標準時間を設定するのが，一般的なやり方である。余裕率の設定の仕方は，次節の直接時間観測による標準時間の設定に際して説明する（2.2.7項）。

除外時間は上述したように，管理努力により極力なくすべき時間であるので，標準時間には含めない。また，準備作業については，その発生頻度が高い，多くの作業者が関わっている，あるいは時間値が長い場合とか，必要に応じて同様の考え方・手順により準備作業に対する標準時間を設定する。

$$ST = NT + AT \tag{2.1}$$
$$= NT \times (1 + AL) \tag{2.2}$$

ここで，

ST：標準時間

NT：正味時間

AT：余裕時間

AL：余裕率

である。

2.1.3　標準時間算出の方法

標準時間の設定に用いる方法にはいくつかある。考えうる方法を列挙したのが，以下の6つである。そのうち，実際に現場でよく使われる方法は(1)～(3)の3つであり，これらについて次節以降それぞれ説明していく。

これらのうち，(5)については，稼働分析という目的で非常によく利用されている方法であり，これについては3.4節で詳しく説明する。(6)については，類似の作業の時間値をそのまま使う，経験的に決めた時間値を使う，または成り行きで標準時間を設定するというもので，とても現場や作業を（科学的に）管理しているとは言い難いものである。

(1)　**直接時間観測**：ストップウォッチやVTRなどにより作業を直接観測した時間値を用いて標準時間を算出する。

表2.2 時間測定方法の比較

	直接時間研究		PTS法 (MTM, WF等)	ワーク・ サンプリング	標準時間 資料法
	ストップウォッチ	VTR			
分析者の 必要技術	ストップウォッチ 測定法	動作分析 VTR操作法	かなり熟練 を要する	統計知識	なし
用具	ストップウォッチ	VTR	メジャーなど	なし	なし
所要時間	中くらい	多い（微細 動作分析）	少ない （習熟すれば）	少ない	作成時多い 設定時少ない
詳細な標準の 獲得の可能性	得られる	得られる	得られる	得られない	得られる
レイティング の必要性	あり	あり	なし	あり	なし
余裕率加算の 必要性	あり	あり	あり	あり	通常あり
従業員への 心理的影響	大	小	なし	小	なし

(2) **PTS法**：作業中の各動作に対してあらかじめ定められた要素時間値の データを適用して時間値を集計して，標準時間を設定する。

(3) **標準資料法**：類似作業に対して作業時間の変動に影響を与える要因を見 つけ，資料としてまとめ，その要因値により作業時間を設定する。

(4) **メモモーション・スタディー**：作業サイクルの長い工程（たとえば1ヶ 月，半年）をタイムラプス（time-lapse）ビデオなどを用い，コマ送りで 録画したVTR（たとえば1秒1コマ，1分1コマ）を等速で再生する。 精度は荒いが（その分，長い時間が短い時間で分析できる），通常のVTR を用いた直接時間観測と同様，あるいは類似の方法で時間値を算出する。

(5) **ワーク・サンプリング**：稀にしか行われない作業に対して，作業の発生 割合に応じて時間値を与える。また，清掃や打ち合わせ，日報記入の頻 度など，主として行う作業以外の頻度を求め，余裕率設定の参考資料に 利用することもある。ランダムな時刻に瞬間的に作業の状態を観測する 方法。

(6) **実績資料法，経験見積り法**：これまでの実績値，経験的に設定した時間 値を正味時間として利用する。

　これらのどの方法も一長一短があり，標準時間を設定する作業の特徴や特性，それぞれの方法に対する分析者の経験や技能などにより，一番合った方法を選択する。方法により，分析者に必要な技能，用具，標準時間設定に対する所要時間，設定される標準時間の精度，また直接観測の有無による作業者への心理的影響なども異なる。

　標準時間設定に利用する主要な方法に対して，これらの特徴をまとめたものが表2.2である。これから説明する2.2〜2.4節に掲載する各手法を読んだ後，再度この表を参照していただきたい。

2.2　作業の直接時間測定：直接時間観測とレイティング

2.2.1　直接時間観測の概要と手順

　標準時間を設定する方法で，テイラー時代から実施され，今日においても最も利用されている方法の1つが，直接時間観測による標準時間設定である。この方法では前節で述べた標準時間の定義どおり，標準的な条件のもと，標準的な方法により行ったときの作業時間をもとに標準時間を求める。

　いくら同一の作業を，同じ方法で的確に遂行しても，作業時間はある程度はバラつく。そのため，設定の精度を考えると**作業の観測は複数回**行われ，それらの**観測時間の代表値**としてそれらの平均値を取ることになる（代表値として他にメジアン（中央値）やモード（最頻値）もあるが，算術平均を取ることが一般的である）。

　この代表値をそのまま標準時間，あるいは余裕時間を含まない正味時間（前節の標準時間の式(2.1)の NT）にすることには問題がある。標準時間の定義どおりに，適切な熟練度の技能を持った作業者が行った時間を測定したとしても，それでも速い人，遅い人，大きな個人差がある。人間工学の研究では，職業として行っている作業者であっても，一番速い人と遅い人の間には5倍程度の個人差があるといわれている。

　たまたま速い人の作業を観測して，その時間値をそのまま標準時間（実際に

は余裕率を掛け合わせる前の正味時間）にすれば，適切に決めた時間値より厳しいものになってしまう。逆に遅い人の時間値を取れば，緩い作業となり採算が取れなくなってしまうかもしれない。

そこで，実際に測定した作業が標準的な作業条件のもとで基準とする速さより，どの程度速かったのか，あるいは遅かったのかを判断して，それにより測定値を補正しなくてはならない。この作業速度の判定を**レイティング**（rating）という。観測時間の代表値をレイティング値で補正した時間値が**正味時間**（net time）となる。

前節で説明したように，この正味時間に**余裕率**を掛け合わせた時間値が，**標準時間**である。式で表すと，以下のようになる。

$$NT = OT \times R \tag{2.3}$$
$$ST = NT \times (1 + AL) \tag{2.4}$$

ここで

NT：正味時間

OT：観測時間の代表値

R　：レイティング値

ST：標準時間

AL：余裕率

である。

これらの式で表される直接時間観測による標準時間設定のプロセスは，次のステップで構成される。以下，標準時間を設定する各ステップの手続きを説明しよう。

(1) 作業の単位作業への分割

(2) 作業の測定回数の決定

(3) 作業の実施と時間値の測定

(4) 異常値の除去と観測時間の代表値の計算

(5) レイティング値の決定

(6) 余裕率の設定

2.2.2　作業の分割

（1）分割の必要性

　一人の作業者の担当する作業全体（生産ラインで行われる流れ作業を例に取ると，ピッチタイム分の作業）を一括して標準時間を設定するには長すぎる場合が多い。標準時間を精度よく算定するには[1)]，作業を分割し，より小さな単位で扱った方が，作業方法を正確に，そして明確に記述できる。そこで，作業を分割していくと表 2.3 に示すように，単位作業，そして要素作業，さらに要素動作と細分化されていく。

　単位作業は，作業としての最小の単位である。個々の単位作業は，1 つの材料・工具・機械の操作で完結する複数の**要素作業**に分割することができる。要素作業をさらに分割すると，手を伸ばす，つかむ，回すといった**要素動作**（これらは最早，作業としては認識できない）になる。

　表 2.3 には，懐中電灯の組立（作業）の 1 つの単位作業を要素作業に，そして要素動作へと分割していった例も示したので，参考にしてほしい。単位作業と要素作業の境界は必ずしも明確ではないが，作業を複数の単位作業に分割していき，典型的には**単位作業ごとに標準時間を設定する**。

　単位作業ごとの標準時間の設定は，工場内の多くの工程から同一内容・方法による単位作業が同定しやすくなるので，2.4 節で論じる標準資料作成への応用性が高まる。作業改善などで作業方法が変わったとき，全体でなく，変更された部分だけに限定して標準時間の設定をし直せばいい。さらに，単位作業ごとにレイティング値の設定が可能になるなど，単位作業に分割して標準時間を設定することのメリットは多い。

（2）分割の条件と目安

　作業の分割の目安として，単位作業の長さ（時間など），測定の容易性，定数要素作業と変数要素作業の分離，異なる要因の分離，およびサイクル作業と

---

1)　テイラー以降の IE の基本的な考え方である作業を簡素化，単純化，標準化していくためにも作業の分割は必要である。

表2.3　作業分割の例

作業	—	単位作業	—	要素作業	—	要素動作（動素）
		↓		↓		↓
		作業の最小単位		材料，工具，機械などのうち，1つのものを操作する作業		細分しうる最小の動作単位（e.g., サーブリッグ）
（例）・懐中電灯の組立て		・電球部分の組立て ・電球部分の本体への取付 ・リヤカバーの取付 　　⋮		・反射板の取付 ・電球の取付 ・ソケットの取付 ・レンズの取付 　　⋮		・手を延ばす ・つかむ ・移動する ・位置ぎめする ・回す 　　⋮

非サイクル作業の分離などがある。これらを考慮に入れて単位作業に分割するとよい。

　単位作業の長さについては，時間値があまりにも短くなるとストップウォッチを使って測定することが困難になる[2]。そのため，時間値測定の信頼性を考えて，分割を細かくしすぎない。筆者にはこれでも短すぎると思われるが，5 DM[3] 以下にはしないという推奨もある。

　作業時間測定の容易性を考えると，単位作業は動作の開始点，終点，あるいは手や腕の移動方向の変換点で区分するとよい。また，作業中に音が発生するなど，特徴的な時点での分類も目安になる。

　スタートボタンを押すといったように，作業中に必ず1回は（あるいは決まった回数）行う**定数要素作業**と，ネジ締めの箇所など，製造する製品により数が異なる**変数要素作業**が続くときには，その間で必ず単位作業を分離しておく（定数要素作業と変数要素作業の分離）。変数要素作業については，たとえば移動距離が要因となる部分と，部品の重量が要因になるような，異なる要因が動作

2）短い時間間隔でストップウォッチを押して，時間値を観測用紙に記入している間に，既に次の単位作業も終わってしまっていた，ということにもなりかねない。

3）IE では伝統的に時間の単位として秒ではなく，分を使うという慣習がある。IE 技術者が使うストップウォッチも短針の1周が60（秒）の目盛りではなく，一回りを100で刻んでいるデシマル計である。1 DM（decimal minute）は1/100分。

時間に影響するところでは，単位作業は分離すべきである。

　他にも，何度も繰り返し行うサイクル作業と非サイクル作業の分離するなどの目安がある。これらの目安を適用し作業を複数の単位作業に分割する。

2.2.3　測定回数の決定

　作業の測定回数に関しては当然のことであるが，回数が多いほど統計的な意味で時間値の精度は上がる。しかし，回数を増やせばそれだけ全体の観測時間は長くなり，IE担当者だけでなく，作業者に対する負担も大きくなる（作業をずっと監視されているという普段と異なる状況で業務を遂行することになるので，人によっては大きなストレスがかかる）。

　このように，時間・手間と精度の間にトレードオフがあるので，設定する標準時間に必要とされる精度を考えて（標準時間の精度は測定回数だけでなく，レイティングの精度など，他の要素にも関わるが），観測回数を設定する。経験的な方法として，20回程度は必要と言われている。以下で説明する確率計算をすれば容易にわかるが，この程度の回数ではそれほど高い精度の時間値は期待できない。次に述べる，厳密に回数を求める統計的方法の入力データとして必要な作業時間の平均（$\bar{x}$），標準偏差（σ）の推定値を求める予備調査としてならば，この程度の測定回数は妥当であろう。

　厳密に[4]作業の観測回数を求める統計的方法を紹介しよう。たとえば，大学に在籍している男子学生全体の身長といったように，大きな母集団からのサンプルが正規分布に従うと仮定できるように，測定対象としている作業時間が正規分布に従えば[5]，平均 μ，標準偏差 σ の分布を持つ母集団の作業を n 回，測定したときの作業時間の平均値を，信頼区間[6]95％で相対誤差[7]5％で推定すると，作業回数 n，そして作業時間の平均 μ と標準偏差 σ の関係は次の式

4）とはいっても，作業時間が正規分布に従うという仮定の上での話なので，この仮定が成り立たなければ厳密とは言えない。

5）たとえば，数週間で多数回の繰り返しの測定を考えれば，この仮定は成り立つであろう。

6）信頼区間は95％を使うのが普通であるが，たとえば99.7％で推定する場合には式(2.5)の1.96の代わりに，3.0を使えばよい。すなわち，95％に対する係数である1.96を変更したい信頼度区間に対応する正規分布の係数に代えればよい。

(2.5) で表わすことができる。

$$\frac{\frac{\sigma}{\sqrt{n}} \times 1.96}{\mu} = 0.05 \qquad (2.5)$$

この式で，分子の $\frac{\sigma}{\sqrt{n}} \times 1.96$ が，真の値 μ からの95%の信頼区間で推定したときのズレの部分，すなわち絶対誤差である。これを真の値 μ で割ったものが相対誤差になり，ここでは5%として右辺を0.05としている。

実際には，母集団である作業時間の平均と標準偏差はわかっていないので[8]，少ない回数（たとえば15回とか20回くらい）の予備調査によりその平均値 $\bar{x}$，そして標準偏差 $\hat{\sigma}$ を推定し，それらを上述した式(2.5)において μ と σ の代わりに代入すればよい。すなわち，式(2.6)になる。

$$\frac{\frac{\hat{\sigma}}{\sqrt{n}} \times 1.96}{\bar{x}} = 0.05 \qquad (2.6)$$

この式を，測定回数 n に対して変形してやれば，式(2.7)が得られる。この式で計算される n 回の作業を測定すればいいことになる。

ここで1つ注意して欲しいことがある。IE活動は通常，作業現場で行うことが多いので，特にコンピュータや電卓を現場に持ち込むことができない状況でこのような計算を行っていた（このような状況でストップウォッチで観測時間を計測していくのは不可能である）。そのため，上の式で95%の信頼区間の係数を2で近似して n を求めている[9]。

$$n = \left(\frac{40\hat{\sigma}}{\bar{x}} \right)^2 \qquad (2.7)$$

これらの式からもわかるように，観測回数と求まる時間値の精度とはトレー

7）ここでは，作業時間算出の精度として相対誤差を取っている。あまり使うことはないとは思うが，絶対誤差を精度とするときは（たとえば許容誤差を ±10 DM の範囲といったように），式 (2.5) の左辺の分母の作業時間の平均値 μ で除す必要はない。この例の信頼区間95%で絶対誤差 10 DM のときの測定回数と作業の平均・標準偏差との関係式は $\frac{\sigma}{\sqrt{n}} \times 1.96 = 10$ となる。

8）というより，これから作業を多数回観測してこれらの値を推定しようとしているのである。

9）大差はないが，正確に計算するなら，式(2.7) の40の代わりに 1.96/0.05 = 39.2 を使うことになる。

ドオフの関係がある。観測回数を増やせば精度は増すが，その分標準時間設定のための時間と労力（たとえば作業そのもの，そして作業観測のための労力と，時間値計算のための労力）は増加する。そのため，精度を若干犠牲にして，観測回数を少なくしようという決断もあるかもしれない。

たとえば，許容誤差を10%に変えたときの作業の観測回数を求めたいときには，式(2.5)の右辺の0.05を0.1に代えて（簡単に計算するために1.96も2に変えて），nについて変形すればよい。このときの観測回数は式(2.8)で与えられる。

$$n = \left(\frac{20\widehat{\sigma}}{\bar{x}} \right)^2 \tag{2.8}$$

2.2.4　時間値の測定

前項の手順で算出された観測回数の作業を観測し，通常はストップウォッチを使ってその場で直接時間値を測定する（VTR録画を行うことは稀であるが，その場合には画像に埋めこんだ計時から時間値を書き写すことが一般的である）。ストップウォッチを用いた時間測定法には，一般に次の方法がある[10]。

- **反復法（早戻し法）**：単位作業ごとに時間値を測定し，観測用紙に記入し，針をゼロに戻して，次の単位作業の測定に移る。単位作業ごとにこれを繰り返す。

- **連続法（継続法）**：作業は通常は連続して行われるので（1つの製品・部品の作業が終わると，連続して次の製品に対するサイクルの作業が始まる），作業の開始（時刻0）から連続的にストップウォッチを回して，個々の単位作

---

10) これらのほかにも循環法があるが，現在ではほとんど使うことはなくなった。この方法は，個々の単位作業の時間が短くて時間値の測定，記録が困難なときに，2つの単位作業の組み合わせ（より長い時間になり計測が簡単）を作って，統合された単位作業の時間値を測定・記録し，観測回数終了後に個々の統合単位作業の時間を計算する。

　たとえば，A，B，Cの3つの単位作業（それぞれの時間を a，b，c としよう）で構成される作業では，$(A+B)$，$(B+C)$，$(C+A)$ の3つの統合単位作業を作り，その1サイクルの作業時間がそれぞれ，t_1，t_2，t_3 であったとする。これらをすべて加えた $t_1+t_2+t_3$ は，元の作業（A，B，C）の作業時間 t の2倍となる。これより，もとの個々の作業時間 a，b，c はそれぞれ，t_1+t_3-t，t_1+t_2-t，t_2+t_3-t となる。必要な回数を測定した t_1，t_2，t_3 の時間値から，元の単位作業の時間を計算する。

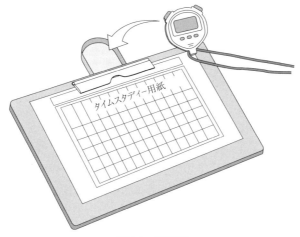

図 2.3　観測板

業の終了時の経過時刻を読み取り，観測用紙に記入する。すべての作業回数の観測終了後，個々の単位作業の観測経過時刻から 1 つ前の単位作業の経過時刻を引いてやれば，その単位作業の時間値が求まる。観測終了後，このようにして各単位作業の時間値を観測用紙に記入する。

- **累積法（タンデム法）**：最近使われることはほとんどなくなったが，複数の（通常は 3 個）ストップウォッチを設置できる観測板を用いて測定する。この観測板には次のような仕掛けがしてあり，これにより個々の単位時間を読み取り，観測板上の観測用紙に記入する。

　連続した作業サイクル中，各単位作業が終了したときにストップウォッチを押す。すると，1 個目のストップウォッチは前の単位作業が終了し，ゼロになった状態から測定が始まった時間値でストップする（これが単位作業の時間値を示しており，観測用紙に書き写す），2 個目のストップウォッチはリセットされたゼロからの時間値を開始させる。3 個目は前にストップさせていた時間値をリセットして計時を 0 に戻す。

　これを繰り返し，次の単位作業の終了時にストップウォッチを押したときには，2 番目のストップウォッチに単位作業の時間値が掲示されている。つまり，複数のストップウォッチを用いて反復法を行うことと同じである。

　IE 担当者は通常，観測用紙をおいた観測板（図 2.3 参照）にストップウォッチ，ペンを持って，現場で一人で作業観測，測定を行う。必然的に煩雑，あるいは手間の掛かる方法で作業測定をすることは困難であり，現在では上記のうち連続法で行うのが一般的である。

2.2.5　異常値の判定

　ダラリの原則（1.2.4項参照）からもわかるように，なるべくムラが生じない標準的な作業方法で行ったときの時間で算出するものが標準時間である。そのため，条件が標準と違って行ったときの作業や，他のサイクルから大きく離れた時間値は，**異常値**として標準時間の計算に用いるデータから除去する必要がある。通常使われる異常値の判定基準は，次の 3 つである。

(1)　観測中に作業状態，あるいは作業条件に異常があったことがわかっている作業サイクルの観測値

(2)　最小値の場合はその次に小さい値より25％以上，最大値の場合は30％以上飛び離れた観測値（図 2.4 参照）

(3)　平均値より $\pm 3\sigma$ を超えている測定値

　基準(1)については，作業内容のムラを取り除くのが目的である。たとえば，作業で利用するツールを落としてしまった，組み付ける部品が通常の置き場になかったので，隣の工程から同一の部品を持ってきたなど，観測中に作業の異常，あるいは大きなムラを発見したときに，その観測値は異常値として取り除く。仮に時間値が判定基準(2)，(3)の範囲内にあっても，この数値は取り除く。

　基準(2)は図 2.4 に示すように，一つだけ飛び離れた値を取り除くことを意図した異常値である。このような作業サイクルには，観測中には気がつかなかったが，作業に何らかの異常，大きなムラが潜んでいる可能性がある。

　(3)の基準は，観測の代表値となる中心から，大きく外れている時間値を取り除くためのものである。作業の観測時間が正規分布に従うと仮定すると，平均から 3σ 離れた値というのは1,000回に 3 回しか起こらない確率である。すなわち，100回程度の観測回数では，確率的にほとんど起こりえない（計算上は0.3回）基準である（実際には観測時間が正規分布に従わない場合もあり，この理論

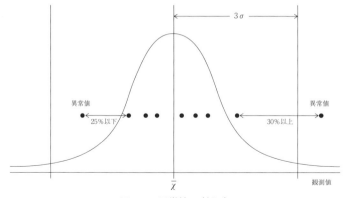

図 2.4 異常値の考え方

上の頻度以上に出現することもある）。現場のポリシーでたとえば安全係数を3.0のかわりに2.0（100回に5回の確率）を使うとか，もう少し緩い基準（異常値と判定する割合がより多くなる基準）で異常値を判断してもいいかもしれない。

このようにして異常値を取り除いた後の観測値のサンプルから，観測時間の代表値を求める。典型的には，観測時間の代表値として算術平均をとることが多い[11]。

2.2.6 レイティング

（1）レイティングの必要性

観測時間の代表値を即，正味時間としてしまうことには大きな問題がある。本節の冒頭で述べたように，速い作業者の観測時間をそのまま正味時間にしてしまうと，作業者にとって厳しいものになってしまう。逆に，遅い作業者の時間値なら緩い正味時間になってしまう。1.2.3項で述べた公平の原則にも反することになる。

そこで，**観測した速度を，観測者（レイター）自身がもっている正常速度の感覚と比較し，その割合を決めるレイティング**を行う必要がある。その比率

11）代表値の算出にはほかにも，メジアン（中央値）やモード（最頻値）を採ることも考えられるが，分布に歪みがない場合にはこれらの値は平均値にほぼ一致する。

（レイティング値）を観測時間の代表値に掛けて，これがその作業（単位作業）の正味時間となる。

　レイティングとは簡単に言うと，自分が持つ正常の時間値よりどの程度速い／遅いかを見積もるだけの単純な判断であるが，これが結構難しいものである。少ない観測回数による作業に対する時間精度の悪さを前に述べたが，レイティングの正味時間に対する精度への影響はそれ以上かもしれない。レイティング能力の劣る観測者のレイティング値を用いると，せっかく多くの観測回数で精度の高い測定時間の代表値を算出しても，肝心の正味時間の精度は低くなってしまう。

　そのため，さまざまな作業速度で遂行した作業を，いくつもの種類の作業に対してVTR（レイティング・フィルム）に記録し，それにより十分な訓練を積んだ観測者を養成し，その人がレイティングを実施し，レイティング値を設定する。いくつかの作業について正常速度の例を挙げると，時速4.8kmの歩行，52枚のトランプ（ジョーカーを除いたすべてのカード）を0.5分（30秒）で4ヶ所に配る速さ，などである。

　そのほかに，レイター訓練用の作業としてよく用いられるピンボード作業というものがある。これは，30の穴が開いている板に30個すべてのピンを両手で（2個同時に）挿入していく作業であるが，その正常速度は0.41分である。

　これらの作業（行動）を実際に自分でやってみると実感できるが，ここで正常速度としている時間値は結構速いことがわかるであろう。これは，標準時間の定義にあるように，レイティングでは「適切な熟練度をもった作業者」が繰り返し作業を行うときの，習熟した（十分作業に慣れた）状態での正常な速度と比較するからである。

（2）レイティングの方法

　レイティングには，いくつかの方法がある。ここでは，平準法（leveling），速度レイティング（speed rating），そして客観的レイティング（objective rating）を簡単に紹介しよう。

　平準法では，観測した作業者の熟練度，努力度，着実性，および作業時の条

表2.4　平準係数表

		熟練	努力		条件	着実性
最優秀	A₁	+ .15	+ .13	理想的　A	+ .06	+ .04
	A₂	+ .13	+ .12			
優秀	B₁	+ .11	+ .10	優　秀　B	+ .04	+ .03
	B₂	+ .08	+ .08			
良	C₁	+ .06	+ .05	良　　C	+ .02	+ .01
	C₂	+ .03	+ .02			
普通	D	0	0	普　通　D	0	0
可	E₁	− .05	− .04	可　　E	− .03	− .02
	E₂	− .10	− .08			
劣等	F₁	− .16	− .12	劣　等　E	− .07	− .04
	F₂	− .22	− .17			

（注）　この方法によるときは最高と最低では50〜138％，すなわち2.76倍の差がある。

（出所）　作業測定便覧編集委員会編：『作業測定便覧』．日刊工業新聞社，1964[17]，p.514，表2.1.

表2.5　速度レイティングの範囲

レイティング値	速度評価	ポイント法	100％法換算	速　　　　さ
		100	167	最高の速さ
─ 60 ┐		95	158	速　い　＋
┤ 管理の悪い現場	90	150	速　い
─ 70 ┘		85	142	速　い　−
─ 80 ┐		80	133	優　秀
┤ 甘い標準	75	125	良　＋
─ 90 ┘		70	117	良
─ 100 ── 正常速度		65	108	良　−
─ 116 ┐		60	100	正常（normal）
│		55	92	可　＋
┤ 奨励速度	50	83	可
│		45	75	可　−
─ 133 ┘		40	67	おそい

（出所）　作業測定便覧編集委員会編：『作業測定便覧』．日刊工業新聞社，1964[17]，p.493図一部改変，p.503，表1.6.

表 2.6　客観的レイティングの困難度係数

種類番号	説　明	引用頭文字	状　　　態	調整係数 (%)	実　　例
1	使用身体部　位	A	指に力を入れずに手を使用	0	
		B	手首と指	1	
		C	肘，手首，指	2	
		D	腕など	5	
		E	胴など	8	
		E₂	脚の力で床から持ち上げる	10	
2	足踏ペダル	F	ペダルなし，または支点を足の下に持つペダル	0	
		C	足の下の外側に支点を持つペダル	5	
3	両手作業	H	両手がたがいに助け合うか交互に使う	0	
		H₂	二つ部品に対して同時に同じ作業をする	18	
4	目と手の調　整	I	粗雑な作業，目で見ずに主として感じだけで作業する	0	たまに見るだけでよい
		J	中程度の注意	2	
		K	目をはなさないが，あまり正確でない	4	
		L	注意深く，かなり集中してみる	7	中心を見つめる
		M	±1/64 インチ以下の調整	10	針縫いのような作業
5	取扱い上の注　意	J	粗雑に取り扱える	0	
		K	大ざっぱなコントロールだけ	1	
		L	コントロールせねばならないが強く握ってよい	2	
		M	注意深く取り扱う要あり	3	
		M	もろい，こわれやすいもの	5	部品を普通に取り扱うと，すぐに損傷してしまう
6	重　量	W	実際の重量や抵抗（1b）		

（出所）　作業測定便覧編集委員会編：『作業測定便覧』，日刊工業新聞社，1964[17]，p.530，表 4.2を改変．

件の 4 つを評定し，それら個々に対して表 2.4 の平準係数表から該当する数値を当てはめる。これら各々の係数を加えた値がレイティング値となり，観測時間の代表値にその値を掛け合わせたものが正味時間になる[12]。

　　速度レイティングでは，観測者は作業の難易度に応じた正常値を訓練により

---

12)　4 つの要因すべてが最高の時は観測時間の 38% 増（0.15 + 0.13 + 0.06 + 0.04 = 0.38），最低の時は 50% 減（- 0.22 - 0.17 - 0.07 - 0.04 = 0.50）という正味時間に幅がある。

頭にしまい込んでおき，その基準（これを100とする）と作業者の作業速度を比較して，その速度を表2.5右（100%法換算）に示すポイント換算の値を掛けて正味時間とする。努力度レイティング（effort rating），ペース・レイティング（pace rating）も速度レイティングとほぼ同義である。

客観的レイティングは，作業の困難度を考えずに，観測した作業の速度を評価する（速度評価値：正常速度の時は100；たとえば正常速度より20%速いと評定すれば120，10%遅いと思えば90）。その作業について，使用身体部位，足踏みペダル，両手作業，目と手の協調，取り扱い上の注意，および重量のそれぞれに対する困難度係数を表2.6を参照して決定し，それらの合計値を速度評価値に加えて，レイティング値を求める方法である。

どのレイティング法を用いた場合でも，作業を構成するすべての単位作業に同じレイティング値を用いるのが普通である。**観測時間の代表値にレイティング値を掛けた数値が，その作業（単位作業）の正味時間**となる。

2.2.7　余裕率の決定

標準時間設定においては，正味時間に加える余裕時間を求めるために**余裕率**を決定しなくてはならない。余裕率は2.1.2項で述べたように，用達余裕，疲労余裕，職場余裕，そして作業余裕のそれぞれに対して率を決め，これらを合計したものが全体の余裕率である。

疲労余裕は当然のことながら，作業強度や作業時の姿勢，そしてストレス状況などの作業要因に関連する。作業強度の高いもの，不自然な姿勢が多い作業は疲労も激しいので，疲労に対する余裕率は高くしなくてはならない。表2.7に示したものは疲労余裕設定の例として，作業姿勢，重量，作業環境などを決定要因として，対象作業に該当する作業条件に当てはまる数値を合計して，疲労に対する余裕率を算出するものである。

この表を用いると，たとえば(a)立位で，(b)15 kgの重量の部品を，(c)危険な状況（非常に悪い環境）で，(d)目と手の緊密な調整を必要として取り扱う困難な作業が，(e)サイクルタイムの50%を占めるときの疲労余裕率は，次のように求めることができる。まず，サイクルタイム中に占める割合40〜59%の列を見

表2.7　疲労余裕率設定の例

基本（2.0 kgまでの取扱を含む）			3.0		
付加余裕 下記条件があれば付加する	サイクルタイム中にそれぞれの 下記条件の占める%				
	0〜19	20〜39	40〜59	60〜79	80〜100
姿勢					
立位	0.5	1.0	1.5	2.0	2.5
無理な姿勢	1.0	2.0	3.0	4.0	5.0
重量					
2.0〜4.9 kg	0.5	1.0	1.5	2.0	2.5
5.0〜9.9	1.0	2.0	3.0	4.0	5.0
10.0〜19.9	2.0	4.0	6.0	8.0	10.0
20.0〜29.9	3.0	6.0	9.0	12.0	15.0
30.0〜39.9	4.0	8.0	12.0	16.0	20.0
40.0〜	5.0	10.0	15.0	20.0	25.0
環境					
悪い	0.0	0.5	1.0	1.5	2.0
非常に悪い	0.5	1.0	2.0	3.0	4.0
（危険，振動，高温，騒音他）					
目と手の調整（正常は0%）					
緊密な調整	0.0	0.0	0.0	0.5	1.0
デリケート，微細	0.5	1.0	1.5	2.0	3.5

その他 用達し 5% または時間当たり 3分 雑多な遅れ 2%
（出所）作業測定便覧編集委員会編：『作業測定便覧』．日刊工業新聞社，1964[17]，
　　　　p.830，表3.15.

て，それぞれの条件の該当する数値，1.5（立位），6.0（重量10.0〜19.9 kg），2.0（非常に悪い環境），0.0（目と手の緊密な調整）を足し，これに表の最上段に記載している基本値3.0を加え，12.5%の余裕率が得られる。

　用達余裕率は人間の生理的欲求として発生するトイレ休憩や水飲みなどが，1時間あたりにどのくらい必要かを考えて設定する。たとえば，1時間あたり3分は必要だとすると 3/60＝0.05（5%）となる。

　職場余裕率は，朝礼，打ち合わせ，日報の作成など，現場で発生する付随業務の比率から見積もることができる。同じように，作業余裕についても，機械の点検や調整など，主体作業や準備作業以外の作業に必要な活動の発生率の見積もりなどにより設定する。

　このようにして設定した**余裕率を，直接時間観測で算出した正味時間に掛け**

合わせて，**標準時間が設定**される（式（2.4）参照）。

2.3 動作の合成：PTS法

2.3.1 PTS法とその進化

（1）PTS法とは

前節で述べた直接時間観測による標準時間の設定は，実作業を多数回観測する手間と時間もさることながら，現実的に最も大きな問題がレイティングの難しさ，あるいはこれに起因する時間値設定の精度である。多数回の作業観測を行って正確な観測時間の代表値を求めたとしても，レイティング値が10%，あるいは20%実際の値と違えば，これにより非常に大きな誤差を生むことになる。

レイティングは簡潔に言うと，単に正常な作業より何パーセント速いか，あるいは遅いかを判断するだけの，非常に単純な手続きである。しかし，これが現実には非常に難しく，（もちろん人にも依るが）レイティング・フィルムを用いた訓練中には，正常速度より速い作業を遅いと判断したり（またその逆も起こり），10〜20%の誤差は頻繁に発生してしまう。時には30%もの誤差と判定してしまうこともある。

また，生産性の高い工程を実現したくて，知らず知らずのうち（あるいは意図的に），実際より低いレイティング値を設定してしまうことがあるかもしれない。これでは，1.2.3項で論じたIErが守らねばならないIEの精神の一つ，公平の精神に背いてしまうことにもなりかねない。

このような問題意識から，**レイティングを行わなくても的確に標準時間を設定する方法**があるといい。その代表的な方法が**PTS法**（Predetermined Time Standard Method）である。テイラーが活躍した時期からそう長くない後に既に開発が始まっている。この方法はかつては「既定時間標準法」と日本語訳で呼ばれていたこともあるが，現在では英用語の頭文字を取って「PTS法」として人口に膾炙している。

PTS法は，人間の手作業時間は限定された種類の基本動作要素（たとえば手

を延ばす，つかむ，回すといった動作）に細分化でき，各基本動作要素は一定の条件下においては一定の時間値となる（たとえば手を伸ばす長さが同じなら，その時間値はいつも同じ）という仮説に基づいて設計されている。すなわち，PTS法とは，あらかじめ与えられた動作時間を用いて，作業を構成する動作ごとの時間値を求め，これらを合成，集計することによって，対象とする**作業の正味時間を求める方法**である。

　ここで1つ注意してほしいのは，PTS法は正味時間を求める方法であり，標準時間を設定するものではない。すなわち，標準時間を設定するには，PTS法により算出された時間値（正味時間）に，前節の直接時間観測法のところで述べたものと同じ方法（2.2.7項参照）で余裕率を設定し，掛け合わせなくてはならない（式(2.2)参照）。

（2）PTSの歴史

　上述したように，PTS法の発展はIEの歴史，あるいは時間研究の歴史とほとんど軌を一にしている。その発展の経過を表2.8に簡単にまとめた。3.1節で詳述する作業を構成する基本動作にまで細分化してするサーブリッグという方法があるが，最初のPTS法は，それぞれの基本動作にその条件に従った時間値を付与するといったものであった。

　これを第1世代のPTS技法とすると，次の第2世代では，作業中の動作に連続動作としての検討を加えるなど，理論的に精緻化し，詳細化法としてのPTS手法として確立していった。この世代の代表的な技法として，**WF**（Work Factor）[18]と**MTM**（Methods-Time Measurement）[19]の2つの流れがある[13]。ともに既に70年以上も前に開発された技法であるが，双方とも現在でも利用されている。

　第2世代のPTS法は詳細化法であったため，分析に非常に時間が掛かるという難点がある。そこで，よく行われる一連の連続動作をまとめ，構成する複数の動作をグループ化し，少数のより大きな単位の動作で作業を分析しようと

13）次に出現する第3世代の簡易化法とこれらの詳細化法を明示的に区別するときには，第2世代の詳細化法をMTM-1，DWF（Detailed WF）と称することもある。

表2.8　PTS法の世代

世代	進化のポイント		技法
第0世代	サーブリッグ		
↓			
第1世代	サーブリッグに時間値の付加	…	MTA
↓	（連続動作としての検討）		
第2世代	詳細化法	…	MTM（MTM-1），WF（DWF）
↓	（動作のグループ化）		
第3世代	簡易分析法	…	MTM-2，MTM-3，RWF
↓	（簡易法の高精度化）		
第4世代	高精度・簡易法	…	MODAPTS，MOST

いう簡易化法が出現した。これが，PTSの第3世代である。

WF，MTMのそれぞれの系列で簡易化法が開発された。MTMでは前世代の詳細化法と区別するため，MTM-2，MTM-3という名称の簡易化法が考案され，WFの系列ではSWF（Simplified WF），AWF（Abbreviated WF）などが開発された。

この簡易化の流れをさらに高精度な技法へと発展していったのが，第4世代のPTS法である。この世代の代表的な技法として **MODAPTS**（Modular Arrangement of Predetermined Time Standard）[20]と **MOST**（Maynard Operation Sequence Technique）[21]がある。

MODAPTSはオーストラリアで開発された技法であり，それまでのWFやMTMとは全く異なる発想によるPTS技法である。MOSTはMTMの流れを汲むが，そのアプローチはMTMとは別の考え方に基づくPTS技法である。これらの第4世代の簡易化法は，第2世代の詳細化法とともに現在のPTS利用の中心となっている。

2.3.2　PTS法の主要用途

（1）標準時間の設定

PTS法使用の最も重要な目的はもちろん，標準時間の設定（そのための正味時間の算出）である。PTS法には，**レイティングが不要**という最大の便益の他にも，作業方法さえ決めれば，**作業を実際に行わなくても正味時間が算出でき**

表 2.9　PTS 法の主要用途

1．標準時間の設定
2．生産着手前の能率的作業方法の設定
3．能率的機器の選択
4．能率的工具の設計の助長
5．製品設計上の示唆
6．作業方法改善に対する監督者の訓練と意識の向上
7．標準資料の作成
8．苦情の処理
9．研究——特に作業方法と習熟期間，および作業度格付けとの関係

るという大きな特徴がある。これは非常に大きなメリットである。この特長の
おかげで，標準時間の設定のほかにも PTS 法を使用する他の用途もある。
PTS 法の主な用途をまとめたものが表 2.9 である。

（2）効果的作業方法の設定

　作業設計や作業改善を行うとき，最初から 1 つの作業方法に決まっているこ
とは稀である。通常は，いくつの代替案があり，その中から最もよい作業方法，
あるいは改善案を選ぶことになる。その際，作業効率が最もよい（すなわち，
作業時間が最も短い）作業方法を選択するのが一般的であろう。

　直接時間観測により改善後の作業時間を推定するには，代替案となる作業方
法すべてに対してある程度の回数の作業を実際に行って，それぞれの作業時間
を推定しなくてはならない。これには非常に時間が掛かる。場合によっては，
代替案により作業者が異なることもある。各作業者の熟練度が異なるため，レ
イティングで補正しなくてはならない場合も出てくる。

　直接時間観測に対して，PTS 法では作業方法さえ決めれば，実際に作業を
しなくても正味時間は算出できるので，多くの代替作業に対しても，それほど
の時間を掛けずに時間値を見積もることがでる。これにより，生産着手前に能
率的作業方法の設定が可能である。

（3）能率的ツール／設備の選択

　現実の作業現場ではほとんどの場合，設備やツールを使って作業を行う。た

とえば，複数の作業設備の代替案があり，それぞれの設備で作業効率が変わる可能性があり，その効率（作業時間）に基づいて作業方法，あるいは設備を選定する必要が出てくる。

直接時間観測では実際の設備を使って作業を実施する必要があるので，代替設備すべてを購入しなくてはならない（購入しないまでも，すべての機器をリース等で入手しなくてはならない）。この場合，最適設備を選定した後，他の設備は廃棄するなど，全くのムダ，あるいは大きな損失になってしまう。これに対して，PTS 法の利用では，設備を利用したときの作業方法さえ決めればいいので（実際に設備がなくてもマニュアル等から作業方法の設定は十分可能である），設備を購入する必要はない。これは大きなメリットである。

このような利用法から，能率的機器，工具の選択やその設計に対して，PTS 法は大きな支援となる。真に効率的な生産・製造のためには，生産しやすい製品であることが必要で，製造部門だけでなく，製品設計の力が大きい。このような目的のために，製品設計時に PTS 法を利用することにより組立の容易な製品設計への示唆も得られる。

以上述べたように，PTS 法を利用することにより改善効果を事前に簡単に推定することができる。上述した支援のほかにも，作業者や監督者の改善のための訓練に利用したり，作業改善意識の向上に資する。また，単位作業の正味時間を簡単に算出することができるので，次節で論じる標準資料法に対する標準資料の作成にも PTS 法は役立つ。

2.3.3 代表的 PTS 技法とその特徴

現在でも現場での利用が多い代表的な PTS 技法を紹介しよう。実務における PTS 法の使用では，設定に必要な精度を満足する時間値を設定しなくてはならない。そのために，IE 担当者は利用する技法に対する十分な技能が必要となる。それぞれの PTS 技法を運営する協会等で教育・訓練，研修コースを提供しているので，それを受けてから（場合によっては免許・認証等を受け）PTS 利用の実務に取りかかるのが一般的である。また，それぞれの技法につ

表 2.10　WF の概要

使用する身体部位（8 種）	ワークファクター	標準動作要素
• 指（F）	• 取り扱う重量または抵抗（W）	• 移動（TRP：延ばす R と運ぶ M）
• 手（H）	• 動作の困難性	• 把む（GR）
• 前椀旋回（FS）	方向調節（S）	• 前置（PP）
• 椀（A）	注意（P）	• 組立（ASY）
• 胴（T）	方向変更（U）	• 使用（U）
• 足（FT）	一定の停止（D）	• 分解（DSY）
• 脚（L）		• 精神過程（DSY）
• 頭回転（HT）		• 放す（RL）

いては，専門に記した書籍があるので，詳細についてはそれらを参照されたい（たとえば，WF[18]，MTM[19]，MODAPTS[20]，MOST[21]，など）。

　ここでは，前項の PTS 法の歴史で名前を挙げた技法のうち，代表的な詳細化法として WF と MTM，そして第 4 世代の簡易化法として MODAPTS と MOST を取り上げ，その特徴，概要について簡単に論じる。

（1）WF

WF は，クイックら[18]により 1936 年にはすでに初期のシステムが発表されている。1938 年には早くもこの技法に関連した会社が設立され，その後わずかで Work Factor を商標登録している。

　WF は表 2.10 に概要を示すように，作業で使用する身体部位を指，手，前腕旋回，腕，胴，足，脚，そして頭の回転の 8 種類に限定していた。そして，PTS 法の定義のキーとなっている限定された標準動作要素として，移動（次に論じる MTM の「手を延ばす」と「移動する」（運ぶ）の両方を併せた動作），つかむ，前置，組立，使用，分解，精神過程，および放すの 8 つに分類している。

　これらの基本動作要素を遅くする要因を，この技法の名称の由来にもなっているワークファクター（Work Factor）と称しており，(a)取り扱う重量または抵抗，および(b)動作の困難性（この困難性に，方向調節，注意，方向変更，および一定の停止の 4 つがある）の 2 つを考慮に入れている。各標準動作要素のワークファクターの条件により時間値が決まっている。

　WF を適切に利用して正味時間を設定した場合に，平均的には奨励ペースの

表2.11 MTMの基本要素動作

基本要素動作（手作業部分）	所要時間に影響を与える要因
手を延ばす（R：Reach）	手や指を延ばす距離，目的物の状態，動作のタイプ
移動する（M：Move）	移動距離，目的地（位置決め）の状態，動作のタイプ，重量
まわす（T：Turn）	重量，回転角度
加圧する（AP：Apply Pressure）	ケース
つかむ（G：Grasp）	ケース
定置する（P：Position）	結合（はめあい）の度合，結合物の対称性の程度，取り扱いの難易度
分離する（D：Disengage）	結合（はめあい）の度合，取り扱いの難易度
手を放す（RL：Release Load）	ケース

時間値（正常ペースを100としたときの125のレイティング値）が設定されると言われている。2.3.1項でも述べたように，最初に開発された詳細化法のWF（DWF）のほか，簡易化法のSWFやAWFなど，この技法の系列のバリエーションがある。

（2）MTM

MTMは，WFから遅れること約10年，メイナードら[19]によって開発されたPTSの詳細化技法である。MTMもWFと同様に，基本的に手作業の正味時間を算出することに焦点が当てられている。この技法で対象としている基本要素動作を表2.11に示す。この表からわかるように，利用している英単語（その略字）や日本語訳が異なっているものもあるが，WFで規定している標準動作要素とそれほど大きな違いはない。

MTMにおいては，それぞれの基本要素動作の時間値に影響を与える要因は，基本要素動作ごとに異なっており，表中に各基本要素動作で取り上げている要因を記載している。MTMについては2.3.4項でこの技法を例に，PTS法による正味時間の分析・設定について論じるので，各基本要素動作の時間値に影響を与える要因の詳細については，同項，そして付録Aを参照されたい。

MTMを利用した場合にはWFとは異なり（分析が的確に行われてると仮定すると），平均的には正常スピード（レイティング値100）の正味時間が設定されると言われている。表2.8に載せたように，MTMにも分析の詳細度に応じた複

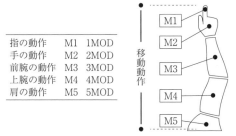

```
指の動作    M1   1MOD
手の動作    M2   2MOD
前腕の動作   M3   3MOD
上腕の動作   M4   4MOD
肩の動作    M5   5MOD
```

移動動作

図2.5　MODAPTSの概要

（出所）　MODAPTS基本図（日本モダプツ協会編『モダプツ法による作業改善テキスト』．日本出版サービス，2008）から一部抜粋（日本モダプツ協会のご好意により掲載）．

数のMTMファミリーの技法がある。

（3）MODAPTS

MODAPTSはハイド[20]により1966年に開発された第4世代の代表的な簡易化法のPTSである。この技法の概要は図2.5に示しているが，これまで紹介してきた詳細化法のWFやMTMと違って，極めてユニークな特徴を持っている。この技法はかなり簡易化されており，一見すると大雑把すぎるという印象を受けるかもしれないが，いかに簡単に作業を分析することができ，時間値が設定できるかが理解できる。

MODAPTS法における動作は図2.5に示しているように，指から肩までのそれぞれの身体部位に分割されているが，動作の種類によらず使用する身体の各部位で表している。そして，使用する身体部位が同じであれば，どのような動作であれ，その時間値も同じとしている。たとえば，指の動作であれば，前出のMTMで分析したときのつかむ（MTMの記号ではG；以下同様）であっても，移動する（M）であっても，MODAPTSではM1で表し，その時間値も同じである（動作分類記号の番号と時間値が一致）。同様に，手の動作であれば，手を延ばす（R）でも，移動する（M），回す（T）であっても，すべてM2である。このように，前腕の動作はM3，上腕はM4，そして肩を使った動作はM5といった具合である。

さらに，M1 から M5 という動作の記号に付いている数字から想像がつくように，これら各部位を使った動作時間は，これらの比で算出される。たとえば，指の動作（M1）の所要時間を最小単位である1として，身体各部位の動作時間の比（整数倍）で表している。手（M2），前腕（M3），上腕（M4）の所要時間は指の動作のそれぞれ2，3，4倍，そして肩（M5）の動作時間は指の5倍に当たる。

指の動作の時間値として1MOD という単位を使う。この時間値の単位である MOD（「モッド」と読む）は，通常の正常レベルでは（上述したレイティング値100に相当する正常スピード），1 MOD＝0.129 秒を使うことが奨励されている。しかし，この単位である MOD にどのくらいの時間を割り当てるかは任意である。たとえば，WF のところで述べたような奨励スピードに近い時間値を出すようなポリシーに対しては，たとえば1 MOD＝0.12 秒というような，より短い時間値を使うこともできる。

（4）MOST

ここまで紹介してきた WF，MTM，および MODAPTS が，基本的には手作業を対象としている PTS 法であるのに対し，**MOST** は手作業を含む，身体全体を使った作業への適用を視野に入れた第4世代の簡易化法である。MOST[21]は，MTM を開発したメイナードの流れを汲む会社（H. B. Maynard & Company）で1975年に開発された。MOST 開発に際して行った数多くの詳細な作業分析を通じて，いかなる作業であっても下記の3つのパターンのうちのどれかに必ず属することに気づき，それらをシーケンス・モデルとして構築した。

- 普通移動シーケンス（General Move Sequence）：ある対象物を空間の制限のないところへ移動する
- 制限移動シーケンス（Controlled Move Sequence）：ある対象物の移動が別の物体の表面で，または他の対象物に接触して行なわれる場合
- 工具使用シーケンス（Tool Use Sequence）：汎用手工具を使用して作業する場合

表 2.12　MOST のシーケンス・モデル

身体部位による取扱い		
アクティビティ	シーケンス・モデル	サブアクティビティ
普通移動	ＡＢＧＡＢＰＡ	Ａ―アクション距離 Ｂ―胴の移動 Ｇ―コントロール用意 Ｐ―位置決め
制限移動	ＡＢＧＭＸＩＡ	Ｍ―制限移動 Ｘ―プロセス時間 Ｉ―軸合わせ
工具使用	ＡＢＧＡＢＰ　ＡＢＰＡ	Ｆ―締める Ｌ―緩める Ｃ―切る Ｓ―表面処理 Ｒ―記録 Ｔ―考える Ｍ―測定

（出所）　Zandin, K. B.: *MOST: Work Measurement Systems.* Taylor & Francis, Boca Raton, FL, 1990（坂本重泰（訳）／日本能率協会コンサルティング（監訳），『新版 MOST（モスト）画期的な標準時間の設定法』. 日本能率協会マネジメントセンター，1993).

　それぞれの作業シーケンスでは，決まった種類の活動（アクティビティ）で作業は構成され，それらの順序はシーケンスのタイプごとに決まっている。各シーケンス・モデルを構成するアクティビティ，ならびにその順番を示したものが表 2.12 である。シーケンス・モデルごとにアクティビティの具体的な内容，その困難度，作業強度，作業条件等が異なるため，そのアクティビティに必要な時間値が異なる。この作業条件とアクティビティに必要な時間値の関係を，アクティビティの添え字としてインデックスにより表現する。

　作業条件とアクティビティのインデックスの関係が，MOST 開発時の研究により決定されている。その対応表から適切なインデックスを設定し，シーケンス・モデル内のアクティビティ全体のインデックスの合計値を計算する。その10倍の値が，この作業の正味時間（単位: TMU; 1 TMU = 0.036 秒）になるというものである。

　各アクティビティの内容や条件から，インデックスを的確に選択することがキーポイントである。この技法に関するガイドラインや作業条件とインデック

スの数値との対応関係などの資料が用意されている。また，この方法・手続き
を含め，技法に関する訓練・研修も提供されている。トレーニング・コースに
参加して技法に関する技術・技能を学ぶことが，一番の近道かもしれない。

MOSTの簡単な適用例として「3歩歩いて，床上から1本のボルトを取り
上げ，体をもとの姿勢に戻し，穴にボルトを入れる」という作業の正味時間を
求めてみよう。表2.12の定義から，この作業は普通移動シーケンス・モデル
を使うことになる。すなわち，「A（アクション距離）B（肩の移動）G（コン
トロール用意）ABP（位置決め）A」の順に，それぞれに対してインデックス
を求める。ここでは，この技法のマニュアルから，この作業に対して次のイン
デックスを選定した。

A_6：対象物の位置へ3〜4歩歩く

B_6：胴体を曲げて，もとへ戻す

G_1：軽い対象物を1つ取る

A_1：手をのばせる程度の距離へ対象物を移動する

B_0：胴体の移動なし

P_3：対象物を位置ぎめして，調整する

A_0：戻りなし

この作業には，いくつかの胴体の動作を含むため，これをMTMで表すの
は困難であるとともに，もしMTMで詳細に記述したとすれば分析に数十行
を要するであろう。それに対して，この簡易化法を利用すると，次のようにた
った1行で記述でき，簡単に正味時間が求まる。

$$A_6 \quad B_6 \quad G_1 \quad A_1 \quad B_0 \quad P_3 \quad A_0$$
$$(6+6+1+1+0+3+0) \times 10 = 170 \, \text{TMU} = 6.12 \, \text{秒}$$

2.3.4 PTS法による正味時間設定：MTMを例に

PTS法を使って標準時間を設定する手続きについて述べる。ここでは，
MTMを例に説明するが，単位作業をこの技法に沿った個々の基本要素動作に
分け，それに対応する時間値を基本要素動作の表から求める。前述した基本動
作要素の分類とその条件，そしてその対応表が，利用するPTS技法により異

なるだけで，他のステップは PTS 法のどの技法を使うかには依存しない。

　さらに言うと，前節で論じた直接時間観測による方法で標準時間を求めるときと比べても，正味時間の設定方法が異なるだけであり，その前後の，対象作業の選定，単位作業への分割，余裕率の設定などは，直接時間観測法と PTS 法，そして利用する PTS 技法にかかわらず全く同じである。

（1）時間設定の手順

　直接時間観測による標準時間設定の方法と同一の部分を除き，作業方法を設定した単位作業に対して PTS 法（ここでは MTM）を使って正味時間を算出する手続きは，以下のステップで構成される。

⑴　作業方法に従って，単位作業を基本動作要素へ細分化する。

⑵　各動作要素に対して，「動作時間標準表」から時間値を設定する。

⑶　各動作要素の時間値を合成，集計し，正味時間を算出する。

（2）基本動作の選択

　MTM では，表 2.11 に示した手作業部分の基本要素動作がある。単位作業を，それぞれの基本要素動作とそれに影響を与える要因の組み合わせで分析する。

　そのためには，それぞれの基本要素動作と，その要因・条件を理解しておく必要がある。それぞれの基本要素動作に対応する表を参照し，該当する条件のセルから時間値を引っ張ってくる。

a）手を延ばす（Reach; R）

　表 2.11 に示した基本要素動作のうち，「手を延ばす」（Reach; R）に関する資料が表 2.13 である。このような資料がそれぞれの基本要素動作に対応して用意されている（巻末付録A参照）。

　「手を延ばす」という動作は，目的の場所，またはある区域に手を移動することを主目的として行なう基本要素である。この基本要素動作の所要時間に影響を与える要因には次の３つがある。これらの要因のそれぞれに当てはまる条

表2.13　手を延ばす：Reach－R

距離	TMU						ケースの説明
(cm)	A	B	C・D	E	Am	Bm	
2以下	2.0	2.0	2.0	2.0	1.6	1.6	A　○決まった位置に手をのばす。
4	3.4	3.4	5.1	3.2	3.0	2.4	○他方の手に持っている物に手をのばす。
6	4.5	4.5	6.5	4.4	3.9	3.1	○他方の手を置いている物に手をのばす。
8	5.5	5.5	7.5	5.5	4.6	3.7	
10	6.1	6.3	8.4	6.8	4.9	4.3	
12	6.4	7.4	9.1	7.3	5.2	4.8	
14	6.8	8.2	9.7	7.8	5.5	5.4	
16	7.1	8.8	10.3	8.2	5.8	5.9	
18	7.5	9.4	10.8	8.7	6.1	6.5	
20	7.8	10.0	11.4	9.2	6.5	7.1	B　○作業循環ごとに少しずつ位置を変える単一
22	8.1	10.5	11.9	9.7	6.8	7.7	物に手をのばす。
24	8.5	11.1	12.5	10.2	7.1	8.2	
26	8.8	11.7	13.0	10.7	7.4	8.8	
28	9.2	12.2	13.6	11.2	7.7	9.4	C　○集合の中の物に手をのばす。
30	9.5	12.8	14.1	11.7	8.0	9.9	
35	10.4	14.2	15.5	12.9	8.8	11.4	D　○非常に小さい物または的確なつかみかたを
40	11.3	15.6	16.8	14.1	9.6	12.8	要する所へ手をのばす。
45	12.1	17.0	18.2	15.3	10.4	14.2	
50	13.0	18.4	19.6	16.5	11.2	15.7	
55	13.9	19.8	20.9	17.8	12.0	17.1	E　○手を身体に自然に合った位置に置いたり，
60	14.7	21.2	22.3	19.0	12.8	18.5	つぎの動作に移る位置に置いたり，わきに
65	15.6	22.6	23.6	20.2	13.5	19.9	そらしたりするために，不確定位置にのば
70	16.5	24.1	25.0	21.4	14.3	21.4	す。
75	17.3	25.5	26.4	22.6	15.1	22.8	
80	18.2	26.9	27.7	23.9	15.9	24.2	

（出所）　Maynard, H. B., Stegemerten, G. J. and Schwab, J. L.: *Methods-Time Measurement*. McGraw-Hill, New York, 1948（林茂彦（訳），『MTMメソッド～タイム設定法―改訂追補版』，技報堂，1956, p.397, 表1）．

件を基本要素動作の表から読み取る。

(1)　手や指を延ばす距離（cm単位）

(2)　目的物の状態（ケースA，B，C，D，E）

(3)　動作のタイプ（タイプⅠ，Ⅱ，Ⅲ）

　手を延ばすという動作の所要時間値に影響を与える1つ目の要因は，手を延ばす距離である。表2.13には，1番左の列に2～5cm刻みで，他の要因とと

もに時間値が書かれている。

　この表には，2つ目の要因，目的物の状態の各ケースの詳細も書かれている。目的地の状態のケースAは，この動作の一番簡単なケースであり，決まった位置に手を延ばす，他方の手に持っているものに手を延ばす，あるいはどこかに置かれているものに他方の手を延ばす，のいずれかの場合である。ケースB，C，Dとなるにつれ，動作がより難しい条件となっていく。最も困難な条件のケースEでは，手を身体に自然にあった位置に置いたり，次の動作に移る位置に手を置いたり，脇にそらしたりするために不確定位置に延ばす，というような条件になっている。ケースA〜Eのうちから，対象となる動作に最も適合する条件を選択する。

　3つ目の要因である動作のタイプでは，手を延ばす動作の前後で手が動いているか，動いていないかでタイプ分けしている。始点，あるいは終点で動いているときの方が，次の動作へ移るとき，または前の動作から移行するときに，手の加速度を利用できるため，時間値が短くなる。

　動作のタイプⅠは，動作の始点と終点の両方で手が動いていないとき，タイプⅡは動作の始点，または終点のどちらか一方で手が動いている場合である。動作の終点で手が動いている場合は，R_Am（Rはこの基本要素動作（手を延ばす; Reach）の略号R，真ん中の空欄に最初の要因である移動距離の長さが入り，mが後ろに来る。mの前にあるAは2番目の要因の目的地の状態がケースAであったことを示している）と記述し，動作の始点で動いている場合には，mR_Aのように，略号Rの前にmが来るように記述する。タイプⅢは，動作の始点と終点の両方で手が動いている場合であり，mR_Am, mR_Bmのように，Rと目的地の状態の前後にmを付けて表す。

　例として，前工程の作業者の作業が終わったワークが，コンベアで運ばれてきて，それを取るために手を延ばす（そのあと，このワークを掴んで，自分の手許まで移動させるが）という動作を考えてみよう。MTMではこの基本動作は，手を延ばす（Reach; R）となり，自分の前方に運ばれてくるときに手を延ばす。そのサイクルごとに若干ではあるがワークの位置は変化し，いつも固定している位置ではない。これに合う目的地の状態は表2.13に書かれている説明から，

表2.14 定置する：Position—P

結　合　の　級		対称の程度	取扱容易	取扱困難
1級	ゆるい結合—圧す必要がない	対　称　S	5.6	11.2
		半対称　SS	9.1	14.7
		非対称　NS	10.4	16.0
2級	固めの結合—軽く圧す必要がある	対　称　S	16.2	21.8
		半対称　SS	19.7	25.3
		非対称　NS	21.0	26.6
3級	極めて固い結合—強く圧す必要がある	対　称　S	43.0	48.6
		半対称　SS	46.5	52.1
		非対称　NS	47.8	53.4

（出所）　Maynard, H. B., Stegemerten, G. J. and Schwab, J. L.: *Methods-Time Measurement*. McGraw-Hill, New York, 1948（林茂彦（訳），『MTMメソッド～タイム設定法—改訂追補版』．技報堂，1956，p. 398，表5）．

ケースBとなる。

　手を延ばす距離を実測すると，約30 cmであった。また，動作の始点，終点で手は動いていない。このように分析した動作を記号で書くと，R30Bとなる。表2.13を参照すると，この条件における手を延ばす動作の時間値は12.8 TMU（時間値の単位であるTMUについては，あとで説明する）である。

　b）**定置する**（Position; P）

　もう1つ基本要素動作の例を示そう。ここでは，「定置する」（Position; P）を例に，その分析法を説明する。この動作は，1つの目的物を他の物に対してあてがい，向きを正し，結合することを主目的として行う基本要素である。たとえば，ネジ締めのために，ドライバーの先をネジ山に位置決めするときに生じる動作である。

　この基本要素動作の所要時間に影響を与える要因としては，(a)結合（はめあい）の度合（表2.14では「級」），(b)結合物の対称性の程度，そして(c)取り扱いの難易度，の3つが関係する。結合の度合いは3種類（緩い結合，固い結合，および極めて固い結合）に分類され，それぞれの度合いの目安は表2.14に示されている。

　結合物の対称性についても3つに分類され，対称形Sは丸い側面のように，

どの向きに対しても定置できる形状，半対称形 SS は正方形のように定置できる向きがいくつか（2 つ以上）あるものである。

　非対称形 SSS は，1 つの向きでしか定置できない形状のものに位置合わせする場合である。取り扱いの難易度については，容易な場合（E と記述）と困難な場合（D）に 2 分している。

　この基本要素動作の例として，万年筆のキャップを閉めるときの位置決めについて考えてみよう。丸いキャップ（対称形）で取り扱いが容易な物質に対して，ある程度固い結合となるので，P2SE（P—2—S—E）とコード化し，表 2.14 より 16.2 TMU の時間値を読み取る。

　他の基本要素作業に関する時間値に影響を与える要因，ならびに時間値を与える対応表については，付録 A を参照し，同様に分析してほしい。

（3）時間値の合成集計

　片手の動作でシーケンシャルに作業を行う（すなわち，同時動作がない）場合には基本的に，分析した基本要素動作に対してそれぞれの表に掲載されている時間値を合計すれば，その単位作業の正味時間となる。

　複数の身体部位を同時に動かして作業を行っている場合，たとえば右手と左手を同時に動かして作業を行っている場合（同時動作），分析したそれぞれの動作の時間値を合計したのでは，過大評価が起こり，実際に必要な時間より大きな時間値となってしまう。このような算出の仕方では，両手を同時に動かしているにもかかわらず，それぞれ別々に，片方の手を動かして，それが終わってからもう一方の手を使って作業を行うときの時間値になっているからである。

　このような複数部位や複数の動作を同時に行うときの時間値を合成するための原則がある。同時に行う複数の動作には，連合動作と同時動作の 2 種類がある。**連合動作**は，単一の身体部位（たとえば手や指）であっても，2 つ（またはそれ以上）の動作を連合して行なう場合である。たとえば，机の上のペンを取るときには，手を延ばすと同時に（手を延ばしながら），置かれているペンの向きに手の向きを合わせるため，手を回わすこともあるであろう。このとき，「手を延ばす」と「回す」の動作が連合されている。

　同時動作は，複数の身体部位（典型的には右手と左手）で動作を同時に行なう動作である。連合動作でも，同時動作でも，長い時間値の基本要素動作を**時限動作**と呼ぶ。作業時間値を合成する場合には連合している，あるいは同時に行われている動作から，時限動作の時間値だけを合計する。これが，**時限動作の原理**である。

（4）MTM の時間単位

　MTM で使用している時間値，すなわちそれぞれの基本要素動作の表に掲載されている数値の単位は TMU（Time Measurement Unit）と呼ばれる時間値である。小数点以下のケタ数の多い時間値で時間を合成していくより，少ない有効数字（せいぜい小数点以下一桁）で時間値を合成し，あとで DM（デシマル・ミニュッツ），あるいは秒に変換する方が楽である（IE は特に現場で活動するので）。1 TMU は10万分の 1 時間である。すなわち，以下のように変換される。

$$1\,\text{TMU} = 0.00001\,\text{時間}$$
$$= 0.0006\,\text{分}$$
$$= 0.06\,\text{DM}$$
$$= 0.036\,\text{秒}$$

2.3.5　適用例

（1）片手作業の例

　最初に，時限動作の入らない単純な，片手で行う作業（行動）に MTM を適用してみよう。仕事中に机の上にある固定電話のベルが鳴り，電話の受話器を手で取って，耳に当てるという行動を，MTM を使って時間値を求めてみる。この例で実測してみると，通常仕事をしているときの手の位置から受話器までの距離は 70 cm，そこから耳までが 50 cm だったとしよう。このときの MTM 分析の結果を表 2.15 に示す。

　最初の動作は 70 cm 先の受話器に「手を延ばす」ことである。仕事中のそれぞれの時点で手の位置は違うところにあるので，相対的に延ばす位置が若干変化する。この条件での目的物の状態はケース B となるであろう。この動作の

表 2.15　MTM の適用例（片手動作）

動作要素	記号	TMU
1．受話器に手を延ばす（70 cm）	R70B	24.1
2．受話器をつかむ	G2	5.6
3．耳まで移動する（50 cm）	M50B	18.0
4．耳に定置する	P1SSE	9.1
計		56.8
		（2.04秒）

始点でも終点でも手を動いていないので，動作タイプⅠで，R70B の前後どちらにも m はつかない。この動作に対して表 2.13 からその時間値は 24.1 TMU になる。

　次は，受話器を「つかむ」動作になる。受話器の形状からつかみ直しが必要な場合もあり得るので，巻末付録Aの表 A.3 を参照するとケース 2（つかみ直しあり）に該当し，G2 と記述する。その時間値は 5.6 TMU である。耳に受話器を持ってくるのが次の動作である。今度は受話器を持っているので「手を延ばす」ではなく「移動する」になる。耳の大体の位置まで移動すればいいので，付録Aの表 A.1 をみると，ケースB（大体の位置までの移動）に該当する。耳まで約 50 cm の移動であるので，M50B と記述し，この表より所要時間は 18.0 TMU である。

　それから受話器を耳に「定置する」。耳の形状は半対称形をしているわけではないが，少しくらい向きが異なっても構わない（といっても，すべてが可能なわけでもない）ので，対称の程度は半対称形となる。結合するときに強く受話器を耳に押す必要はないので，度合いは緩い結合，そして取り扱いは容易な位置決めである。これを記号にすると P1SSE となり，時間値は表 2.14 より 9.1 TMU である。

　前述したように，これら 4 つの動作は順次シーケンシャルに行われ，時限動作がない。そのため，この行動全体の時間値はこれらの動作の所要時間の合計値となり，56.8 TMU，すなわち約 2 秒（56.8 × 0.036 = 2.04）の正味時間である。

表2.16 MTM の適用例（両手同時動作）

	左手				右手		
	動作要素	記号	TMU		動作要素	記号	TMU
1.^(*1)	反射板に手を延ばす	R40B	15.6	1.	電球に手を延ばす	R30C	14.1
2.	反射板をつかむ	G1A	2.0	2.	電球をつかむ	G1A	2.0
3.^(*2)	組み付け位置に運ぶ	M30C	15.1	3.	組み付け位置に運ぶ	M20B	10.5
4.	反射板を保持する			4.	電球を反射板の組み付け位置に定置する	P1SE	5.6
				5.^(*3)	60°回転する	T60S	4.1
				6.	つかみ直す	G2	5.6
				7.	5, 6 を 4 回繰り返す	9.7×4=	38.8
				8.^(*4)	加圧する	AP2	10.6
				9.	離す	RL1	2.0
10.	組立て部品を運ぶ	M30B	13.3				
11.	離す	RL1	2.0				

下線部分の時間値の動作が時限動作。　　　　　**合計　105.0 TMU（3.78秒）**

(*1) 左手と右手の同時動作であり，R40B（15.6 TMU）＞R30C（14.1 TMU）であり，左手が時限動作となる。

(*2) "組み付け位置に運ぶ" においては，方向変換のための "回す" 動作が連合して行なわれるが，M30C（15.1 TMU）＞G2＋T90（11.0 TMU）となるため，M30C が時限動作となる。

(*3) 右手5, 6は，次のように考えてもよい（指だけの動作）。

    M2B　2.0 TMU
    RL1　2.0
    R2B　2.0
    G1A　2.0
    ――――――――――
        8.0 TMU＜T60S＋G2＝9.7 TMU

(*4) 右手8，AP2はつかみ直しが含まれないため。

（2）両手同時作業の例

　次に，同時作業（そして連合動作）が起こりうる，両手作業に対する MTM の適用例を見ていこう。現実には片手だけで作業するということはまずあり得ないので，一般的にはこのタイプの分析となる。ここでは，懐中電灯の反射板と電球を取り，それらを組み立て，その部品を完成品として部品箱に置くという単位作業を例に取る。その分析結果を表2.16に示す。

　この単位作業では，左手と右手でそれぞれ同時に別の部品を取りに行き（そのために両方の手でそれぞれの部品に「手を延ばし」「つかみ」，組付け位置に部品を「移動して」いる），左手で反射板を保持している（何もしていない）間に右手では電球を反射板の位置に「定置」し，そこで電球をねじ回しし（電球を

「回す」），手を「離し」，「つかみ直し」という動作を複数回繰り返し，最後に「加圧」し，電球を反射板に押し込んでいる。この組み立て品を左手で部品箱まで「移動」し，そこで「手を放し」，単位作業を完成させている。

　表2.16では，この単位作業に必要な右手の動作は右側に，左手の動作は左側に同様の形式で書かれている。また，右手と左手が同時に行われている動作（同時動作）は，左右同じ行に書かれている。それぞれの基本要素動作の表から所要時間を見つけ，左右で時間値が大きい方が時限動作になるので，表ではそれに下線を引いている。

　下線を引いた時限動作の時間値すべてを合計した値が，この単位作業の正味時間となる。この表の例では，単位作業の時間値は105 TMUとなり，秒に換算すると3.8秒になる。表2.16の例では，同時動作だけでなく，連合動作も含まれており，このときの時限動作の選定の仕方は表内の注を参照されたい。

2.3.6　技法の選択：実施のし易さと精度

　PTS法を使って標準時間を設定するとき，あるいは前出の表2.9に挙げたいずれかの用途でPTS法を利用する場合，具体的にどの技法を用いるか選択する。いずれの技法を用いるにしろ，その技法に習熟しなくてはならない。

　これまで説明した例からもわかるように，詳細化法（MTMやWF）では条件を詳細に選択し，それごとに異なる時間値を設定することができる。これを使用するための技能を十分に積めば，かなり正確に，精度高く時間値を設定することができる。その反面，詳細な分析が必要となるため，分析に多大な時間が掛かるとともに，技法を習得するにも結構時間を要する。

　一方，簡易化法では説明した概要からもわかるように，手続きが非常に簡素化され，見方によってはかなり荒っぽい方法で時間値を設定する。そのため，詳細化法と比べると設定時間の精度が悪くなることはうなずけるであろう。しかし，その反面，分析は簡単で，量も少ないので，設定するための時間はそれ程かからない。

　すなわち，PTS法の具体的な技法選択においては，正味時間値設定の精度と分析時間とのトレードオフが存在する。このトレードオフは，いずれの方法

表 2.17　PTS 法における実施時間と精度のトレードオフ

"PTS 法使用の誤差"	=	"手法の誤差"	+	"適用誤差"
		↓		↓
		手法そのものが持つ誤差	使用の未熟さによる誤差	（分析時間）
《簡易化法》		大	小	小
《詳細化法》		小	大	大

を使う上でも十分に習熟を積み，的確に利用できるという前提での議論である。実際の利用に際しては，それぞれの技法習得のために十分な訓練・研修時間を取ることができない場合があるかもしれない。このような訓練条件を考慮したときのPTS 法の適用誤差をまとめたものが，表2.17 である。

　PTS 法の使用による誤差は，上述のように技法そのものが持つ誤差だけでなく，技能・訓練不足などによりその技法をうまく使えないことに起因する適用誤差もある。PTS 法の使用誤差は，それら2 種類の誤差の合計として現れてくる。詳細化法は技法そのものが持つ誤差は小さいが，未熟な技能の分析者では，適用誤差はかなり大きくなることが推測される。

　これに対して，簡易化法は技法の持つ誤差は大きいが，手続きが簡単なため，技法の習得にはそれ程多くの時間はかからず，訓練時間の短い分析者でも適用誤差はそれ程大きくはならない。分析者の技能を考えると，簡易化法が誤差において，必ずしも詳細化法より劣らないという状況も存在しうる。

　PTS 法の技法の選択においては，必要とする設定時間値の精度，分析時間に使える時間のほかにも，分析者の技能，分析者養成・訓練ための時間なども考慮に入れて，決定する必要がある。

2.4　類似作業の帰納的集計：標準資料法

2.4.1　標準資料の必要性

　どのような種類の業務や現場であっても，類似の作業は数多く存在する。新製品に伴う新たな生産を行うとき，すべての作業に対して一から標準時間を設

定し直すのは大変でもあるし，効率もよくない。少数の要因に対してだけ条件が異なるという類似の作業も数多く存在するであろう。

　たとえば，同一の杭を用いた地盤整備を行うとき，地盤の硬さを3等級に分け（軟弱，普通，強固），それぞれの状態の地盤で1本の杭を打つ時間は同じとみるのは自然である。過去の職務のデータを利用して地盤の状態ごとに1本あたりのくい打ち時間を時間資料として組織内で蓄積しておく。新たに受注を取った建設現場で，軟弱地盤に15本，普通の地盤に20本，強固な地盤で5本の杭打ちが必要と見積もられたとき，この資料を用いれば，2.2節で論じた直接時観測，あるいは2.3節のPTS法を用いずとも，この現場での杭打ち作業の標準時間は簡単に設定することができる。

　このような資料を作成し，これを利用して標準時間を求める方法が，標準時間資料法，あるいは**標準資料法**（Standard Data Method）と呼ばれる方法である（本書では以降「標準資料法」で統一する）。この例からもわかるように，標準資料法では**対象作業（工程）の時間資料を作る**こと，そしてこの**時間資料を利用して標準時間を設定する**ことの，2つのフェーズが存在する。

　標準資料法ではまず，過去において収集した時間データ（時間研究の方法を使ったり，PTS法等を使って），あるいは類似作業の経験的な数値をもとに，仕事の要素別に整理しておく。それを要素時間標準とし，同種の仕事の作業条件にあてはめ，総合して標準的な形にまとめる（このようにして作成された資料が「標準資料」である）。

　直接時間観測を行なわず，またPTS法も使わず，この標準資料を利用して類似の作業に対して該当する作業条件をあてはめることにより，その作業の標準時間（厳密には，余裕時間が含まれていない正味時間の場合が多い）を求めることができる。

2.4.2　標準資料法の特徴

　標準資料法は，類似作業を対象としてPTSの簡易化法よりさらに大きな作業単位で，簡単に正味時間，あるいは標準時間（類似の作業で設定した余裕率も含まれていれば，正味時間でなく，標準時間を設定することも可能）の算出が可能

な標準方法を作成するというものである。

（1）標準資料法の利点

　この方法の最も大きな特長として，標準時間設定の速さ，そして容易さが挙げられる。さらに，同一の標準資料の利用には同一の作業方法が前提となっているので，作業方法の一貫性が保たれ，作業の標準化が推進される。これにより，標準時間設定の一貫性が保たれることになる。このような特徴により，標準時間設定の経済性が大きく向上することは間違いない。

　標準資料法は，標準時間を設定すべき作業に対して，標準資料に入力すべき要因，あるいは条件を決めれば適用が可能であるので（極論してしまえば，作業方法すら決める必要はない），作業開始前に時間値を見積もることができる。また，標準時間を設定する作業対象の大きさを，単位作業から，ピッチタイム中の１人の全体の作業，工程，さらには製品全体の生産まで，さまざまな対象に適用でき，それにより内容，状況にあった精度での標準時間の設定が可能である。

　標準資料法はある意味，特定の種類の作業，工程を対象に，それぞれの組織，現場で，自分たちの形式にあった形で，さらに大きな単位で標準時間を求める PTS の簡易化法のようなものである。そのため，基本的には PTS の簡易化法のもつ特徴を継承している。

（2）標準資料法の弱点

　標準資料法の弱点としては，対象とする作業の単位，まとめ方にもよるが，設定した標準時間の精度の低下は否めない。また，作業条件の不安定な作業，所要時間に影響を与える要因が的確に把握できないような作業に対しては，標準資料を作成することが困難であり，適用できない場合もある。

　以上述べた長所と限界を理解した上で，類似の作業や類似製品の生産が多く，ある程度の精度の標準時間で十分なところでは，標準資料法は非常に効果的であり，これを積極的に利用すべきである。組織全体の作業に標準資料法を適用

するというよりも，組織内でこの方法の適用に向く作業，工程を見つけ出し，それらに対して標準資料法を作成することが一般的である。

2.4.3　標準資料の作成方法

（1）対象作業の決定

上述したように，すべての作業や工程，業務に対して標準資料を作成をするのは現実的でない。そうではなく，作業頻度や他の類似作業への適用性が高く，そして所要時間に影響を与える要因・条件が見つけやすいなど，標準資料法適用のコスト・パフォーマンスの高い対象を選んで実行に移すべきである。すなわち，作業頻度，作業内容・要因の共通性，作業の汎用性，そして分析の容易性などを考慮し，対象作業を選定する。

（2）基礎資料の収集

対象作業が決まれば，それに対して異なる種々の要因・条件のもとでの時間値を基礎資料として収集する。このような基礎資料となりうるデータとして典型的には，2.2.2項で述べたストップウォッチを用いて直接時間観測した作業時間や，2.3.2項のPTS法で求めた時間値がある。

そのほかにも，機械作業を主としている現場では理論的時間値を計算したもの（機械加工時間）も利用可能である。さらに，対象とする作業の時間が長いところ（かつ高い精度が必要ではないところ）では，3.4節で扱うワーク・サンプリングにより推定する作業の比率なども利用可能である。

あまり勧められる方法ではないが，その作業をよく知る管理者や職長などの専門家が議論・判断した時間値（エキスパート・ジャッジメント）を利用する場合もある[14]。

（3）作業条件の把握と標準資料

このようにして収集した時間値をもとにデータを分析し，対象とする作業や

14）しかしながら，管理者が根拠なしに，エイヤで決めた値よりはマシかもしれない。

工程に対する時間値を決める要因や条件を同定し，標準資料を作成する。標準資料作成のためのガイドラインもある。ここでいくつかの推奨項目を簡単に紹介する。

まず，定常（定数）要素作業と可変（変数）要素作業は必ず区分して資料を作成する。**定数要素作業**とは，いつも決まった数，あるいは回数を行う作業で，たとえば作業の開始時に決まった一連の3つのスイッチをチェックしながら押すといったものである。**変数要素作業**とは，作業の状況や場合によって，その数や回数，長さや重さなど，条件が異なる作業である。

対象となる工程に複数の要因が混在している場合は，これらを分けて，標準資料を作成すべきである。そして，変数要素作業に対しては，その変動要因を的確に見つけなければならない。さらに，変動要因が多数の場合，すべてを取り込むと煩雑になってしまう場合がある。このようなときは，所要時間にあまり影響を及ぼさない要因は排除し，影響度の大きい要因だけを取り込むべきである。これにより，なるべくシンプルな標準資料になるように，変数の選択を行うとよい。

2.4.4 標準資料の表現形式

作業時間の変動要因を分析し，設定された標準資料は見やすい形式に，それを適用して標準時間が簡単に算出できるような形状でまとめる必要がある。何度も言っているが，IE担当者はこのような活動をかつては，（落ち着いた事務所ではなく）現場で一人でストップウォッチとペン，観測板（観測用紙）とせいぜい電卓を持った程度の状況で行うのが通常であった。そこで，対応する作業条件ですぐに時間値が求まる表現形式の標準資料が必須であった。

ITが発達した今日においては，このような簡易な表現形式の標準資料の代わりに，タブレット，ラップトップ・コンピュータに必要項目を入力すれば時間値が算出できるアプリケーションの形式で標準資料を準備できればいいかもしれない。

1.2.3項で説明したIEの精神を鼓舞するため，かつてよく使われていた標準資料の代表的な表現形式を巻末付録Bに掲載しておく。

2.5　まとめ：現代マネジメントへの広がり

　本章で論じた標準時間は生産現場だけでなく，知的・認知処理を主とする他のタイプの業務に対してもその管理に必要な概念である。実際に生産現場だけでなく，多くの現実の職務環境において標準時間，あるいはそれに準じる時間値は設定され，その管理に利用されている。

　標準時間はどのような職務であっても最も基本的な管理データであり，進捗管理（作業が予定通り遂行されているか），受注管理（納期，納品日はいつに設定すればよいか），人員管理（予定・計画した業務に何人の人員が必要となるか）など，さまざまな管理業務がこの情報に基づいて的確に遂行されていく。しっかりした標準時間が設定されていないところでは製造業，非製造業を問わず，安定した組織活動は難しい。

　標準時間の考え方は製造業だけでなく，あらゆる産業における職務や活動を運営・管理するために重要である。たとえば，1 日，1 月，1 年と継続的に職務を遂行するためには，いかなるタイプの作業・活動であってもその職務に正味必要な作業を遂行するための時間（すなわち正味時間）だけでなく，余裕時間も必要である。

　業務に必須な正味時間は，一部の優秀な従業員がかなりの努力度で遂行したときの作業時間ではなく，標準的な熟練度を持った従業員なら誰でも継続できるペースで遂行したときの時間値である。また，このような作業時間は，いかなる業務であっても標準的な作業条件のもとで遂行されるものであり，劣悪な環境や不適切な作業方法であってはならないことを作業管理の原則として示唆している。

　標準時間設定のための方法として本章で取り上げた直接時間観測，およびPTS 法は生産現場における業務など，マニュアル作業との親和性は高く，この種のすべての作業にはそのまま利用可能である。知的・認知作業など，マニュアル作業でないものに対しては，PTS 法の適用は難しいと思うが，直接時間観測による方法はこの種の作業にも応用できるものもある（この種の作業はサイクルが長くなりがちなので，そのときはビデオに撮ってコマ送り再生（メモモ

ーション・スタディー）で分析するのがいい）。

　本章で論じた直接時間観測やPTS法などの方法がそのまま利用できない作業に対しても，標準時間の考え方を適用し，個々の作業の特徴や特性に合うやり方で設定することは可能である。たとえば，PTS法の考え方を利用して，基本的認知処理要素に分類することができれば，多くの知的・認知作業の標準時間設定に適用できる。このような適用に関する代表例に**認知タスクモデリング**（cognitive task modelling）があり，具体的なモデリング技法も提案されている[15]。

　標準時間適用の別の例として，初期の頃のソフトウェア産業では，設計からプログラミング，そしてデバッグ・テストまでを含めたすべての工程に対して，一般的なアプリケーション・プログラムは1人月（1人の担当者が1ヶ月の工数：2人が担当すれば半月）で500ステップという基準があった。そして，OS（オペレーション・システム）など，ハードウェアに近い部分のプログラムは1人月で400ステップといった具合である。このようなやり方は，2.4節で論じた標準資料法に準じた方法である。現在では，さらに進んだ，より精度の高い，精巧な「標準資料」を利用しているであろう。

　　◆**この章のポイント**◆

- 時間研究は，ある標準的な測定条件のもとで，人間の活動を含む作業に対して必要とされる作業時間を決定するための方法，手続きである。

- 標準時間はすべての管理の基本となっている重要な情報であり，標準的な作業条件で適切な熟練度をもった作業者が，決められた作業ペースで行ったときに，1単位の作業量を完成するのに期待される時間と定義される。

- 作業時間は，主体作業時間，準備作業時間，余裕時間，および除外時間で構成されている。主体作業は生産に必要な付加価値を生む作業であり，準備作業は主体作業に対

---

15) たとえば，[21]では**GOMSモデル**（Goal—目標，Operator—オペレータ（状態／状況を変えるもの），Method—方法，Selection rule—選択ルールによる認知行動のモデル化），および**モデル・ヒューマン・プロセッサ**（Model Human Processor）という2つの有名な認知モデリング技法が詳述され，それぞれ個々の認知要素に時間値を割当て，認知処理時間を計算する例が示されている。これらのモデルは多くの認知行動のモデル化に利用されている。

して毎回必要ではないが，必要に応じて発生する主体作業を遂行する上で必要な準備のための作業である。また，除外時間は主体作業，準備作業，そして余裕以外の時間であり，待ち時間，作業不良損失時間，そして非稼働時間などがこれに該当する。

- 余裕時間は業務中に不規則に，あるいは偶発的に現れる付加時間であり，他の要因による生産性の低下を補償するための時間である。余裕時間は人的余裕時間と管理余裕時間に大別される。人的余裕はさらに，用達余裕（人間の生理的欲求を満たす要求を補償する時間）と疲労余裕（疲労による作業遅れに対する補償）に分類できる。管理余裕は職場の管理上必要な時間であり，職場余裕（職場での管理に必要な付随業務のための余裕）と作業余裕（作業に必要だが，不規則に発生する時間）で構成される。

- 標準時間を求める主要な方法として直接時間観測法，PTS法，そして標準資料法がある。

- 標準時間は，正味時間（主体作業時間を正味行うための時間）と余裕時間の合計値である。一般には，正味時間に余裕率を掛け加えて標準時間を計算する。直接時間観測法を用いたときには，観測時間の代表値（通常は異常値を除いた観測時間の幾何平均）をレイティング値で補正した時間値が正味時間となる。

- レイティングとは，測定した作業が標準的な作業条件の下での基準とする速さより，どの程度速かったのか，あるいは遅かったのかを判断して，観測値を補正するための作業速度の評定である。レイティングには，平準法，速度レイティング，客観的レイティングなど，いくつかの方法がある。

- 直接時間観測による標準時間設定のプロセスは，次の6ステップで構成される：(1)作業の単位作業への分割，(2)作業の測定回数の決定，(3)作業の実施と時間値の測定，(4)異常値の除去と観測時間の代表値の計算，(5)レイティング値の決定，および(6)余裕率の設定。

- PTS法とは，あらかじめ与えられた動作時間の資料を用いて，作業を構成する動作ごとの時間値を求め，これらを合成，集計することによって，対象とする作業の正味時間を求める方法である。サーブリッグに時間値を付与した第1世代から，第2世代の詳細化法へと発展し，標準時間設定のツールとしてのPTS法が確立されていった。この世代の代表的な技法として，WFとMTMの2つの流れがある。WFとMTMは第3世代の簡易化法も開発されていった。PTS法はさらに，より精緻な簡易化法である第4世代へと発展していき，その代表的な技法としてMODAPTS，MOSTな

どがある。

- 標準資料法は過去において収集した時間データから，作業の要素別に時間標準をまとめ（標準資料），この標準資料を利用して類似の作業に対して該当する作業条件をあてはめることにより，標準時間（あるいは正味時間）を求める方法である。

第3章
作業の分析と改善
―― 動作分析と稼働分析 ――

　本章では，生産現場における作業を分析，そして改善するために，伝統的な IE で開発されてきた代表的な方法について説明する。ここでは，作業を微細な動作レベルまで詳細に分割し，分析する方法であるサーブリッグ，そして分析した作業の問題点を改善に結びつけるための指針をまとめた動作経済の原則について詳細に論じる。

　これらに続き，作業改善すべき作業の選定や稼働分析になどに利用されるワーク・サンプリング，そして作業における習熟の影響について議論を進めていく。

3.1　作業の詳細な分析：サーブリッグと微細動作分析

3.1.1　動作研究

テイラーの科学的管理法の重要な原則の1つとして，科学的方法による作業の実施・管理がある。科学的方法により生産性向上を目的に，作業を動作に至るまで詳細に分析し，その結果に基づき作業を設計し，さらに作業を改善していく。

経験則や成り行きによる作業管理ではなく，作業に対する科学的・論理的な方法が必要である。テイラー以降，多くの人たちがこのような作業の科学的研究に邁進している。このような取り組みが**動作研究**（Motion Study）と呼ばれている。

動作研究をより正確に言うと，ある特定の作業の中で発生している手の動き，目の動きなどの動作内容を詳細に分析，研究し，その中の無駄な動きを取り除き，より疲労の少ない経済的な動作の順序や組合せを作り出し，さらにこれらの動作の進行を助けるために，適切な治具，取付具などを考案することである。

このような動作研究の代表的な方法に次項で紹介する**サーブリッグ**がある。これらの方法を使って分析した作業の不具合に対する対処法（改善）を，これまでの動作研究の長い歴史で培ってきた作業方法，ツールや設備の利用法などに関するノウハウを，ガイドラインとしてまとめたものが**動作経済の原則**である。これらの方法やガイドラインを利用して，作業改善を行う流れを示すと，図3.1のようになる。動作経済の原則については，3.2節で論じる。

3.1.2　サーブリッグ

（1）サーブリッグ記号

すべての仕事，または作業は，比較的少数の基本的要素動作が組合わさり，それがある順序に配列されている（2.3節で論じたPTS法のもととなる考え方と同じである）。この考え方に基づき，ギルブレス夫妻（Frank B. Gilbreth と Lillian M. Gilbreth）が考案した**17種類の基本的要素動作をサーブリッグ**

作業改善

動作研究 ────────────→ 動作の順序，および組合せの確立
　　　↓　　　方法：動作経済の原則　　治工具，取付具の考案
サーブリッグ

図 3.1　作業改善の流れ

（Therblig）[1]と呼び，表 3.1 に示す。

　表 3.1 からわかるように，各基本要素動作はその英語の名称の頭文字を取った略号があり，それぞれに固有の記号も決まっている。サーブリッグ分析の際には動作に対応する記号，あるいは略号で作業の内容を記述する（表 3.3[2]参照）。また，後述するサイモチャートを書く際には，各要素動作に対応するパターンも決まっている（図 3.6 参照）。

　サーブリッグのポイントは，作業を構成する動作をその目的（役割）から，**17の基本的要素動作を第 1 類から第 3 類までの 3 つのクラスに分類している**ことである。これら 3 つのクラスとは，

- 第 1 類：仕事を完成するのに必要な要素
- 第 2 類：第 1 類の基本要素動作を行う時間を遅くする要素
- 第 3 類：仕事が進んでいない要素

である。この 3 種類の動作の分類を応用して作業改善を行う方法を簡単にまとめたものが，表 3.2 である。第 3 類から第 2 類，さらに余力があれば第 1 類へというように，順番にアプローチしていくのが効果的である。

　1.2節で論じた「ダラリの原則」からわかるように，（伝統的）IE ではまず作業のムダを取り除くことを考える。サーブリッグで分類した要素動作の第 3 類が，仕事が進んでいない状態であり，この時間はムダである。すなわち，第 3 類の要素動作を取り除くことをまず最初に考える。第 3 類の要素の多くは，保

---

1 ）サーブリッグは，開発者の名前 Gilbreth（th は 1 文字として）を逆から綴り，このように命名している。ギルブレスが最初に発表したときは，基本的要素動作は16種類であった。また，表 3.1 に示す17種類に，「見出す」（Find）を加えて，サーブリッグは18種類の基本要素動作で構成されていると論じているものもある（むしろその方が多いかもしれない）。しかし，「見出す」と「探す」（Search）の内容が類似しており，区別が難しいため，本書ではこれら 2 つの動作を一緒にして「探す」に統一している17種類のサーブリッグ記号を採用した。
2 ）この表の例では分析表には記号で書かれているが，特殊な形状のシンボルを17種類も覚えておくのは困難なので，英語名称の頭文字からなる略号で記入する方が簡単かもしれない。

表3.1 サーブリッグ

種別	基本要素	略号	記号	定　　義		
				手または身体部位の始点	内　　容	手または身体部分の終点
第一類	空手移動 (transport-empty)	TE	⌣	物を持たず移動し始めるとき	目的物に向って動くこと MTMの「延ばす」(Reach)と同じ	部品に触れるか動きを止めたとき
	つかむ (grasp)	G	∩	目的物をつかみ始めるとき	目的物をつかむ（統制下におく）こと	つかみ終わったとき
	荷重移動 (transport-loaded)	TL	⌣	目的物を持って動き始めるとき	目的物の位置を変えること MTMの「運ぶ」(Move)と同じ	目的物を支えている手または身体部分が，目的の位置に到達したとき，また動きが止ったとき
	位置ぎめ (posisition)	P	9	部品を並べたり所定位置に合わせ始めるとき	部品を並べ，方向をきめ，位置を変えること	部品を並べたり所定位置に合わせ終ったとき
	組　立 (assemable)	A	#	製品を挿入するために動き始めるとき	部品を組立挿入するとき	部品を組立て終ったとき
	分　解 (disassemble)	DA	++	組合わされた部品を分解し始めるとき	目的物を分解すること	目的物を分解し終えたとき
	使　用 (use)	U	U	工具やボタンやレバー等を操作し始めるとき	工具を使い，ボタンやレバーを操作すること	工具やボタンやレバーを操作し終わったとき
	放　す (pelease-loak)	RL	⌒	目的物を放し始めるとき	目的物を手放すこと	目的物を放し終えたとき
第二類	探　す (search)	SH	⊂⊃	部品を手探りしまたは探し始めるとき	目的物を見つけようとすること	目的物の位置を見つけたとき
	選　ぶ (select)	ST	→	いくつかの目的物に触れ始めるとき	1つの目的物をいくかの中から選び出すこと	1つの目的物を選び出したとき
	検　査 (inspect)	I	0	目的物にさわり，または見始めるとき	目的物の品質を調べること	目的物をさわり終るか，見終ったとき
	考える (plan)	PN	℗	何もしないか，勝手な動きをし，何をしようか考え始めるとき	何をしようかきめること	何をするか決定したとき
	前置き (preposition)	PP	8		MTMの「位置決め」に同じ。ただし部品または工具を使うに先立って，あらかじめ他の場所で位置を正すことを指す	

第三類	保持 (hold)	H	⌂	持っている部品または目的物の動きが止まるとき	目的物を一定の位置,場所に保持すること	保持していた部品または目的物が動き始めたとき
	避けられない手待ち (unavoidable delay)	UD	⌒	手持ちとなり始めるとき	作業方法の一部として手待ちがあるとき,あるいは他の身体部位または機械との時間的均合いを待つ	作業をし始めたとき
	避けられる手待ち (avoidable delay)	AD	⌐○	標準の作業方法からはずれるとき	標準方法以外の動き,または何もしていないこと	標準の方法に戻ったとき
	休　息 (rest for overcoming fatigue)	R	○	何もしなくなる	サイクルの一部であり,かつ前の仕事の疲労を回復するために必要な休止	ふたたび仕事ができるようになったとき

（出所）　作業測定便覧編集委員会編：『作業測定便覧』．日刊工業新聞社，1964[17]，pp. 145-146,
図 6.1 を一部改変．

表3.2　サーブリッグを適用した作業改善

第３類に属する要素を取り除く　←　保持具の用意，など．
↓
第２類に属する要素を取り除く　←　作業域の配置の変更，動作順序の変更，など．
↓
第１類に属する要素について合理的順序，より時間の短い要素動作の組合せを考える．

持，あるいは手待ちである．そのため，単に保持具を用いることにより，これらの要素動作がなくなることも多い．

　仕事が進んでいない第３類の要素をなくしたら，次は第２類に対する対処である．第２類の要素動作は，作業の遂行に必要な第１類の動作を遅くする原因になるものである．第２類の多くは，注意や人間の視覚を必要にする要素である．これらは，作業のツール化，聴覚（音声）情報の利用のほか，作業域，部品の置き場，そして動作順序を変えたりすることにより第２類の動作が省略される場合もある．

　最後に第１類の要素動作を改善することを考える．第１類の要素は作業に必要なものなので，機械化してなくすことが最も直感的である．しかしながら，機械化しなくても合理的な順序に変えてやる，あるいはより時間の短い別の要素作業の組み合わせにすることが可能か，そして同じ動作であってもよりよい

条件で作業をできないかなど，さまざまな観点から作業を検討するといい。

（2）サーブリッグ分析

サーブリッグを応用した作業分析について簡単な例を用いて説明しよう。ここでは，図3.2に示す尾付座金の折り曲げの例で考えてみる。尾付座金とはこの図（上から見た形状と真横から見た形状）に示しているようなスプーンのような形をした金属部品である。丸い部分を左手で

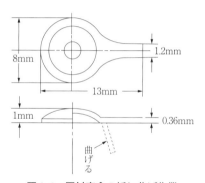

図3.2 尾付座金の折り曲げ作業
（出所）作業測定便覧編集委員会編：『作業測定便覧』，日刊工業新聞社，1964[17]，p.147，図6.3.

保持して，細長い尾の部分を右手に持ったペンで挟んで，下方向に折り曲げる。この作業に対するサーブリッグ分析の結果が表3.3に示されている。

この表で，右側の列に右手の動作（サーブリッグ記号に対応する基本動作に対応して動作を記述する）が書かれ，左側の列には左手の動作が記述されている。同じ行（水平方向）に書かれている左右の手の動作は同時に行われていることを示している。

双方の手の記述の隣のセルにそれぞれの動作に対応するサーブリッグ記号が書かれている（前述したように，記号の代わり略号で書いてもよい）。中央の列に書かれているサーブリッグ記号が目に関する第2類に属するものである（その基本動作が必要なところのみ）。たとえば，最初の行の中央の列に書かれている目のような記号は「探す」である（表3.1参照）。部品箱に入っているたくさんの座金に左手を「延ばす」とき（そのとき右手はペンチを「保持」している），次に「つかむ」べき1つの座金を「探す」ために必要な動作である。

表3.3のようにサーブリッグを使って分析された動作で，それぞれの行に記述された基本要素動作の個数をカウントしたものが，表3.4の「現状方法」の列に書かれている。前項で述べたように，サーブリッグのポイントはそれぞれの基本動作が第1類～第3類に分類されていることである。

表3.3の改善前の作業では，左手・目・右手のすべてで25のサーブリッグの

表 3.3　尾付座金の折り曲げ作業のサーブリック

左　手			目	右　手	
動作要素		サーブリック			動作要素
1	座金まで手を延ばす	◡	⦶	⌃o	ペンチを持ったまま手待ち
2	〃　をつかむ	∩		│	〃
3	運びながら向きを直す	◡o+8	→	│	〃
4	ペンチのすきまに入れる	#		↓	〃
5	座金を保持	⊓	→	9	はさむ位置をきめる
6	〃	│		∩	ペンチではさむ
7	〃	│	→	∪	曲げる
8	〃	↓		⌒o	ペンチを開く
9	加工品を運ぶ	◡o		⌃o	ペンチを持ったまま手待ち
10	〃　を放す	⌒o		↓	〃

（出所）　作業測定便覧編集委員会編：『作業測定便覧』．日刊工業新聞社，1964[17]，p. 147，図 6.1.

表 3.4　作業改善前後のサーブリックの比較

		現状方法			改善方法		
類別	サーブリック	左手	目	右手	左手	目	右手
第一類	◡	1			1		1
	∩	1		1	1		1
	◡o	2			2		2
	9			1	1		1
	#	1			1		1
	∪			1	1		1
	++				1		1
	⌒o	1		1	1		1
第二類	8	1			1		1
	⦶		1			1	
	→		3			2	
第三類	⊓	4					
	⌃o			6			
サーブリック数計		11	4	10	10	3	10
合　計		25/1個			23/2個＝11.5/1個		

（出所）　作業測定便覧編集委員会編：『作業測定便覧』．日刊工業新聞社，1964[17]，p. 148，図 6.5.

表 3.5 尾付座金の折り曲げ作業改善後のサーブリッグ

左　手		目	右　手	
動作要素	サーブリック			動作要素
1	座金まで手を延ばす	⌣	⬬	⌣	座金まで手を延ばす
2	〃 をつかむ	∩		∩	〃 をつかむ
3	運びながら向きを直す	⌣+8	→	⌣+8	運びながら向きを直す
4	治具孔に位置ぎめ	9	→	9	治具孔に位置ぎめ
5	〃 に挿入	♯		♯	〃 に挿入
6	曲げる	∪		∪	曲げる
7	治具から抜く	‡		‡	治具から抜く
8	容器まで運ぶ	⌣		⌣	容器まで運ぶ
9	加工済品を放す	⌒		⌒	加工済品を放す

（出所）　作業測定便覧編集委員会編：『作業測定便覧』．日刊工業新聞社，1964
　　　[17]，p. 148，図 6.4.

動作を要している。現状での作業方法ではこれらの動作で 1 つの座金を折り曲
げている。表 3.4 の左側の「現状方法」の下から 3 ～ 4 行目を見ると，その間
に動作が進んでいない第 3 類の基本動作が左手は 4 （保持），右手は 6 （避けら
れない手待ち），合計 10 あることがわかる。25 の基本動作中 10，大雑把に言って，
全体の 40％ で手が止まっているムダがあることが，この分析からわかる。

　そこで，これらの第 3 類の動作を取り除く作業方法を考えるのが，作業改善
の第一歩である。第 3 類に属する保持や手待ちをなくすためには前にも述べた
ように，保持具を用いることが定石である。尾付け座金の尾の部分がすべて入
るだけの長さの穴を 2 つ（約 10 cm の間隔で），台に垂直に開けたものを「保持
具」として用意する。

　この保持具により左右両方の手が全く同じに，次のような同時動作になる。
左右の手で座金に手を延ばし，つかみ，それを「保持具」として開けた穴に差
し込む。座金の丸い部分を持ったまま手前に引いてやれば，尾の部分が曲げら
れる。それを保持具（穴）から抜いて，部品箱に入れれば，作業は完了する。
この改善作業をサーブリッグで記述したものが表 3.5 である。

　このときのそれぞれサーブリッグ記号の個数が表 3.4 の右側の「改善方法」
の欄の 3 列に書いてある。この表からわかるように，全部で 23 個（改善前は 25

個）のサーブリッグ記号で改善作業は構成されている。

　改善後はこの23個のサーブリッグで製品が２個できているので，大雑把に言うと，この改善で効率が２倍になったことがわかる。さらに，第２類のサーブリッグはまだ３個残っているが[3]，第３類の動作は改善後には左右の手からなくなっている。

3.1.3　微細動作研究とサイモチャート

　ここまで論じてきたサーブリッグのような，作業の内容を要素動作に至るまで細分化し，それに従ってさらに時間単位による（先ほどの例のサーブリッグ記号の個数によるものでなく）詳細なレベルで行う動作研究を，**微細動作研究**（Micromotion Study）と呼んでいる。これまで論じてきたサーブリッグの応用に関する説明でも，十分細かい分析と思われる人も多いと思うが，これまでは要素動作の個数を数え，個数の多寡に応じて分析するところまでであった。１つのサーブリッグに要する時間がどれも同じということはない。たとえば，「避けられない手待ち」といった同じ要素動作でも場合によって，あるいは条件によって時間値が異なる。作業の時間値を少しでも低減するために分析しているのに，数だけ数えて，それに従って改善するのではあまりにも荒っぽすぎると思う人も多いであろう。

　このような批判に耐えうる方法論として，作業を詳細な動作まで分割し，それらを正確な時間値に基づいて分析する典型的な方法が**サイモチャート**による分析である。サイモチャート（simo chart）とは，"simultaneous motioncycle chart" の略語であり，直訳すると「同時動作のサイクル図」[4]という意味になる。すなわち，左右の手など（実際には両手の動作と目の動き），複数の身体部位が時間の経過とともに，どのようなサーブリッグの動作を使用して，作業を行っていたかを詳細に示す図表である。

　3）これに対する改善は何もやっていないので，残っているのは当然である。この改善で第３類をなくしたあと，本来であれば次にこれらの第２類の部分の改善に手をつける。

　4）現場での作業は通常，同一の作業が継続的に行われ，前の作業サイクルが終われば，すぐに次のサイクルの作業に移る。このようにサイクリックに行われている同一作業の１サイクルに対する動作を図示するという意味で，動作サイクル（motioncycle）という用語を使っている。

102

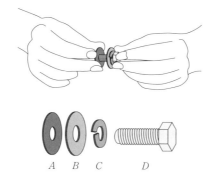

図3.3　ボルト・ワッシャー組み付け作業の例

（出所）　Barnes, R. M.: *Motion and Time Study: Design and Measurement of Work*（*7th ed.*）. John Wiley and Sons, New York, 1958.

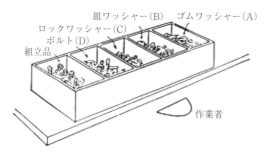

図3.4　改善前の部品箱のレイアウト

（出所）　Barnes, R. M.: *Motion and Time Study: Design and Measurement of Work*（*7th ed.*）. John Wiley and Sons, New York, 1958 を翻訳.

3.1.4　サイモチャートによる分析例

　図3.3に示すボルトとワッシャーの組立てという簡単な作業を例に，サイモチャートを説明する。この作業は，図3.4に示している部品箱に収納されているボルトと3種類のワッシャーをすべて，順番に組み付けるというものである。

　具体的には，作業者の前にある四角い部品箱に右側からゴムワッシャー（図3.3のA; 以下同様)，皿ワッシャー（B），ロックワッシャー（C），ボルト

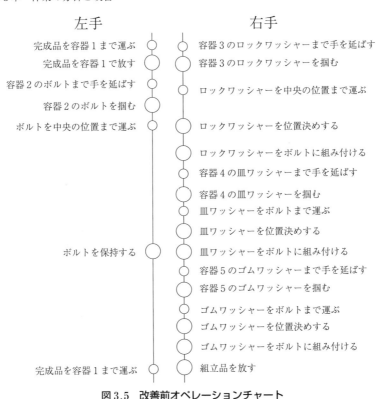

図3.5　改善前オペレーションチャート

（出所）　Barnes, R. M.: *Motion and Time Study: Design and Measurement of Work*（*7th ed.*）. John Wiley and Sons, New York, 1958 を翻訳.

（D）が入っている。そして，一番左側の箱が，それらすべてのワッシャーにボルトに挿入し，組み付けたものを組付け品として入れるための組立品箱である。

　作業者は図3.3に示すように，ボルトを左手で取りに行く。このとき同時に右手ではゴムワッシャーを取りに行き，ボルトに挿入し，それから他のワッシャーを順次取り，ボルトに挿入していく。このときのボルトにゴムワッシャーからロックワッシャーまで入れた一連の手順（順番）をオペレーション・チャートとして表したものが，図3.5に示してある流れ図である（両手で同じ水平位置にある動作は同時に行われている[5]）。

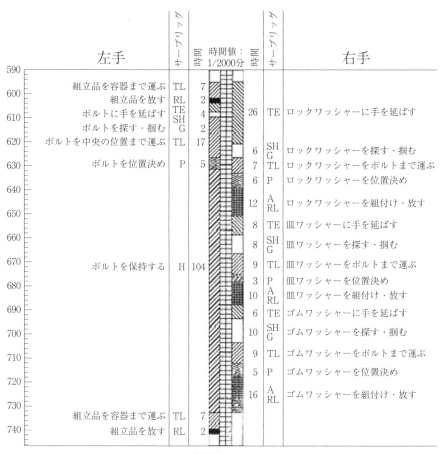

図3.6　改善前サイモチャート

（出所）　Barnes, R. M.: *Motion and Time Study: Design and Measurement of Work* (*7th ed.*). John Wiley and Sons, New York, 1958 を翻訳.

　オペレーション・チャートは作業中の動作の順序を表しているだけである。これらの各動作の時間を測定し，各動作に対するサーブリッグを入れて，時間

5）余談ではあるが，このオペレーション・チャートで，大きい○と小さい○で表現されている動作がある。この表示は，4.2節で取り扱う工程図記号の基本図記号を利用したものであり，大きい○が加工に関連する動作（たとえば「組立」），小さい○が運搬に関する動作（たとえば「荷重移動」や「空手移動」）を示している。

的に示したものが，図3.6のサイモチャートである。

　この図で中央に位置する目盛りのように見える列が，目の動きを記載する部分であり，この列を中心に対称に右手の動作，左手の動作が記述されている。図3.6では，サーブリッグは記号ではなく，略号で記載されている。また，略号の隣の列に記載されている数値が，それぞれのサーブリッグの時間値である。さらにその隣に，その時間帯がわかりやすくなるように，各サーブリッグ記号に対応したパターンが示されている（これらの列が右手と左手で対称形となるように配置されている）。このサイモチャートの時間軸の単位はウィンク（wink）というもので，1ウィンク＝1/2000分[6]という値である。

　このようなサイモチャートから，具体的にいつ，どのくらいの長さの動作（サーブリッグの基本動作）を行っているかが，左右の手，そして目の動きとともに，詳細に理解することができる。サーブリッグの第1類，第2類，そして第3類の時間値をそれぞれ集計することにより，作業の効率が詳細に推測でき，作業改善の目標と対象動作が明らかになる。

3.2　作業の設計・改善の指針

3.2.1　動作経済の原則

　テイラー，ギルブレス以降，さまざまな生産現場で作業設計，作業改善が行われてきた。そこで利用されてきた方法が学習され，ノウハウや推奨が多く蓄積されている。このように，作業の遂行に関して無駄な動作がなく，疲労の少ない，楽な作業を設計・改善するための指針としてまとめたものが，**動作経済の原則**（Principles of Motion Economy）である。

　このような原則作りはギルブレスより始まり，多くの研究者や実務家たちが

6）これについては，ウィンクをするくらいの短い時間という意味で決めたという冗談のような話もあるが，前にも触れたように，IEでは伝統的に分を時間単位として使うので，秒でなく，このような時間単位になっている。

行ってきたもので，数多くの原則がある。これらの原則も大別すると，使用身体部位に関するもの，作業場所に関するもの，および道具や設備の設計に関する原則の3種類に分類できる。

本節では，このような原則の代表的なものとして，Barnes, R. M. (1958), "*Motion and Time Study*", JonhWiley & Sons[23]に掲載されている内容を紹介する。これらのうちのいくつかは既に3.1節においてサーブリッグ，そして微細動作分析による作業改善策を例示するときに説明している。

作業や業務の設計・改善に利用な可能な知見，ガイドラインとして人間工学などの分野においても，数多くの研究，実践活動が行われている。テイラー以降の動作経済の原則が対象としたマニュアル作業に対するものだけでなく，知的・認知作業を始めとするさまざまなタイプに適用可能な推奨，ガイドラインが人間工学を中心に提供されている。動作経済の原則だけでなく，対象とする作業・業務のタイプに合致するガイドラインも活用するとよい。

本節では，IEアプローチ適用による実践経験に基づく知的創造物の活用として動作経済の原則を中心に説明し，作業・業務設計に活用が可能な人間工学が提供する技術については他書に譲ることにする[7]。

（1）身体使用に関する原則

1. 両方の手は同時に動かし，同時に終了するように動作すべきである。
2. 両方の手は休憩時を除いては，同時に休む（動作を止める）べきではない。
3. 左右の腕はそれぞれ反対方向に，対称的な方向に同時動作を行うべきである。
4. 手や胴体の動作は可能な限り，低い身体部位で行うべきである（低い身

---

7) 人間工学に関する書籍は洋書，邦書ともに数多く出版されているので，それらを参考にすることができる。たとえば，[24]は人間工学に関するすべての内容がカバーされているので，その中から自身が対象とする人間の処理・機能・行動，また設計・改善の応用領域（コンピュータ，ITシステム，生活用品，公共システム，など）に関する章を参照することが可能である。また，このハンドブックの1節[25]には，このような設計・改善に利用可能な人間工学の規格・標準・情報がまとめられている。

体部位とは，末端に位置する指が最も低く，指の次に手→前腕→上腕→肩という順に高くなっていく）。

5．作業者の筋力を最小限に軽減するために，利用可能なところではモーメントを使うべきである。

6．手の動作は，急な方向変換や鋭角に曲がる直線運動より，スムーズな連続的な曲線運動の方が好ましい（直線的な動きは最短の経路を通るが，滑らかな動きの方がこれより時間は短く，楽である）。

7．制限された，統制的な動作より，弾道のような動き（大砲で弾丸を遠くに飛ばすときに，重力により弧を描くような軌道）の方が速く，簡単で，そして正確である。

8．作業は可能な限り，容易に，自然なリズムで遂行できるように調整すべきである。

9．目の注視（すなわち，サーブリッグの第2類に属する動作）はなるべく必要としない方がよい。そのためには，必要な情報はなるべく近くにまとめて配置すべきである。

（2）作業場の調整に関する原則

10．すべてのツールや資材は，決まった固定した位置に置いておくべきある（図3.7に示す動作域・作業域を考えて配置することが必要）。

11．ツール，資材，そして制御装置は，それらを使用する場所の近くに置いておくべきある。

12．資材を使用場所の近くに供給するため，重力供給置き場（gravity feed bin/container）を利用するとよい（3.2.2項の作業改善に利用する重力供給置き場が図3.8に示されている）。

13．可能なところではどこでも，落下配送具（drop delivery）を利用すべきである（3.2.2項の作業改善では図3.9の落下配送具を利用している）。

14．資材やツールは最適な動作シーケンスで作業ができるように配置すべきである。

15．視認に対しては適切な条件で行えるように設定されていなくてはならな

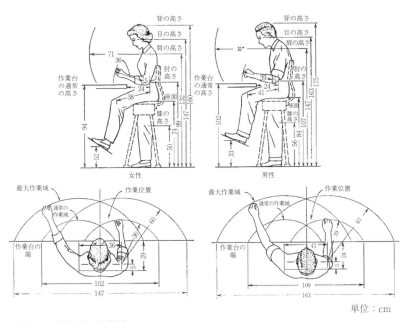

図3.7 動作域・作業域
（数値は目安となる値；より正確にするなら数人の従業員に対して実測し，
その平均値に置き換える）

（出所） Barnes, R. M.: *Motion and Time Study: Design and Measurement of Work* (*7th ed.*).
John Wiley and Sons, New York, 1958 を改変.

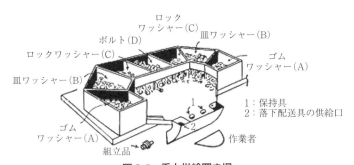

図3.8 重力供給置き場

（出所） Barnes, R. M.: *Motion and Time Study: Design and Measurement of
Work* (*7th ed.*). John Wiley and Sons, New York, 1958 を翻訳.

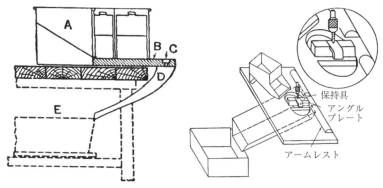

図 3.9　落下配送具

（出所）　Barnes, R. M.: *Motion and Time Study: Design and Measurement of Work*（*7th ed.*）. John Wiley and Sons, New York, 1958 を翻訳.

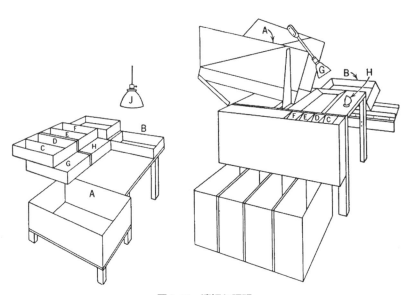

図 3.10　適切な照明

（出所）　Barnes, R. M.: *Motion and Time Study: Design and Measurement of Work*（*7th ed.*）. John Wiley and Sons, New York, 1958.

い。そのためには，満足できる視覚を提供できる適切な照明を与えることが第一の必要条件である（図3.10の右側の配置の例では，上部1カ所からの照明では影ができ，見難く，暗い箇所ができてしまう。そうならないために図示したように，複数の照明を配置して影のできない照明環境にしなくてはならない）。

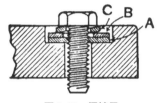

図3.11 保持具

（出所） Barnes, R. M.: *Motion and Time Study: Design and Measurement of Work* (*7th ed.*). John Wiley and Sons, New York, 1958.

16. 作業場や椅子の高さは作業時に簡単に立ったり座ったりできるように，適切に調整されている必要がある。

17. よい姿勢を保つことができる適切な椅子を，すべての作業者に供給しなくてはならない。

（3）ツールや設備設計に関する原則

18. 手の作業はジグ（治具）や保持具，そして足で操作する装置（ペダルなど）などにより，簡単に，作業を軽減できるようにするべきである（3.2.2項の作業改善では図3.11の保持具を利用している）。

19. 2つ，あるいはそれ以上のツールを可能な限り，組み合わせるべきである。

20. ツールや資材は可能な限り，使用する場所に事前に置いておくべきである。

21. タイピング作業のように，それぞれの指に特定の動きを割り当てるときには，元々もっている指の力に応じてそれぞれの指に負荷を配分してやらなくてはならない[8]。

22. レバーや十字棒（クロスバー），そして手車（ハンドホイール）は，体の位置の変化がもっとも小さく，機械の長所を最も発揮するように，作業者が操作できるような位置に置くべきである。

3.2.2　動作経済の原則を利用した作業改善

　3.1.4項で例として取り上げたボルトにワッシャーを組み付ける作業に対して，作業改善を実施してみる。図3.5に示した現状のオペレーション・チャートからは，各オペレーションのサーブリッグへの対応付けを行うことにより，個数として第3類（ムダ作業）の比率がわかる。

　それぞれの動作の時間値は同じではなく，個数により算出される比率では信頼度に問題がある。この図の作業の場合，特に左手の長い線で結ばれている2つの動作を行っている間，右手では同時に数多くの動作が行われていることがわかる。これら2つの左手の動作はともにサーブリッグの第3類に相当するものであり，個数による分析ではムダ作業が過小評価されてしまう。

　これに対して，図3.6に示したサイモチャートを用いて分析することにより，正確にムダ作業を推定することができる。図の第3類の動作の時間値を集計すると，全体で140ウィンク（4.2秒）の作業中，104ウィンク（すなわち，片手の動作の3/4）が付加価値を生んでいない動作であるというように，定量的に分析することができる。

　図3.6のサイモチャートから，第3類のほとんどの時間値が「保持」であること，そして右手と左手が別々の動作を行っていることがわかる。3.1.2項で論じたように，第3類の基本要素動作をなくす作業改善を最初に考えてみる。この分析結果に動作経済の原則を適用すると，保持具の利用と，（それによる）

8）図3.12の左側のキーボードは現在のコンピュータで使われているものと基本的には同じものである。余談であるが，これをQWERTY式（「クワティー」式と読む）キーボードという。このキーボードは左上段の文字キーの配列がこの文字の順番で並んでいるため，この名称がついている。

　これは古くからあるタイプライターのキー配列と同じもので，開発当時非常に多くの新聞記事を実際にタイプし（ホームポジションに手を置き，ブラインドタッチで決まったキーを両手の決まった指で打つようにして），ここで論じているようにそれぞれの指の負荷に応じ，そして同じ指でのタイプが連続しないように決定した。それから約150年以上経つ現在では，新聞記事の内容や，日常よく使用されている単語（そのために文字）が変わってしまい，ここで論じている原則のように，指の負荷の配分とは一致していない。

　パソコンが普及し始めた数十年前には，これを是正すべきさまざまなキーボードも提案された。しかし，長年使用してきた慣れ，そして習熟が，この原則に勝り，現在においても基本的にはどのコンピュータでもQWERTY式のキーボードを使用している。

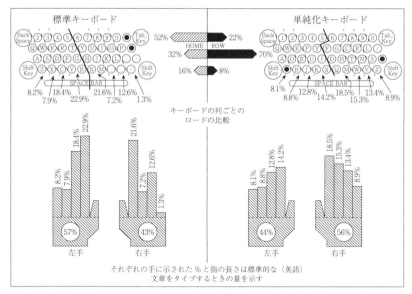

図3.12 負荷の配分

(出所) Barnes, R. M.: *Motion and Time Study: Design and Measurement of Work* (*7th ed.*). John Wiley and Sons, New York, 1958 を翻訳.

右手と左手を同時動作にすることが示唆される。これらとともに，重力供給置き場，そして落下配送具に関する原則も利用した作業改善が考えられる。提案された作業改善のオペレーション・チャートを図3.13に，そしてサイモチャートを図3.14に示す。

この作業改善では，動作経済の原則のところでも例示した重力供給置き場を利用した部品箱（図3.8）を改善後のレイアウトして新たに配置している。この重力供給置き場によりそれぞれの部品を取る際に，第2類の「探す」の必要をなくすことに寄与している。

それとともに，左右の手が同時に，同じ動作になるように，中央のボルトの入っている箱から，左右対称の位置にロックワッシャー，皿ワッシャー，ゴムワッシャーと，2つずつ配置されている。そして，ボルトに各種ワッシャーの組み付けを同時動作で行うために，保持具を2個（図3.11参照；図3.8では単なる穴のように見えるもの），作業者の手前に配置している。さらに，ボルトに組

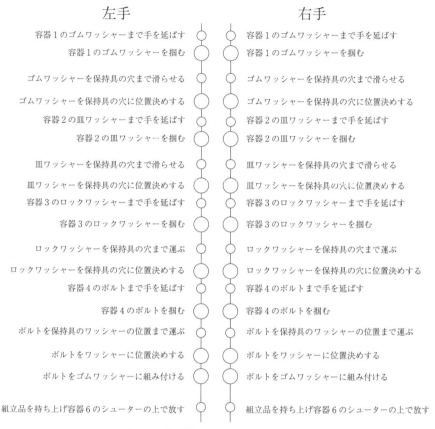

左手　　　　　　　　　　右手

左手	右手
容器1のゴムワッシャーまで手を延ばす	容器1のゴムワッシャーまで手を延ばす
容器1のゴムワッシャーを掴む	容器1のゴムワッシャーを掴む
ゴムワッシャーを保持具の穴まで滑らせる	ゴムワッシャーを保持具の穴まで滑らせる
ゴムワッシャーを保持具の穴に位置決めする	ゴムワッシャーを保持具の穴に位置決めする
容器2の皿ワッシャーまで手を延ばす	容器2の皿ワッシャーまで手を延ばす
容器2の皿ワッシャーを掴む	容器2の皿ワッシャーを掴む
皿ワッシャーを保持具の穴まで滑らせる	皿ワッシャーを保持具の穴まで滑らせる
皿ワッシャーを保持具の穴に位置決めする	皿ワッシャーを保持具の穴に位置決めする
容器3のロックワッシャーまで手を延ばす	容器3のロックワッシャーまで手を延ばす
容器3のロックワッシャーを掴む	容器3のロックワッシャーを掴む
ロックワッシャーを保持具の穴まで運ぶ	ロックワッシャーを保持具の穴まで運ぶ
ロックワッシャーを保持具の穴に位置決めする	ロックワッシャーを保持具の穴に位置決めする
容器4のボルトまで手を延ばす	容器4のボルトまで手を延ばす
容器4のボルトを掴む	容器4のボルトを掴む
ボルトを保持具のワッシャーの位置まで運ぶ	ボルトを保持具のワッシャーの位置まで運ぶ
ボルトをワッシャーに位置決めする	ボルトをワッシャーに位置決めする
ボルトをゴムワッシャーに組み付ける	ボルトをゴムワッシャーに組み付ける
組立品を持ち上げ容器6のシューターの上で放す	組立品を持ち上げ容器6のシューターの上で放す

図3.13　改善後オペレーションチャート

（出所）　Barnes, R. M.: *Motion and Time Study: Design and Measurement of Work* (7th ed.). John Wiley and Sons, New York, 1958 を翻訳.

　み付けたワッシャーの完成品を落下配送具を利用して収納している（保持具の両側に開いている保持具より大きな穴から下部の完成品箱に落下する; 図3.9参照）。これらの改善を行ったとき，図3.13の下部に示されているオペレーション・チャートからもわかるように，左右の手が全く同じ同時動作になっている。

　図3.14のサイモチャートより，220ウィンク（6.6秒）の間に左右の手によりそれぞれ1個ずつの部品が完成している。また，この図から第3類に属する動作が全く含まれていないこともわかる。

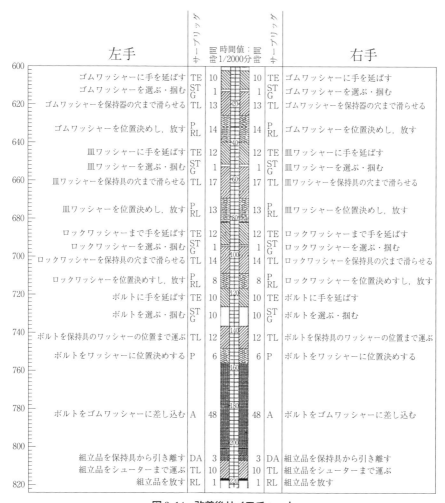

図3.14 改善後サイモチャート

（出所）　Barnes, R. M.: *Motion and Time Study: Design and Measurement of Work* (*7th ed.*). John Wiley and Sons, New York, 1958 を翻訳.

　第2類の動作も，「つかみ」ながら「探す」動作（2.3節の用語を用いると連合動作）を含めても，わずか13ウィンクである。図3.6の改善前の作業と比べると，この改善により約30％の生産性（効率）向上が実現できた。

3.3　作業反復の効果：習熟性工学

3.3.1　習熟

　どんな工程，どんな業務においても，同じ作業や類似の作業は発生する。同じ，あるいは類似作業を行うごとに，早く完了できたり，正確に遂行することができるように，望ましい効果が得られることが多い。このように，**同一機能を果たすための行為の繰り返しによって得られる好ましい効果**が，**習熟**（learning）である[9]。

　IE や生産の分野では，航空機産業において習熟の研究が始められた。そこでは工数や価格の補正の目的で習熟が用いられたのが，直接の研究動機だと言われている。航空機の製造は非常に数多くの部品点数による組立工程が必要であり，製造が完了するまでに非常に長い期間がかかる。そのため，1 機目より 2 機目，さらに 3 機目というように，生産台数の増加とともに，生産工数が大幅に短くなっていく。

　直接労務費を実際にかかる生産工数で配賦すると，新機種製造当初は工数が掛かるため価格が高くなり，他社との競争力との関係で価格を低減していく必要があった。そこで，販売予測から全体で500台の売り上げ計画を立てたとして，100台目の習熟途中の製造台数における工数で労務費を見積もり，これにより納期と競争力のある販売価格を決めるといった具合である。工数を見積もったときの台数を大きく上回る受注が取れた場合は，大きな利益を上げてであろう。逆に，販売予測の見積もりが甘ければ，大きな損失を出したことは想像に難くない。

　習熟については，要素動作から作業，さらに製造全体，企業，産業レベルまで，さまざまなレベルの習熟がある。たとえば，製品不良の低減，労働災害の

9）この効果，そしてこの行為のプロセスは心理学においても非常に重要なテーマである。心理学の分野においても "learning" という同じ用語を用いているが，心理学では「学習」という訳を用いるのが通常である。意味は「習熟」と同じであるが，IE で扱うよりさらに広い内容を含んでいる。

防止などでは継続的な組織学習といったように，組織レベルの習熟に焦点が当てられる。

IE を対象とする本書では，作業の標準時間設定に際しての習熟効果の時間補正が特に重要な問題になる。以下，本項では作業レベルに焦点を当て，習熟を説明していく。

3.3.2 習熟モデル

生産工程での作業回数と作業時間の関係を表したものが図3.15である。作業の繰返し回数に対する作業時間の変化（減少傾向）を表した，このような図を**習熟曲線**（learning curve），あるいは工数が作業ごとに低減する様子を表しているので，**工数低減曲線**（improvement curve）と呼んでいる。

この図で×印でプロットした点が，各作業回数における作業時間である。作業回数ごとに上下にバラツキながらも，全体的な傾向としては作業回数に対して作業時間は減少していくことが見てとれる。

このような習熟曲線を数式で表した習熟モデルのなかで，経験的に最もよく当てはまると言われている有名なモデルが「**実践のべき乗則**」（Power Law of Practice）と呼ばれるもので，式(3.1)で表される。この式で，作業時間が作業回数の $-\alpha$ 乗で表されるため，この名称（べき乗）がついている。ここで，α が**習熟係数**と呼ばれる習熟の傾向を示す重要な尺度である。この係数が大きいとき，習熟曲線は急なカーブを描き，すぐに習熟する作業であることを示している。逆に，習熟係数が小さい作業は，習熟が遅い作業であることを意味している。

表3.6に，いくつかの作業に対する過去に調査された習熟係数を示す。一般的な傾向として，動作レベルに近い少数の動作で構成されている作業に対する習熟係数は小さく（動作は毎日行っているので，すでに習熟している），多くの単位作業・要素作業で構成されている複雑な作業は習熟係数は大きい（これまでやったことが少ないので，徐々に習熟していく）。

$$l_x - \frac{t_1}{x^\alpha} \tag{3.1}$$

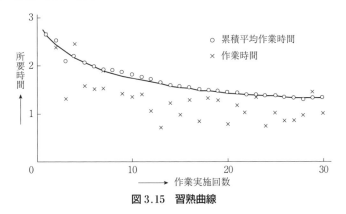

図 3.15　習熟曲線

表 3.6　各種作業の習熟係数

作業内容	α
小物部品の組立	0.152
色々な現場作業	0.073～0.152
ピンボードシュミレーター	0.044
いろいろな現場作業	0.058
ターレット旋盤	0.152
サーブリッグによる要素動作	0.044
箱の組立	0.044
家庭電器組立作業	0.15～0.25

（出所）　作業測定便覧編集委員会編：『作業
　　　　測定便覧』．日刊工業新聞社，1964を
　　　　改変．

$$\log t_x = -\alpha \log x + \log t_1 \tag{3.2}$$

t_i：第 i 回目の作業時間（t_1 は第 1 回目の作業時間）

x：作業回数

n：習熟係数

　式(3.1) の両辺に対数を取ると，式(3.2) のように変形でき，作業時間の対
数に関して線形の式になる（線形の方が解析のときに式の取り扱いがし易い）．そ
のため，この式を習熟の**対数線型モデル**と呼ぶこともある．このモデルのほか
にも，下記のような習熟モデルも提案されているが，前述したように経験的に

は「実践のべき乗則」が最も当てはまりがよく，多数回の作業を行ったときの
作業時間の推定に式(3.2)が利用されている。

- 対数非線形モデル　$y = a(x + b)^{\beta}$
- 指数関数モデル　$y = ae^{bx}$

「実践のべき乗則」が当てはまりのいいモデルであるといっても，作業には
他の条件や要因が入り込み，作業時間が1回1回バラつくので，作業回数に対
する作業時間の関係を表わした習熟曲線から習熟の傾向を見つけにくい場合も
ある。そのような場合，実測した作業時間に対して累積作業平均を計算し，こ
れに対して作業回数との関係をプロットすると，習熟の傾向が見やすくなる。

図3.15で○印で表したものが，その作業回数までの累積平均作業時間であ
る。×印で表した実作業時間のプロットと比べると，累積作業平均が指数関数
的に減少していく様子が容易にわかる。累積平均時間を用いて「実践のべき乗
則」を定式化すると，以下の式になる。

$$A_c(x) = \frac{t_1}{x^{\alpha}} \tag{3.3}$$

$$\log A_c(x) = -\alpha \log x + \log t_1 \tag{3.4}$$

$A_c(x)$：x回目までの累積平均作業時間 $\left(\equiv \dfrac{\sum t_i}{x} \right)$

t_i　　：第i回目の作業時間（t_1は第1回目の作業時間）

x　　：作業回数

3.3.3　習熟率

前述したように，習熟の傾向を表す指標として習熟係数がある。しかし，た
とえば習熟係数が0.5と聞いてもあまりピンとこない。こう表現する代わりに，
作業回数が倍になったとき，作業時間は20％削減されると言われた方が，習熟
の様子を簡単に思い描くことができるであろう。このような習熟の度合いを表
す指標が**習熟率**（慣用的にPという変数を使う）である。すなわち，習熟率とは，
作業回数（生産台数）が2倍になったときの作業時間の比である。

ある工程の作業時間が「実践のべき乗則」に従うとすると，習熟率Pと習熟

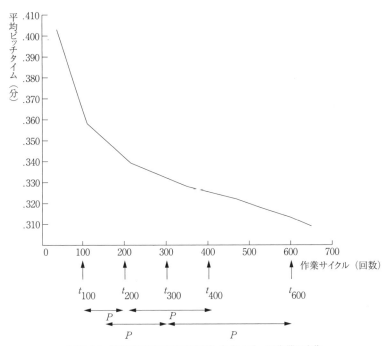

図3.16　習熟曲線から習熟係数（ピンボード作業の例）

係数 α の間には，式(3.5) の関係が成り立つ。

$$P = \frac{t_{2x}}{t_x} = \frac{\dfrac{t_1}{(2x)^\alpha}}{\dfrac{t_1}{(x)^\alpha}} = 2^{-\alpha} \tag{3.5}$$

　習熟率は，上述した習熟の状況に関する直感的な理解のほかにも，いくつかの利用法がある。たとえば，図3.16 はレイティングの訓練のところで述べたピンボード作業を繰り返し行ったとき，何回に1回のサイクルで作業時間を測定し（この例では，600回を超える回数まで観測した），作業回数に対する作業時間を図示したものである。

　この作業をさらに回数を重ねていき，1,000回まで作業を遂行したとき，作業時間はどのくらいになっているであろうか。作業を継続したときの将来の作

業時間を見積もることを考えてみよう。図を見た感じでは，ピンボード作業についても習熟の傾向，それも回数に対して対数的に低減しているように見える。そこで，「実践のべき乗則」で近似することを考えるが，そのためには習熟係数 α がわからなければならない。

習熟係数の算出を行うために，少々面倒ではあるが，習熟曲線上の点を多く（たとえば50～100点程度）取り，その座標をメジャーで測って，最小二乗法か，回帰分析を使ってパラメータ推定するという方法もあるだろう。もう少し簡単にやる方法として，たとえば100回目と200回目の作業時間の比から習熟率を計算し，式(3.5)の習熟率 P と習熟係数 α の関係を使って α に変換すればいい。

完全に対数線形の直線上にすべての回数の作業時間がのっているということはあり得ないので（また10回目と20回目といったように，異なる作業フェーズでもチェックしないと心配なので，1組の値で習熟率を確定してしまうのはあまりにも乱暴である），作業回数が2倍になるいくつかの組み合わせを取り（たとえば，100～200回のほかにも，150～300回，200～400回，300～600回など），それぞれで習熟率を計算し，その平均値をこの作業の習熟率の代表値とする。

これを式(3.5)で習熟係数 α に変換し，式(3.1)の「実践のべき乗則」でモデルを構築し（t_1 は定数：1回めの作業時間），多数回作業を行ったときの回数 x を代入し（この例では $x = 1000$），所要時間を推定するのが現実的な方法である。

3.4 作業改善の着眼点：稼働分析とワーク・サンプリング

現場で作業管理を実施するとき，稼働率が十分に高いのか，低いのかを判断しないといけない（稼働分析）場合もあるだろう。また，作業改善を行う必要があることはわかっているが，それに携わるマンパワーにも限りがあるので，どの作業を優先的に改善すべきか選択しなくてはならない場合もあるであろう。このとき効果的に改善を行うには，全体の業務に占める割合が高い作業を選び，それに対して作業改善を行うべきである。作業効率を同じ10％上げるにしても，業務全体に対する構成比率の高い作業を選べば，全体の効果は大きくなる（コ

スト・パフォーマンスが高い)。

　このように，稼働率を推定するとき，あるいは業務全体における複数種類の作業の割合をそれぞれ推定するときに，現場に張り付いて，2.2節で論じたような直接観測を用いるのは得策でない。暇と時間が有り余っていれば，あるいは現場の状況が常に一定で，変わる要素がなければ，それもいいかもしれない。

　一般的にはその日，もっというとそれぞれの時間帯での作業計画，作業の状況，周りの環境など，さまざまな要因で状況は変わりうる。そうすると，正確な稼働率の推定，あるいは作業改善の着眼点を的確に見つけるための作業内容の構成比率の推定を行うだけも，何日も，あるいは何週間も現場に張り付いて，直接観測を行わなくてはならない。

　このようなときに用いる典型的な方法が，**ワーク・サンプリング**（work sampling）であり，伝統的な IE 手法の中でも最もよく利用されている方法の1つである。

3.4.1　ワーク・サンプリング

　ワーク・サンプリングとは，**人の活動，機械の稼働状況などを，瞬間的な観測を多数回繰り返し（原則としてランダムな時間間隔で），実用上満足な信頼度と精度で，対象となる現象の発生率を推定する方法**である。

　機械設備や作業者・作業グループの稼働率のような発生率を推定する稼働分析に利用するのが典型的な目的である。それとともに上述したように，作業内容の構成割合を把握し，その結果を作業改善の対象の選択，さらには詳細に検討すべき対象の発見に利用するのが，ワーク・サンプリングの主要目的である。

　その他の目的として，余裕率の設定（たとえば，朝礼や業務日報の作成などの管理的業務の発生割合に基づいた管理余裕率の設定）という利用も考えられる。稀な例としては，作業時間の長い業務に対する標準時間の大雑把な把握，非繰り返し作業の標準時間設定のための基礎データの獲得に利用される場合もある。

　ワーク・サンプリングの最大のポイントは直接時間観測と違って，瞬間的な観測で調査が実施されるということにある。これにより，重要ないくつかの特徴が出てくる。

　まず，IE 担当者が現場に張り付く必要がなく，瞬間的に作業を観測するだけでいいので，1 人の観測者で数多くの作業者や機械を同時に（若干の時間差はあるが）観測することが可能である。そのため，直接時間観測と比べて観測者の疲労が少ない。作業を瞬間的に見て，何が行われているのかを判断すればいいだけなので，方法の利用に対してそれほど難しい技能，熟練を必要としない。

　一方，作業者に対しては，通常は観測者が作業現場にいないので（観測時のごく短時間のみ），観測に対して意識しないので，普段通りの作業が可能になる（特別な状況ではなく，普段通りの状況での稼働率や各作業種類の比率を知ることができる）。IE 担当者に見られていると，知らず知らずのうちに平常通りの作業でなくなってしまう可能性は存在する。ワーク・サンプリングでは，この可能性がなくなるのは大きなメリットである。

　ワーク・サンプリングにより算出する稼働率，あるいは作業種類の比率の計算は，サンプリングの理論に基づいている。そのため，決められた回数の観測が行われれば，指定された精度で稼働率が求められる。逆に言うと，稼働率の測定に必要な精度を設定すれば，何回の観測が必要か決定される。

3.4.2　ワーク・サンプリングの原理

（1）稼働率の推定値と精度

　稼働率の算出に関する原理を，稼働／非稼働の 2 つに状態に分類することを例に説明しよう。多くの回数（仮に n 回とする）の作業状況を観測して，稼働状態であった回数（x 回とする）と非稼働状態の回数を数え（必然的に $(n-x)$ 回になる），測定回数全体に対する稼働の割合（稼働率）を考えてみる。これは，赤玉と白玉が数多く入っている袋の中から，目をつぶって 1 つの玉を取り出し，赤玉か，白玉かを確認したあと，個数を記入し，玉を袋の中に戻し，同じ場所に戻らないように袋の中をかき回し，また 1 個玉を取り出す。これを多数回繰り返して，赤玉（たとえば，これが稼働を意味するとしよう）が出る割合（確率）を推定することと同じである。

　この状況を表現したのが，図 3.17 である。数多くの玉が入っている母集団の赤玉の確率（対象期間中の正確な稼働率）p を，袋の中から何回か玉を取り出

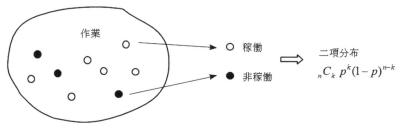

図3.17　ワーク・サンプリングの原理

して（作業を何回か観測して），そのときの赤玉／白玉の個数から（稼働／非稼働の回数から）推定したい。

　ここで考えている状況では，稼働か，非稼働の2つの状況しかないので，仮に真の稼働率がわかっているとして，n回観測して，そのうちx回が稼働であるときの確率は二項分布 $_nC_x p^x (1-p)^{n-x}$ に従う。n回の観測に対してx回が稼働であるので，稼働率$\hat{p}$は式(3.6)で推定できる。また，二項分布に従うことから，稼働率の標準偏差 σ_p は式(3.7)で与えられる。

$$\hat{p} = \frac{x}{n} \tag{3.6}$$

$$\sigma_p = \sqrt{\frac{p(1-p)}{n}} \tag{3.7}$$

n　：観測回数

x　：稼働の回数

p　：真（母集団）の稼働率

$\hat{p}$　：稼働率の推定値

σ_p：稼働率の標準偏差

　観測回数のnが十分に大きければ，中心極限定理により二項分布は正規分布で近似してよい。すなわち，稼働率pの95%信頼区間は式(3.8)で与えられる。何度も言っているように，IEでは現場で素早く意思決定を行うことが重要であるので，1.96も2も実質上大きな差はない。そのため，ここでは簡単に計算するため1.96の代わりに2を使うことが多い。

$$\hat{p} \pm 1.96 \sqrt{\frac{p(1-p)}{n}}$$
$$=$$
$$2 \tag{3.8}$$

式(3.8)の第2項が誤差となるので，観測回数n回で稼働率を算出したときの許容絶対誤差e_aは式(3.9)で与えられる。また，この絶対誤差を稼働率pで割れば，式(3.10)の許容相対誤差e_rが計算できる。

$$e_a = 2\sqrt{\frac{p(1-p)}{n}} \tag{3.9}$$

$$e_r = 2\frac{\sqrt{p(1-p)/n}}{p} = 2\sqrt{\frac{1-p}{pn}} \tag{3.10}$$

（2）観測回数の決め方

絶対誤差，および相対誤差の式を観測回数に対して変形すると，それぞれ式(3.11)，および(3.12)が得られる。稼働率の推定精度を絶対誤差，あるいは相対誤差のどちらで保証するかを決めてやり，それに対応する式に稼働率pを代入することにより，必要とする観測回数nを求める。

$$n = \frac{4p(1-p)}{e_a^{\,2}} \tag{3.11}$$

$$n = \frac{4(1-p)}{e_r^{\,2}p} \tag{3.12}$$

これらの式でpは真の稼働率を意味しているが，この値を推定するためにワーク・サンプリングを実施しようとしているので，必要な観測回数を計算するためには何らかの仮の値を代入しなくてはならない。これらの式からわかるように，pの値により回数が大きく変わるので，仮の値といえどもなるべく正確な方がよい。

通常は，この後の項で説明するように，それ程回数の多くない（たとえば20〜30回程度の）予備観測を行い，その結果から仮の推定値$\hat{p}$を求め，これを本観測の回数の計算に利用するpとする。その値を式(3.11)，または(3.12)に代入して観測回数nを求める。たとえば，予備観測の結果，稼働率の推定値

表3.7　ワーク・サンプリング実施手順

No.	項目／内容
1.	問題の明確化
	― 観測対象
	― 観測目的
	― 観測の概要
2.	予備観測の実施
	― 観測項目のチェック
	― 対象とする現象の発生率の予測（観測回数決定に利用）
3.	信頼度と精度（許容誤差）の設定
4.	実施計画の立案
	― 観測回数の決定
	― 観測期間の設定
	― 1日当たりの観測回数
	― 観測時刻
	― 観測・巡回経路
5.	本観測の実施
6.	結果のまとめ

が80%（$\hat{p}=0.8$）であったとすると，信頼区間95%で絶対誤差5%（$e_a=0.05$）で稼働率を推定したい場合は，式(3.11)にそれぞれの数値を代入して，観測回数256回が得られる。

3.4.3　ワーク・サンプリング実施手順

　ワーク・サンプリングの実施手順の概要を表3.7に示す。どのような問題でもそうであるが，これから解を求めようとする問題をまず，明確にしておく。明確にした問題の内容により，実際のやり方，方法が決まるので，重要な出発点である。その内容として，観測する対象（たとえば工程・作業者・設備など），および観測目的は必ず入っていてならない。また，この目的に従った観測の方法もわかる範囲で記述しておく必要がある。

　計画している観測方法で実施が可能かどうかをチェックするため，それ程多くない回数で（これについても後述するように，決めた回数に対してランダムな時間間隔で観測を実施する）予備観測を実施する（いきなり本観測を行っても，うまくいかない場合が多い）。予備観測で特にチェックしなくてはならない重要な事項は，発生比率を調査したい観測項目により計画通りにうまく，的確にワー

ク・サンプリングが実施できるか，実際にチェックすることである。

この予備観測で対象とする現象の発生回数を集計し，これにより発生率の予測（仮の発生率の推定）をしておく。この推定値はのちに，本観測における観測回数の決定に使用する重要な数値でもある。

最初に立てた目的を実現するための方法をチェック（分類した観測項目は適切か，問題点があれば分類項目を修正する）したあと，本観測の目的に照らし合わせ，推定する稼働率，あるいは作業項目の発生率に対する信頼度と，推定の必要精度（許容絶対誤差，あるいは相対誤差）を決定する[10]。

次に，予備観測の分析結果，ならびに設定した観測回数に基づいて，本観測の実施計画を立案する。実施計画には少なくても次の内容は含まれていなくてはならない。まず，設定した信頼度，必要精度，そして予備観測で推定した発生率から，本観測に必要な観測回数を決定する（基本的には式(3.11)，あるいは(3.12)に，これらの数値を代入して算出する）。

観測回数が決まれば，これを何日間，あるいは何週間で実施するか，観測期間を決める。観測回数と観測期間から，1日当たりの観測回数が決まるが（単に回数を期間（日数）で割ってやればいい），観測期間の決定には注意が必要である。観測期間が長くなると，ワーク・サンプリングの実施期間もそれだけ長くなり，大変になる。さらに，長期間にわたるとその期間中に観測する現場の状態が変わってしまう場合があるかもしれない（たとえば新製品への機種変更など）。

このような場合，その後の実際の状況とは異なる稼働率を測定していることになり，また設定したワーク・サンプリングの目的に対して結果があやふやになってしまうおそれがある。逆に，観測期間が短すぎると，1日あたりの観測回数が多くなり，観測間隔が極端に短くなってしまう。

こうなると，ランダム・サンプリングというより系統サンプリングに近い状況になり，大きな問題が生じるもとになる。これらのことを考慮して，適切な

---

[10] 上述の例では信頼区間95%，絶対誤差5%の必要精度で説明した。95%と異なる信頼区間で推定したければ，その信頼区間に合う安全係数αを正規分布表から見つけ，式(3.11)，または(3.12)において分子の4を，αを二乗した値に変更してnを計算する。たとえば，信頼区間を99.7%に変更するときには，式(3.11)，または(3.12)で分子の4（2^2）を9（3^2）に変更して，観測回数nを計算すればよい。

観測期間を設定する。

　観測期間と，1日あたりの観測回数が決まれば，次は実際にいつ観測に行くか，観測時刻を決定する。これについての手続きは，3.4.4項で詳細に述べる。3.4.1項で述べたワーク・サンプリングの特徴（瞬間観測）により，複数作業者・工程（一般的には別の作業現場にいる）に対して実施するのが普通である。ワーク・サンプリングを円滑に実施するために，それら複数の観測対象に対して，観測時の巡回経路をあらかじめ決めておく。

　このようにして立てた実施計画に基づいて本観測を実施し，本観測の終了後，結果を的確にまとめる。

3.4.4　観測時刻の決め方（サンプリング方法）

　1日のいつ（何時何分）観測に行くか，観測時刻を決める方法として原則的には，**前の観測との時間間隔がランダムになる**ように設定する**ランダム・サンプリング**を適用する。この時間間隔の設定に対して，たとえば10分おきに観測に行くというような固定した時間間隔で観測する方法が，**系統サンプリング**である。

　なぜランダム・サンプリングでないといけないかという理由にはいくつかある。最も大きな理由は，系統サンプリングを行うと，いつ観測者が現場に観測に来るかというタイミングが，作業者には予想がついてしまう。こうなると，たとえば勤勉な作業者に見られたいために，観測されるときは必ず作業していよう，という意志が働くかもしれない。逆に，職場余裕率を高くするために（より楽な標準時間にするため），観測者が来るときはアイドル状態にしておこうなど，通常とは異なる恣意的な作業状況が発生してしまうおそれがある。

　そのような恣意的な行動がないとしても，作業者が普段の状態とは異なる心理状態になり，それが作業の遂行に影響を与えることも考えられる。稼働分析，あるいは作業改善に対する着眼点としては，普段の，通常に起こっている状況を同定，判断しなくてはならない。系統サンプリングではこの状況を妨害してしまうおそれが生じる。

　一方，機械設備を利用した作業[11]などが典型例であるが，機械の能力から加

工時間が10分，そのあとワークの着脱に５分といったように，ほぼ固定した時間によるサイクルで作業している現場もある。このような現場でたとえば15分間隔で系統サンプリングを実施すると，観測サイクルのスタート時刻によって，いつも稼働，あるいはいつもワークの着脱となってしまう。ここまでピッタリ作業サイクルと観測が一致していないとしても，サイクリックな作業工程では系統サンプリングによって，実際の比率を反映しない観測結果を導出する危険性が高い。

　系統サンプリングを行ったときに発生しうるこれらの懸念が100％払拭されるのであれば，系統サンプリングの方がランダム・サンプリングより楽で，効率的であるので，このような場合は系統サンプリングを利用してもいいかもしれない。しかしながら，これらの条件を完全にクリアする作業や現場は，経験的にはなかなかないようである。現実には，ほとんどのケースでランダム・サンプリングにより行われている。

　ランダムな時間間隔で行う観測時刻を決定するために，乱数表やサイコロ，コンピュータで乱数を発生させるソフトなどを利用する。これらにより乱数を発生させ，対応する時刻（時：分）や前回の観測からの経過時間に変換し，実際に観測する時刻を決定する。

　ワーク・サンプリングは数あるIE手法においても，非常に頻繁に，さまざまな現場で利用されている手法の１つである。このような利用頻度の高さゆえ，ランダム・サンプリングにより観測時刻を決定するための専用ツールであるランダム時刻表も開発されている。その一例を表3.8に示す。

　この表は，１日８時間の労働に利用するランダム・サンプリング時刻の一部（15日目から21目）を示しており，毎日25回の観測を，時刻順に各列に記してある。この表の各欄にある数字は，簡単に実際の時刻に直すことができる。この数字は始業後（始業開始時を00：00として）の時間と分を表している。たとえば，

11）人が介在しない作業では，上述した心理的な影響，あるいは恣意的な意図が働くことはないので，系統サンプリングでも問題がないように思われるが，ここで論じるような問題がある場合が多いので，十分注意する必要がある。

表3.8 ランダム時刻表

15	16	17	18	19	20	21
0：50	0：15	0：05	1：00	0：05	(20)0：25	0：25
1：10	(23)0：35	(17)0：40	(16)1：10	0：55	0：55	(17)0：55
1：20	(20)0：45	(25)0：50	1：35	(16)1：00	1：30	1：00
(15)1：25	0：55	(23)1：10	(21)1：50	(24)1：25	2：00	1：05
1：30	1：00	1：40	1：55	1：40	2：50	1：10
(20)2：00	(19)1：05	1：50	2：10	1：45	(21)3：10	(20)1：50
2：20	1：25	1：55	2：20	(18)1：55	3：15	(18)2：40
(24)2：40	2：20	(16)2：00	(23)3：00	2：05	(24)3：25	(24)2：25
2：45	(21)2：25	(24)2：40	3：05	(17)2：40	(19)3：35	3：10
2：50	2：35	(21)2：45	3：15	(25)2：50	(22)3：40	(25)3：15
3：10	(17)2：40	(15)3：15	3：50	(21)3：15	3：45	3：45
(25)3：35	(25)3：05	4：20	4：30	3：55	4：00	3：55
(16)4：00	(15)3：10	4：30	(20)4：50	4：00	(17)4：10	4：15
(21)4：25	3：15	4：50	4：55	4：05	5：10	4：25
5：00	3：30	(19)5：00	(24)5：35	4：15	(25)5：40	4：45
5：10	(16)3：40	5：05	(15)5：40	(23)4：20	5：45	(23)5：00
5：20	4：10	5：20	5：45	4：45	5：55	5：25
(17)5：25	(18)4：10	6：05	5：50	5：15	6：20	(19)5：30
(23)5：35	4：35	(18)6：10	(18)6：15	(22)5：50	(16)6：30	6：10
(19)5：55	5：10	6：40	(19)6：20	6：10	6：40	6：45
6：00	5：20	6：50	(17)6：35	(20)6：35	(18)7：00	(15)7：10
6：15	5：50	(20)6：55	(25)6：45	(19)6：45	7：05	(16)7：30
(22)6：55	(22)6：00	7：00	7：10	6：55	7：15	(22)7：40
(18)7：25	6：15	(22)7：35	(22)7：20	(15)7：00	(28)7：35	7：45
7：50	(24)7：50	7：55	7：55	7：50	(15)7：55	(21)7：50

（出所） Barnes, R. M.: *Motion and Time Study: Design and Measurement of Work* (*7th ed.*). John Wiley and Sons, New York, 1958.

午前8時が始業時刻とすれば，第1欄（15日目）の最初にでているサンプリング時刻の0：50は午前8時50分と解釈すればよい。同様に，同じ欄の最後にでているサンプリング時刻の7：50は，たとえばこの職場では12：00〜13：00は昼休みと仮定すると，8：00＋7：50＋1：00＝16：50，すなわち午後4時50分を表すことになる。

この表を適切に使用すれば，望みどおりの時間内のランダムな時刻が得られる。表に記載されているサンプリング時刻の数（すなわち1日25回）が，計画した観測数より多くて，余りを生ずる場合には，時刻の左側にカッコ内で示した補助数字を使って，所要数になるまで，表から除けばよい。この補助数字は，

最初に乱数表から時刻をとった順序を示している。

　この表のランダム性を維持するには，時刻を選ぶとき，この順序を示す補助数字の終わりの方から除いていかねばならない。たとえば，一番右側の21日目の列を使って20回のサンプリングを計画する場合，(25)，(24)，(23)，(22)，(21) で示された時刻の3：15，2：25，5：00，7：40，7：50を除外することになる。1日25回以上のサンプリングを行うときは，欄を2欄以上使って観測数まで記載された時刻を選択していく。重複した時刻が出現したときには，その時刻は除外すればよい。

3.5　まとめ：現代マネジメントへの広がり

　本章で論じたサーブリッグを利用した作業分析は主として手作業を対象とする方法である。たとえば，筋骨格系全体を使って歩き回り，重量物を扱うようなマニュアル作業に対してでも，サーブリッグはそれに対応する基本動作要素を持っていないので，そのままでは適用することができない。しかし，このような作業に対しては作業中の動作が容易に目に見えるので，手作業の分析よりむしろ簡単な場合が多い。すなわち，サーブリッグや微細動作研究を用いずとも，直接作業を観測することによりサーブリッグと同様の考え方でムリな作業，ムダな作業を同定することが可能である。この種の作業には，4.2節で論じる工程図記号を用いた分析方法がうまく機能する。

　現在のオフィス環境で行われている職務・作業の改善を考えてみよう。これらの作業の多くは人間の知的・認知機能を利用する業務であり，サーブリッグをはじめとする作業分析の方法はそのまま適用することはできない。しかし，サーブリッグの根底にある作業分析の考え方はいかなる作業においても利用が可能である。

　たとえば，サーブリッグで作業を構成する要素を基本動作要素に分類したように，人間の認知機能をいくつかの基本機能に分類することにより，同様の考え方により認知行動を分析することが可能になる[12]。そして，サーブリッグにおいて作業が進んでいない基本動作である第3類に分類される要素をムダな動

作として取り除くことを目指したように，このような認知行動分析の結果として明らかになったムダな処理，ムリな処理を取り除いたり，改善したりすることができる。

　作業実施のサイクルが1日，数日，あるいは月単位といった時間帯域が長い職務に対しては，分析する時間幅を微細動作研究の時間単位であるウィンクから，分，時間，日単位に適宜調整することにより，同様の分析方法を適用できる。

　作業改善のガイドライン，ノウハウ集としてまとめられている動作経済の原則は，筋骨格系を主として利用するマニュアル作業に対するものである。この種の作業だけでなく，さまざまなタイプの作業に対して同様に規格，標準，ガイドラインがあり[13]，それらは多くのタイプの職務改善，職務再設計に適用が可能である。このように，本章で紹介したサーブリッグを中心とする作業研究，動作分析や作業改善の考え方は，現代の多くの職務や行動に普遍的に適用できる，IE の根底に存在する基本的な考え方である。

　本章で取り上げたもう1つの IE の代表的技法であるワーク・サンプリングは生産現場における稼働分析だけでなく，すべてのタイプの職務に適用可能な強力な武器である。あらゆるタイプの作業の改善活動において，その着眼点を見出すときなどに非常に有用である。

┌─ **◆この章のポイント◆** ─────────────────────

- 動作研究とは，特定の作業の中で発生している手の動き，目の動きなどの動作内容を詳細に分析，研究し，その中の無駄な動きを取り除き，より疲労の少ない経済的な動作の順序や組合せを作り出し，さらにこれらの動作の進行を助けるために，適切な治具，取付具などを考案することである。

---

12) このような作業・行動を対象とした分析を**認知タスク分析**（cognitive task analysis）といい，人間工学などを中心に多くの技法が開発されている。認知タスク分析の具体的な技法については他書（特に人間工学関連の書籍）を参照されたい。たとえば，[26]の第8章にはラスムッセン（Rasmussen）の認知タスク分析の方法が紹介されている。

13) たとえば，[25]には人間工学関連の各種の規格・標準がまとめられている。さらに，コンピュータを利用した作業，そしてそのための機器の設計についてのガイドラインは，ユーザビリティ・ヒューリスティックス（usability heuristics）としてまとめられているので（たとえば[27,28]など），必要に応じて検索し，適切なものを利用すればよい。

- サーブリッグは，ギルブレス夫妻が開発した動作分析を支援するための17種類の基本的要素動作である。サーブリッグは作業を構成する17の基本的要素動作を，その目的から第1類（仕事を完成するのに必要な要素），第2類（第1類の基本要素動作を遅くする要素），そして第3類（仕事が進んでいない要素）の3つのグループに分類している。

- サーブリッグを適用した作業改善では，仕事が進んでいない状態の第3類の要素を取り除くことをまず考え，次に第2類の要素の除去，さらに余力があれば第1類の要素の改善というように，順番にアプローチする。

- 作業の遂行に関してムダな動作がなく，疲労の少ない，楽な作業を設計・改善するための指針としてまとめられたものが「動作経済の原則」であり，作業改善の際に利用される。

- 同一機能を果たすための行為の繰り返しによって得られる好ましい効果が「習熟」である。習熟については動作から作業，さらに製造全体，企業，産業レベルまで，各レベルの習熟がある。IE では特に，作業の標準時間設定における習熟効果による時間補正が重要な対象である。

- 作業の繰返し回数に対する作業時間の変化の様子（減少傾向）を記述したものを習熟モデル，そしてその関係を図示したものが習熟曲線である。経験的に最もよく当てはまる習熟モデルが「実践のべき乗則」（Power Law of Practice）である。両辺に対数を取ると線形の式になるため，対数線型モデルと呼ばれることもある。

- 対数線型モデルにおける傾きが，「習熟係数」と呼ばれる習熟の傾向を示す尺度である。この係数が大きいとき習熟曲線は急なカーブを描き（早く習熟する作業），逆に習熟係数が小さい作業は習熟が遅いことを意味する。

- 習熟の傾向を表す別の指標に「習熟率」があり，作業回数（生産台数）が2倍になったときの作業時間の比として定義される。習熟率 P と習熟係数 α の間には，$P=2^{-\alpha}$ の関係がある。

- ワーク・サンプリングは人の活動，機械の稼働状況などを，瞬間的な観測を多数回繰り返し（原則としてランダムな時間間隔で），実用上満足な信頼度と精度で，対象となる現象の発生率を推定する方法である。サンプリングの理論に基づいているため，決められた回数の観測により指定された精度で稼働率が推定できる。

第4章
工程の分析と設計
—— 工程管理と工場レイアウト ——

　現実の生産現場では複数の作業で効率よく生産工程を編成し，工程全体がうまく稼働するように設計・改善しなくてはならない。そして，これらの工程や必要な設備や職場を工場の敷地内に効果的に配置していく。

　本章では，これらの内容に関連する管理技法，すなわち必要な作業を工程に割り付けるライン・バランシング，工程分析や工程設計に利用する工程図記号，そして必要工程を工場スペースに最適配置するプラント・レイアウトについて，それぞれ具体的な技法を紹介し，その実施方法，ならびに手続きについて説明する。

4.1 ジョブショップ型 vs. プロジェクト型工程

　第2章と3章では，個人が1人で行う作業を対象に，その設計・改善に利用する考え方，分析方法，改善のアプローチについて論じてきた。これら個人の仕事が組み合わされ，1つの工程が形成される。個人の作業間に負荷のアンバランスがあったり，資材やワークなど，ものの流れが作業者間で，さらには工程間で悪い場合，あるいは工場内のレイアウトが適切でない場合には，せっかく個々の作業者は効率よく作業を行っていても，工場全体のオペレーションには不都合が生じてくる。

　複数の作業や業務で構成される工程は管理・運営の観点から見ると，ジョブショップ型とプロジェクト型に分類できる。ジョブショップ型はそれぞれの工程が順番を持って，そのなかを人や製品・ワークが流れ，同様の作業が各工程で繰り返し行われていく，同一，あるいは類似の作業を毎日連続して，あるいは週単位といったように，決められたサイクルで繰り返し実行するのがジョブショップ型の工程である。前2章で論じてきた作業を工程として編成したときには，ジョブショップ型の工程になる。

　これに対して，ダムや高速道路などの建設工事，工場建設・海外拠点の設置，新製品開発，ソフトウェア開発など，一品ものの受注製品の設計・製造を遂行するときのプロセスが，プロジェクト型の工程である，このようなプロジェクトでは，遂行する作業のプロセスは1回限りであり（すなわち同一の作業は二度とない），プロジェクト全体の工程を設定するためには，各工程（活動）に必要な時間を見積もり，各工程間の先行（順序）関係から，それぞれの工程をどのような順序で，いつ行うかを決定する。このようなプロジェクト型の工程計画・管理の代表的な方法として **PERT**（Program Evaluation and Review Technique[1]）がある。

1）現代の組織において実務で行う業務の多くはプロジェクト型のものであり，プロジェクトタイプの管理技法がそのまま利用できる。PERT は米国海軍がポラリス・ミサイルの開発計画のために考案された技法であり，各工程間の関係をアロー・ダイアグラムで描写し，そのモデルに従ってプロジェクトの計画，スケジューリングを行うものである。PERT についての詳細は他書を参照のこと（たとえば[29]など）。

本書は紙面の都合上，個人の作業を統合したジョブショップ型の工程を対象とし，プロジェクト型工程の設定・管理については割愛する。本章では，ジョブショップ型の工程を効率的に稼働させるための分析，設計，そして改善法について論じていく。次節では，工場内で生産工程全体において「もの」と人の動きを図的に表し，既存の工程を分析するとき，また新たな工程を設計・構築するときに利用する工程図記号について説明する。

4.2　プロセス要素の構造と流れ：工程図記号

4.2.1　工程分析と工程図記号

工程図記号は，非常にシンプルな構造を持ち，それでいて利用範囲が広いため，さまざまな現場で利用されている。JIS（Japan Industrial Standard; 日本産業規格）においても，Z8026 という識別番号（最後に改訂されたのが1982年であるため，−1982という数字が最後に付いている：JIS Z 8206-1982）で，その利用方法，用語の定義などが制定されている[30]。どの現場・工場・企業でも同様の使い方が可能な一般性の高い方法である。この工程図記号を用いて設計・分析した事例は日本だけでなく，国際的に類似している，あるいはほぼ同じ方法が見られる[2]。

JIS でも制定されている工程図記号は，製品の生産工程をわかりやすく図示

2）そのため，これと同じ，あるいはこれに類似した国際規格が ISO（International Standard Organization）にもあるだろうと思い，該当する規格を調べてみたが，（努力不足かもしれないが）見つけることができなかった。

　JIS に制定されているような「工程図記号」を用いた工程分析は，3.1節で紹介したサーブリッグの開発者のギルブレス夫妻が1921年に ASME（American Society of Mechanical Engineers; アメリカ機械学会）に論文として発表されており，その後同学会からこの方法の利用マニュアルも発表されている[31]。

　この工程分析の方法はアメリカの国家規格協会（American National Standards Institute）に登録されている（ANSIY 15.3M）。これらの方法は，運搬，貯蔵，滞留は JIS の工程図記号と同じであるが，数量検査と品質検査は「検査」にまとめられ，加工が「作業」（operation）と「操作」（handling）に分けられている。JIS の工程図記号は多分，この内容を参考に制定されたのではないかと想像している。

するためのものである。生産工程を構成する個々の機能（あるいは要素工程）をノードで表し，数少ない種類に分類し，機能を表すノードの繋がりで生産工程全体をわかりやすく，正確に明記できる。この工程図記号の最も重要なポイントは，**生産工程を構成するすべての機能を大別してわずか4種類，すなわち加工，運搬，停滞，および検査に分類**していることである。ここで，**停滞はさらに貯蔵と滞留に，そして検査は数量検査と品質検査に分類**している。すなわち，生産工程で発生する機能を詳細に分類しても，次の6種類の機能で構成する図で表現できる：(1)加工，(2)運搬，(3)貯蔵，(4)滞留，(5)数量検査，および(6)品質検査。これら6つのそれぞれの機能には固有の形状のシンボル（記号）が割り当てられている。これら6つの機能のシンボルを**基本図記号**と呼んでいる。基本図記号における各機能の説明と，対応するシンボルを表4.1に示す。工程図記号を用いて製品を生産する工程を図示したものを**工程図**と呼んでいる。

4.2.2 工程要素の記述

（1）基本図記号

表4.1に示した基本図記号の各機能を簡単に説明しよう。「**加工**」は，**原料，材料，部品，または製品の形状や性質に変化を与える**機能である。組立，分解，塗装，化学反応などはその例で，加工の形態によらず，2.1.2項の作業分類のところで論じた主体作業にあたる作業は，どれも加工に分類される。工程図の記述に際して，この機能には丸い形状のノードを用いる。

「**運搬**」は，**原料，材料，部品，または製品の位置に変化を与える**（加工と違い，形状や性質には変化を与えない）プロセスである。たとえば，倉庫から組立工程のラインサイドに部品を供給するため，あるいは次の作業者に組立中のワークを送る（搬送する）などが，運搬の例である。運搬に対するシンボルも丸いノードを使用する。加工のノードと区別するために運搬には小さい○（目安として，加工で記述するシンボルの直径の1/2～1/3とする）を用いる。

ノードの大きさを変えても，加工の記号と見誤りやすいこともあるので，運搬には○の代わりに，右向きの太い矢印記号（表4.1参照）を用いてもよい（むしろ，この記号を使う方が普通である）。ただし，この矢印記号には常に右向

表 4.1　基本図記号

工程分類	記号名称	記号	意味
加工	加工	○	材料，半製品，部品に変化を与える過程を表す
運搬	運搬	○ または ⇨	材料，半製品，部品の位置に変化を与える過程を表す（直径は加工記号の1/2～1/3）
検査	数量検査	□	材料，半製品，部品の量または個数を測って，基準と比較して差異を知る過程を表す
	品質検査	◇	材料，半製品，部品の品質特性を試験し，基準と比較して差異を知る過程を表す
停滞	滞留	D	材料，半製品，部品が滞っている状態を表す
	貯蔵	▽	材料，半製品，部品が計画により貯えられている過程を表す

（出所）　日本能率協会コンサルティング：『工場マネジャー実務ハンドブック』，日本能率協会マネジメントセンター，2010[32]，p.249より．

きの矢印を用いる（矢印が運搬の方向を意味している訳ではない）。

　停滞の1つの形態である「**貯蔵**」は，**原料，材料，部品，または製品を計画により貯えている**プロセスを示している。この機能に対しては，逆三角形のシンボルでノードを記述する（三角形の向きはいつも下向きである）。

　もう1つの停滞の形態，「**滞留**」は，**原料，材料，部品，または製品が計画に反して滞っている**状態を表す。これには，右側の辺が丸まった矩形（英字のDが左側に引き延ばされたような形状）で記述する。貯蔵と滞留の違いは，計画によってその場所に留まってるか（貯蔵），計画に反して留まっているか（滞留）の違いである。倉庫，あるいは外に置くといった場所による違いが貯蔵と滞留の違いではない。

　たとえば，製鉄所の完成品の鋼材コイルを荷送りする前に計画的に建屋の外に置いておけば，貯蔵である。一方，後工程の不具合により前方の搬送コンベアの停止中に前工程から次々と送られてきたワークを一時的にラインサイドに下ろせば，これは計画に反して行っている行為なので，滞留である。

「**数量検査**」は，**原料，材料，部品，または製品の量**（たとえば注文を受けた肉のキロ数），または**個数を測って，その結果を基準と比較して差異を知る**過程を表す。このプロセスには正方形の記号を使う。ここで言う「数量」を個数を数えることだけが該当すると思わないで欲しい。量を測ることもこれに含まれる。

「**品質検査**」は，**原料，材料，部品，または製品の品質特性を試験し，その結果を基準と比較してロットの合格／不合格，または個品の良／不良を判定する**機能である。これには正方形を45°回転させた形状，すなわちダイヤモンドのような形のノードを用いる。

（2）複合記号

実際の工程内での作業では，複数の機能を同時に行っている作業者は数多く存在する。たとえば，1.2.2項で紹介したフォード・システムの作業者は，コンベアで搬送しながら，同時に組立て作業を行っている。ここでは加工と運搬が同時に行われている。同時並行的に行われてる他の作業の例として，お菓子の最終工程で袋詰めされた製品を100個入りの箱に，数を数えながら梱包していくという作業もある。この例では，お菓子の個数を数えながら，お菓子を整列させながら箱詰めするという，数量検査と加工が同時に行われている。

このような**2つの機能を同時に行うプロセス**を表すシンボルを**複合記号**という。よくある機能を組み合わせた複合記号の例を，表4.2に示す。この表に例示しているように，二つの機能が一つの作業（要素工程）で同時に取られる場合には，それぞれの機能のシンボルを複合して図示する。

複合記号では，**主となる機能を外側に，従となる機能のシンボルを内側**に示す。前述したフォード・システムでの組立作業の例では加工（組立）が主で，運搬（コンベアでの搬送）が従であるので，加工の記号が外側，運搬を内側に書く。すなわち，表4.2の一番下の記号である。このとき，加工も運搬のシンボルも両方とも○で，二重丸のような記号になってしまうので（見にくいし，運搬が主になるときには記述不可能），複合記号においては運搬のシンボルにはこの表に示しているように，矢印マークを用いる。

表4.2　複合記号

複合記号	意　　　味
◇◻	数量検査をしながら，主として品質検査を行う。
◻◇	品質検査をしながら，主として数量検査を行う。
◯◻	数量検査をしながら，主として加工を行う。
◯▷	搬送をしながら，主として加工を行う。

　2番目の例では，整列してお菓子を箱に入れる作業が主（外側），袋数を数える数量検査が従（内側）であるので，表4.2の下から2番目の記号になる。

（3）補助図記号

　基本図記号，そして複合記号で表現した機能の順序，繋がりの形態で工程を表現し，工程図を作成する。工程図は基本的には縦書きに，上から下へ機能間を直線（流れ線）で結び，工程系列を表現する。

　工場のレイアウトに従って要素工程の順序を上から下に示すことができないような場合には，流れ線の端部，または中間部に矢印を描いて，その方向を明示する。また，流れ線の交差部分は系列がオーバーラップしていないことがわかるように，表4.3の備考欄に書いてあるように記述する。

　要素工程（プロセス）の順序を規定する流れ線とともに，工程系列の状態を図示するための記号を**補助図記号**という。補助図記号には，「流れ線」のほかに，「区分」を表す波線，および「省略」を表す二重線がある。これらについても表4.3に示してあるので，参照されたい。

　区分は，たとえば自動車の生産で車体の製造工程の次に，そのまま艤装（組立）工程が継続しているようなとき，管理上の違いを明確にするための間を波線で区分するものである。省略は，実際の製造現場にはその要素工程は存在するが，対象としている分析には関係がない，あるいは含まれないときに利用する。このような系列が工程図に書かれていると煩雑になり，描写されていない方が見やすい。無関係な部分の表示を省略したい場合に，その部分を二重線で表す。

　以上述べた基本図記号，複合記号，そして補助図記号を用いて，比較的単純な，典型的な工程図を書いた例を図4.1に示す（この図では複合記号のプロセスは入っていない）。この図は自動車の車軸部品の組立工程の例である。工程で必

表4.3　補助図記号

番号	名称	記号	意味
1	流れ線	｜	要素工程の上から下への順序関係を表す。 流れ線の交差部分は，　⌒⌒　で表す。
2	区分	〰〰〰	工程系列における管理上または責任の区分を表す。
3	省略	＝＝＝	工程系列の一部の省略を表す。

要な各機能が上から下へ直列に流れ線で結ばれ（そのため方向を示すに矢印は必要ない），順序が示されている。工程中には加工のほか，運搬，品質検査，数量検査，貯蔵，そして滞留[3]の６つの機能すべてが含れており，それにより工程が構成されている。

（4）工程の流れ

　図4.1では，工程図における基本図記号，ならびに補助図記号を説明するために，最もシンプルな工程の形態である直列型を例示した。工程の形態としては直列型のほかにも，合流型，そして分岐型など，他の形態もある。

　直列型は図4.1の例でもわかるように，工程全体が一つの系列からなり，最もシンプルな形態である。合流形は２つ，あるいはそれ以上の複数系列が集まって，１つの系列とに連なる形態である。典型的には，複数の部品を組み付けていく（１つのワーク，製品になる）組立工程でよく見られる形態である。

　合流型とは逆に，一つの系列が分かれて複数の系列となっていく形態が分岐型である。装置産業での工程，化学プロセスがその典型的な例である。たとえば，石油精製の過程では，原油を投入して沸点が低い順に，LPG（液化天然ガス），ナフサ，灯油，軽油，重油，そしてコールタールのような残油部分に分

　3）図の上から2/3あたりの要素工程においてパレット上で滞留が発生している。次項で簡単に論じるが，これは現状の工程を分析するために，工程のありのままの状態を記述した工程分析図である。この滞留は何らかの問題により発生したもので（本来ない方がよい），後に行う工程改善の対象になりうる。

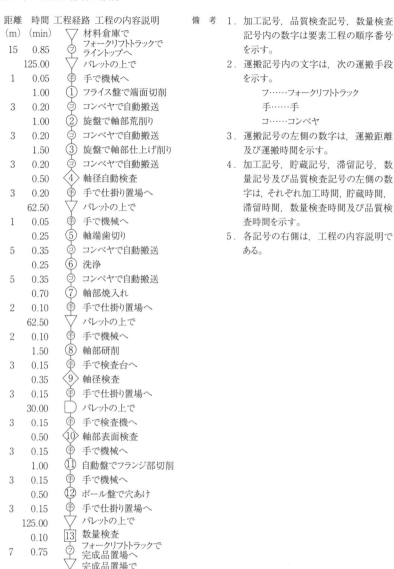

距離 (m)	時間 (min)	工程経路	工程の内容説明
		▽	材料倉庫で
15	0.85	⑦フ	フォークリフトトラックで ライントップへ
	125.00	▽	パレットの上で
1	0.05	⑦手	手で機械へ
	1.00	①	フライス盤で端面切削
3	0.20	⑦コ	コンベヤで自動搬送
	1.00	②	旋盤で軸部荒削り
3	0.20	⑦コ	コンベヤで自動搬送
	1.50	③	旋盤で軸部仕上げ削り
3	0.20	⑦コ	コンベヤで自動搬送
	0.50	④	軸径自動検査
3	0.20	⑦手	手で仕掛り置場へ
	62.50	▽	パレットの上で
1	0.05	⑦手	手で機械へ
	0.25	⑤	軸端歯切り
5	0.35	⑦コ	コンベヤで自動搬送
	0.25	⑥	洗浄
5	0.35	⑦コ	コンベヤで自動搬送
	0.70	⑦	軸部焼入れ
2	0.10	⑦手	手で仕掛り置場へ
	62.50	▽	パレットの上で
2	0.10	⑦手	手で機械へ
	1.50	⑧	軸部研削
3	0.15	⑦手	手で検査台へ
	0.35	⑨	軸径検査
3	0.15	⑦手	手で仕掛り置場へ
	30.00	▽	パレットの上で
3	0.15	⑦手	手で検査機へ
	0.50	⑩	軸部表面検査
3	0.15	⑦手	手で機械へ
	1.00	⑪	自動盤でフランジ部切削
3	0.15	⑦手	手で機械へ
	0.50	⑫	ボール盤で穴あけ
3	0.15	⑦手	手で仕掛り置場へ
	125.00	▽	パレットの上で
	0.10	⑬	数量検査
7	0.75	⑦フ	フォークリフトトラックで 完成品置場へ
		▽	完成品置場で

備　考

1. 加工記号，品質検査記号，数量検査記号内の数字は要素工程の順序番号を示す。

2. 運搬記号内の文字は，次の運搬手段を示す。
   フ……フォークリフトトラック
   手……手
   コ……コンベヤ

3. 運搬記号の左側の数字は，運搬距離及び運搬時間を示す。

4. 加工記号，貯蔵記号，滞留記号，数量記号及び品質検査記号の左側の数字は，それぞれ加工時間，貯蔵時間，滞留時間，数量検査時間及び品質検査時間を示す。

5. 各記号の右側は，工程の内容説明である。

図4.1　直列系による工程分析図

（出所）　日本産業規格：工程図記号，Z 8206-1982．日本産業規格，1982．

離，分岐していく。工程系列に合流，または分岐の箇所があるときには主となる系列が工程図の中心に位置するように図示する（後で図 4.2 に示す例で説明する）。

　分岐型と合流型が工程内に共存するタイプが複合型であり，いくつかの形態がある。たとえば，フィードバック制御に見られるように分岐する箇所より前の要素工程に戻って合流する形態がある。あるいはフローではある条件により分岐し，その箇所以降に行われている要素工程に進んで合流する形態もある。そのほか，工程全体に 1 つ，あるいは複数の分岐，合流が混在している工程系列などもある。

4.2.3　工程図の書き方

　前項で論じた基本図記号（複合記号を含む）と補助図記号を使って，工程図を記述する。工程図記号は基本的にはたった 6 種類の機能でプロセスを図的に表現するので，それぞれのプロセスの詳細は注釈として記号の横（あるいは番号を付けて）に記述しておく。

　プロセスの実行は基本的に上から下へと順序関係は明確ではあるが，必要に応じて実行の順序番号を基本図記号内に付けておく。工程系列においては加工が主体作業に当たるので，加工記号の○のなかにその順序番号を記入する。また，必要に応じて，加工だけでなく，数量検査と品質検査も加えて，これら 3 つの機能を通して順序番号を示してもよい（むしろ，この方が一般的である）。図 4.1 に例示した直列型の組立工程でも，加工と数量・品質検査を通して番号を振っている。

　合流型や分岐型のように，一つの工程図にいくつかの系列がある場合，それぞれの系列を区分して加工順序を示す必要がある。このときには，各系列を表す略号や文字にそれぞれの順序番号を添えて示すようにする。これについては，次項で工程図のバリエーションを紹介するときに，併せて説明する。

　運搬については工程系列内のそれぞれで何で運搬するのか，運搬手段を示すことが一般的である。その際，運搬記号の小さい○（小さい○でも 1 文字くらい記入できる），あるいは矢印の中に運搬手段を表す略称，あるいは略号の文字

を記入しておく。このとき，工程図に備考欄を設けて運搬手段を示す略称，略号の文字の説明を付記することが肝要である。図 4.1 の例では，運搬を表す小さい○の中に，'フ'，'手'，'コ' の文字が見える。右側の備考欄を見ると，これらはそれぞれフォークトラック，手（人手），そしてコンベアによる搬送であることがわかる。

工程図を書く上で 1 つ大事なルールがある。工程図では，**工程系列の始まりと，終わりは必ず貯蔵**で示さなくてはならない。図 4.1 をみても，最初は「材料倉庫での」貯蔵を表す逆三角形で始まり，最後は「完成品置き場での」貯蔵を示す三角形で終わっている。これは，ルールと言うよりも，工程図はそのような範囲の工程を必然的に記述するものであることを示している。

すなわち，どのような工程でも始めは，必ずどこかに置かれている（貯蔵されている）部品や材料を運んだり，それらに何らかの操作を加えたりするところから始まる。また，製品や部品が完成して工程が終わるので，完成品は必ずどこかに置く（貯蔵する）ことになる。これは計画によるものであるので，必ず貯蔵で終わることを意味している。

4.2.4　工程図のバリエーションと利用法

工程図は使用目的によって工程分析図，あるいは工程計画図と呼んで分類することがある。**工程分析図**は現実の工程を改善するため，あるいは不具合を見つけ出すため工程分析を目的として，稼働中の工程の実際の動きを記述するものである。

一方，**工程計画図**とは，ある製品の製造プロセスを構築するため，これから実際に稼働に移る製造プロセスに対して設計した工程の機能，状態を図示したものである。たとえば，新営工場の組立ライン構築の際には，ゼネコンや工場の生産技術部は工程計画図通りにラインを建設していくので，非常に重要なものである。

工程分析図／工程計画図という区分の他にも，工程図記号を利用した工程図にはバリエーションがいくつもある。ここでは，代表的な工程図の記述例をいくつか紹介しよう。

　最初に図4.1で示したものは，車軸部品の工程についてその工程の編成，設備配置などの改善のために，現状の製造工程を記述した工程分析図である。この図には，工程図記号で記述した工程系列の左隣の列に，移動距離と所要時間の実測値が記入されている。移動に占める時間が多い，加工以外の時間比率が高いといった直感が，この工程を分析したIE担当者には多分あったのだろう。この工程分析図から，計画していない部品の滞留時間が30分もある上に，さらにパレット上での貯蔵も合計312.5分と，製造ライン上でほとんど「もの」が動いていないことがわかる。

　図4.2は典型的な合流型の工程図の例として，ある機械製品の組立工程の工程分析図を示したものである。前項で説明したように，工程の始まりが上部左からカシメ鋲，ゼンマイ掛けから右中程の歯止めギアまでの11種類の部品の貯蔵で始まり（一番上の段でないところから始まっている系列もいくつかある），これらの部品を組立て（合流し），最終的に1つの系列に統合され，組み立てた製品の貯蔵で終わっている（貯蔵で始まり，貯蔵で終わる）。また，組み付ける11個の部品はどれも部品倉庫から部品搬送係が台車で個々のラインサイドまで搬送し，それらを組み立てている。

　工程図の中央に位置しているのが香箱の部品倉庫からの搬送から始まる組み立ての工程系列であり，前項で説明したように，これがこの製造工程中のメインの工程系列である。この図では11の系列のうち加工を含むメイン系列および系列AからCの4系列それぞれに対して加工の順番に番号をふっている（たとえば，M-1，M-2といったように）図が小さくて見にくいが，補助図記号のところで説明した省略（メインの工程系列の最後；ここでは組立に続く検査工程の記述を省略している）と区分（各系列で部品倉庫からの搬送の後，組立作業の始まる前；部品搬送と組立作業を明示的に区分している）もこの図では使っている。

　何度も言っているように，IE担当者は現場で一人でこの種の分析を行っている。たとえば，図4.1のような比較的シンプルな直列の工程分析図でも，観測板に載せた観測用紙にこのような図を現場で作成していくことは非常に困難である。ここで，工程図記号はたった6種類の機能しかないという利点から，図4.3のような中央の列（「基本図記号」の欄）に6つの基本図記号のシンボル

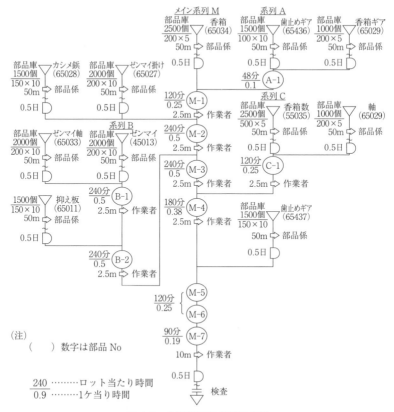

図4.2　合流型工程分析図の例

（出所）　日本能率協会コンサルティング：『工場マネジャー実務ハンドブック』．日本能率協会マネジメントセンター，2010[32]，p.251を改変．

を配した分析シート（記入前のブランクのもの）を予め作っておくことが可能である。この形式の分析シートを用意すれば，現場で観察しながら製造プロセスを順番に線で結んでやるだけで工程分析図は完成する。図4.3に記入した例は，自動車部品の加工工程を現場で観測，分析した工程分析図の一部（1ページ入れるため，後半部分は割愛した）である。この工程分析図には，各作業に対する分析内容として移動距離（搬送に対して），および作業時間（加工に対して）も現場で測定し，記入されている。

　図4.4は，工場内に配置してある設備のレイアウトと生産工程の機能を対応

略図 (180 mm)		製品名	自動車部品	まとめ	現状	改善	減
		部品名	カバー（クラッチ）	○	5		
		材料	板厚1.6, 一枚の板から	□	1		
			7個の製品が成形される	⇨	11		
		分析項目	▭	D	1		
		分析者	××××	▽	2		

状態	数量	距離	時間	基本図記号	工程内容説明
パレットの上	500枚		30日	○ □ ⇨ D ▼	倉庫の中に保管
リフト	500枚	$\frac{10\text{m}}{10\text{m}\times1}$	$\frac{1分}{1分\times1}$	○ □ ➡ D ▽	フォークリフトでハンドリフターまで運搬
ハンドリフター	500枚	$\frac{8\text{m}}{8\text{m}\times1}$	$\frac{1.5分}{1.5分\times1}$	○ □ ➡ D ▽	ハンドリフターで第1プレスまで運搬
	500枚		$\frac{3分}{3分\times1}$	● □ ⇨ D ▽	材料板の開梱
	500枚		$\frac{175分}{0.05分\times3500}$	● □ ⇨ D ▽	第1プレスで, しぼり, 打ち抜き作業
20個積みかさなっている	3500コ	$\frac{175\text{m}}{1\text{m}\times175}$	$\frac{8.75分}{0.05\times175}$	○ □ ➡ D ▽	箱に入れる（1回に20個）
箱台車	3500コ	$\frac{44\text{m}}{2\text{m}\times22}$	$\frac{22分}{1\times22}$	○ □ ➡ D ▽	箱を次工程へ運搬（1回に160個）
	3500コ	$\frac{175\text{m}}{1\text{m}\times175}$	$\frac{8.75分}{0.05\times175}$	○ □ ➡ D ▽	箱から作業台へ運搬（1回に20個）
	3500コ		$\frac{175分}{0.05\times3500}$	● □ ⇨ D ▽	第2プレスで, 成形, 打ち抜き
	3500コ	$\frac{175\text{m}}{1\text{m}\times175}$	$\frac{8.75分}{0.05\times175}$	○ □ ➡ D ▽	作業台から次工程の台へ運搬（1回に20個）
	3500コ	$\frac{175\text{m}}{1\text{m}\times175}$	$\frac{8.75分}{0.05\times175}$	○ □ ➡ D ▽	台から作業台へ運搬（1回に20個）
	3500コ		$\frac{175分}{0.05\times3500}$	● □ ⇨ D ▽	第3プレスで, 成形

図 4.3　分析シートを利用した工程分析図

（出所）　日本能率協会コンサルティング：『工場マネジャー実務ハンドブック』. 日本能率協
会マネジメントセンター，2010[32]，p.250を改変.

させて記述した工程図の例である。この現場では，多くの工作機械，特に5台
の旋盤と3台の研削盤があるが，それらの実際の稼働状況の分析を目的として
いる工程分析図である。この図では，生産工程のプロセスが上から下へと流れ
ないため，補助図記号の説明で述べたように流れ線に矢印を付け，左上の材料

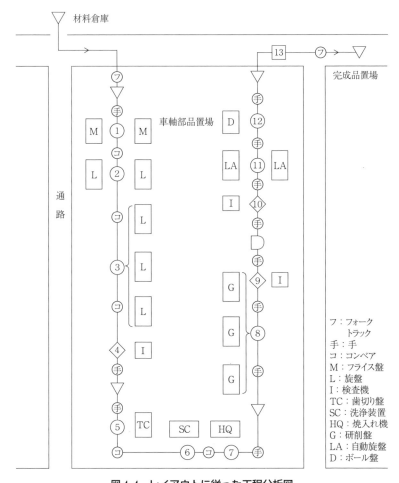

図4.4　レイアウトに従った工程分析図

（出所）　日本産業規格：工程図記号，Z 8206-1982. 日本産業規格，1982.

倉庫から配列された数多くの設備の間を通り，右上の完成品置き場に流れてい
くことを示す矢印が描かれている。この工程図ではレイアウトと工程の対応が
一目瞭然で，どこで不具合が起こっているか，あるいはどこの機械が遊休状態
になっているかなど，直感的な把握がしやすいメリットがある。この図を見る
と，たとえば右側のラインの3台の研削盤の後工程で滞留が発生していること
がわかる。3台の研削盤はそのうち1台しか稼働していない（8の付いた加工

の記号：あとの2台は検査と運搬）。これに対して，このあとの工程の自動旋盤，ボール盤，検査機はフル稼働であるので，現状ではこれらの工作機械の生産能力が不足しているのかもしれない。一方，左のラインの5台の旋盤も，そのうちの2台は遊休状態である（搬送中のワークが載っていることを示している）。このように，台数の多い設備と少ない設備のアンバランスがこの工程分析図から読み取れる。

4.2.5 非生産作業への適用

（1）基本図記号の解釈

JIS Z 8206で規定されている工程図記号について，ここまでは主として生産・製造の工程を記述・分析する方法を論じてきた。工程図記号はこのような生産工程に対する利用が最も一般的であるが，部品・ワークの流れではなく，作業者（人間）の行為に焦点を当てた別の対象への利用も可能である。さらに言うと，生産・製造工程だけでなく，事務作業，ホワイトカラー業務など，生産工程とは別のタイプの職務へも適用できる。

このような非生産業務へ工程図記号を利用する場合，適用する業務・作業において基本図記号の6つの機能との対応付け（解釈）を考える必要がある。コンピュータ利用を含む，事務作業，ホワイトカラー業務一般に対する基本図記号の各機能の意味づけの例を表4.4に示す。

基本図記号を構成する6つの機能について，たとえば「加工」については身体による動作・オペレーションだけでなく，頭の中で行う思考過程による状態の変化も含む。このように，それぞれの機能に対して拡大解釈はしているが，基本的な意味付けは変わっておらず，もとのJIS Z 8206の基本図記号の定義からのアナロジーである。この表では意味の拡張に伴い，機能の名称もより直感的に使いやすいものにするため，作業（もとの工程図記号では加工；以下同様），移動（運搬），もの・情報の受取／休憩（貯蔵），手待ち（滞留），量的チェック（数量検査），および質的チェック（品質検査）という用語を用いている。

補助図記号，複合記号など，他の記号や注釈などに関するルール，そして工程図の記述法は前に説明した生産工程でのものと全く変わらない。

表4.4　基本図記号の非生産作業に対する解釈

No.	記号の名称	記号	意味
1.	作業	○	手や足などの身体の状況・形態，頭の中の思考過程，記憶等の状態に変化を与えるプロセス，活動
2.	移動	○または⇒	手や足，あるいは身体全身の位置に変化を与える，あるいは場所を移動するためのプロセス，活動
3.	もの・情報の受取／休憩	▽	もの／情報を受け取るための行動（およびそのための待ち）。または計画的に，あるいは意識的に身体，あるいは全般的に休息を取っている状態
4.	手待ち	◗	計画とは反して，何の活動も行っていない，あるいは何の付加価値も与えない（意味のない）活動を行っている状況
5.	量的チェック	□	（現在・将来の事物・状況に対して）定量的なチェック・監視を行っている状態
6.	質的チェック	◇	（現在・将来の事物・状況に対して）定性的なチェック・監視を行っている状態

（2）事務作業の例

　上述した表4.4の基本図記号の対応づけを用いて非生産業務へ適用した工程図の例を紹介しよう。ここでは，昔ながらの古い図書館で利用者からの蔵書の本の一部ページのコピーの依頼に応じる司書の業務を考えてみる。この業務に対する大まかな流れは，次のようなものである。

(1) 依頼者から書籍の著者，タイトル，出版社，そしてコピーしてほしいページなど，必要情報が記入されているコピー依頼書を受け取る

(2) 依頼された図書が蔵書として保管しているか，そして禁複写の本ではないかチェックする

(3) 本を書棚に取りに行く（蔵書になければ終了）

(4) 本を持ってコピー機の場所に行って，依頼ページをコピーする

(5) 本を書棚に戻す

(6) コピーを持って事務カウンターに戻る

(7) コピー料金の計算を行い，依頼者にコピーを渡すとともに，コピー料金を請求する

(8) 代金を受け取る

(9) コピー依頼書を所定のファイルに綴じる

　この業務を数サイクル観察し，そのうちの典型的なケースに対して作成した工程分析図が図4.5である。この分析では図書館司書の業務に着目しているので，依頼者の行為については記述せず，その部分は省略記号を用いている（依頼書の不備で修正しているところ；図4.5の右側の系列）。

　単純そうに思われる本のコピーの依頼であっても，数多くのプロセスからなっており，あまり効率的でない作業方法であることもこの工程分析図からわかる。特に，図の中心に記述されている主系列の真ん中あたりに，コピー機の順番待ちによる手待ちが発生している。この順番待ちの原因は作業改善に際してきちっと調査しないといけない。さらに，コピー依頼のために，図書館内で徒歩による移動が数多く発生していることもわかる。

　前述の図4.1から図4.3の工程分析図のように，移動距離やそれぞれのプロセスの所要時間を記入しておけば，これらの移動や手待ちが，司書本来のより付加価値の高い業務にどの程度悪影響を及ぼしているかが，簡単に分析できる。

　このような工程分析の結果をもとに同様のコピー依頼業務を含め，電子化した図書館の司書業務の改善を考えてみよう（これは工程図記号の司書の作業への応用例なので，司書とは関係のない著作権，情報の取り扱いの問題とか，関連する問題すべてをクリアしたと仮定している）。蔵書はすべてオンライン化して，図書に関する必要情報は司書の手許のコンピュタ画面ですべて獲得することができ，ネットワークにつながったプリンタも司書の机の上に設置されている。

　この新システムの利用を仮定したときの蔵書のコピー依頼業務の工程計画図を書いたものが図4.6である。現実にはもっと優れた工程を実現する新システム（たとえば，料金の支払い・受け取りもキャシュレスにする，など）はあるかもしれないが，図4.5の現状方式と比べると，移動もなくなり，司書の作業も大幅に減ることがわかる。

　このように，工程図記号は生産工程や，そこでの作業だけでなく，さまざまな業務や対象に簡単に適応できる方法である。

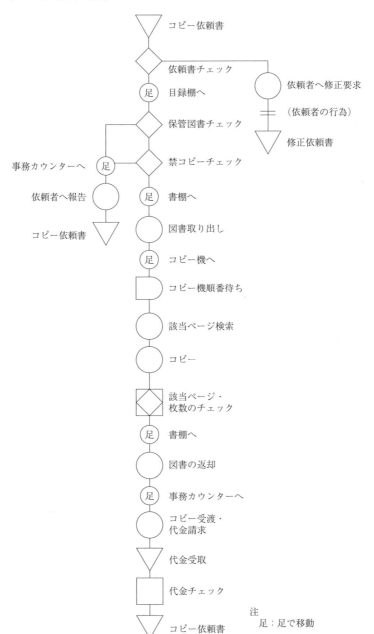

図4.5　図書コピーの現状業務の工程分析図

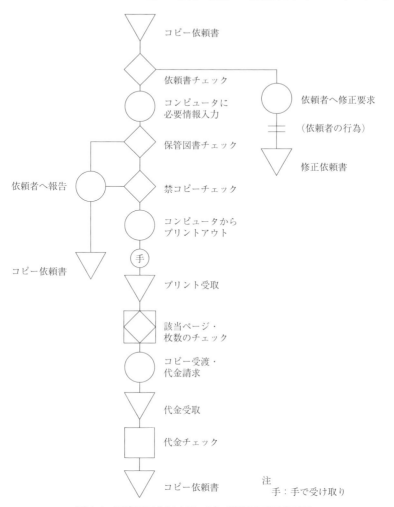

図4 6 図書電子化によるコピー業務の工程計画図

4.3 工程間の調整：工程編成とライン・バランシング

4.3.1 生産方式と工程の形態

前節で，個々の作業を組み合わせて工程を設計，分析する方法として工程図記号とその使用例を紹介した。工程において製品，あるいは部品を生産する方

法や形態はさまざまであり，対象とする製品の特徴や要因により，それに適した生産方式を選択，設計することになる。

　本項ではまず，製品の特徴・要因に従った代表的な生産方式について概説する。

（1）製品企画による分類

　製品企画により生産方式を大別すると，受注生産と見込み生産がある。**受注生産**は客先が決まっているので，製品在庫として生産物が残ることはないが，受注を取ってから生産を開始するので，**生産リードタイム**は長くなる。価格の高い製品は必然的にこの生産方式をとる場合が多い。

　この生産方式では，リードタイムをいかに短くするかが管理上の大きな課題である。そのため，完全な注文生産方式のほかに，製品にいくつかのバラエティを用意し（これにより部品は共通化でき，その分リードタイムは削減できる），その中から好みに合った部分を選んでいくカタログ（見本）生産という方式もある。注文生産においても部品の共通化，作業の標準化等を進めて，リードタイムを削減していくことがポイントとなっている。

　一方，**見込み生産**は需要予測に基づき，それぞれの期の生産量を確定し，それに従った生産を行っていく。リードタイムが長かったり，欠品が起こっているようなときに顧客が他社の類似製品を買ってしまうような汎用品，買い回り品の生産はこの方式を採ることが多い。

　この方式では，いかに正確な需要予測に基づいて生産計画を立てるかが問題になる。実際の需要と生産量に乖離がある場合，欠品が発生し，みすみす販売の機会を失ったり，あるいは大きな製品在庫を抱えてしまうことになる。そのため，上述したような市場追従型の生産計画とともに，セールス・プロモーションを打つ，多くの在庫を抱えている製品（品種）は値引きするなど，市場誘導型の方策をとる必要も出てくる。

（2）製品種類・生産量による分類

　製品種類と生産量との関係で生産方式を分類すると，その両極端は少種多量

生産と多種少量生産となる。1.2.2項で紹介したT型フォードは典型的な少種多量生産である。この生産方式のように，1機種，あるいは少数の機種を大量に生産する方が効率は高いし，管理もしやすい。

　社会の成熟化や価値観の多様化のため，人々は自分の好みに合う製品，機種の購入を望み，必然的に多くの製品で**多種少量生産**となってきている。100年前はT型フォードで1機種であった自動車も，現在では1日で同一機種（オプションの違いも含めて）は2台と作られてはいないと言われているほど，多種少量生産の代表的な製品である。以前の主流であった大量生産と比べると，多種少量生産は格段に管理が難しくなってきている，ここでは，段取り替えの短縮，部品の共通化，グループ加工など，さまざまな工夫，努力により対応している。

（3）製造方法による分類

　製品の作り方も千差万別である。これを大別すると組立生産方式および進行生産方式がある。前節の工程図記号のところで論じたように，**組立生産**は複数の部品を組み合わせていくので，本質的に合流型の生産プロセスとなる。それに対して，**進行生産方式**は典型的には化学反応が進行して，資材・物質・製品の性質が変化していくものである。これには1つの反応装置・設備内で反応が進行していく**バッチ生産**と，複数の装置間を物質が流れ，物質の性質が変化，分離していく**フロー生産**が含まれ，どちらも工程図では分岐型のフローで示される。

　組立生産，あるいは進行生産のいずれにおいても，生産現場における作業者，および装置・設備の配置の形態によって分類すると，製品固定生産方式，機能別配置生産方式および流れ生産方式がある。生産すべき製品や部品（ワーク）を固定した場所で作業が行われるのが**製品固定生産方式**である。上述した化学産業におけるバッチ生産はこの形態に属する。また，1.2.4項で論じた自律グループの例として挙げたボルボの最終組立工程も基本的には，このグループの生産方式に属するものである。

　これに対して，製品やワークの加工順序に従って機械や作業者を系列的に配

置し，そこをワークが順次移動し，作業が行われていくのが**流れ生産方式**である。この方式にもいくつかのバリエーションがある。1.2.2項で紹介したフォード・システム（今日の自動車の最終組み立てラインも同じであるが）に見られるように，ワークが移動している間にも作業を行う移動作業型の生産方式や，小型電器製品の組立てのようにワークが静止してるときに作業を行ない，次の作業者にワークを受け渡すときにライン上を搬送する静止作業型がある。

　さらに，製品固定方式と流れ生産方式の中間的な方法として，類似した機能をもつ機械や作業場を一カ所に集めて配置し，その間を個々の加工順序に従ってワークが移動する**機能別配置生産方式**もある。上述した化学プラントにおけるフロー生産はこの形式の生産方式に該当する。

　旋盤，研削盤，中ぐり盤など，同種の工作機械をまとめてそれぞれの場所に配置しておき，その中を必要な工作機械を用いて製品を製造する機械加工も機能別配置である。また，自動車の生産をプレス，車体，塗装，組立工程というように大きく捉えていくと，これらの工程は機能別配置による生産プロセスになっている。

（4）稼働計画による分類

　これらの他にも，稼働計画により生産方式を分類することができる。工程を稼働させる際，部品や製品をどのくらいの単位，あるいは数量をまとめて加工，生産するかという分類である。同じ製品・機種を連続して製造する**連続生産方式**から，ある程度の個数（これをロットという）をまとめて，その分は連続して作る**ロット生産方式**（組別生産方式），俗に言う1個流しである**個別生産方式**まである。

　連続生産では同じ作業を繰り返し行い，段取り替えも発生しないので，生産効率は高い。その反面，製品在庫は増え，また生産に必要な資材・部品の在庫も多く必要となる。

　どの方法を採るにしろ，一長一短がある。さらに，多種少量生産を採用している現場では連続する（あるいは連続できる）個数が少ないため，連続生産を行いたくても，必然的にロット生産，あるいは個別生産にならざるを得ない。

4.3.2 流れ生産とライン編成

どのような生産方式を採るにせよ，製品を完成させるのに必要な作業を，どの作業者，あるいはどの工程に割り付けるかを決めなくてはならない。この割付けを的確に行わないと，工程全体としての稼働率の低下を招き，部品在庫／完成品の欠品など，現場の稼働に不具合が発生するもとになってしまう。

特に，フォード・システムのように流れ生産方式を採っているところでは，ピッチタイムより短い作業を割り付けられている作業者に対しては非稼働時間（すなわち手待ち）が多く発生してしまう。逆にピッチタイムより長い，多くの作業を割り付けられている作業者に対しては，現在作業中のワークに加えて，さらに多くの作業すべきワークが自身の前に列を作り，オーバーフローの状態になってしまう。これが，長くなりすぎると，生産ライン全体をストップさせないといけなくなる。

そこで，ライン全体で最も長い時間の作業を割り付けられた作業者の時間値を**ピッチタイム**（サイクルタイムということもあり，これらは同じ意味である）として設定しなくてはならない。ここで各工程の作業者に割り当てられた作業時間のバラツキが大きいと（バランスが悪いと），全体としての遊休時間が多く，個々の作業者の作業時間は短くても，工程全体の生産性が低下してしまう。

これを回避するためには，そこでの生産に必要なすべての作業をそれぞれの作業者，あるいは工程にうまく割り振り，**個々の作業者の作業時間がなるべく均一になるように，効果的なライン編成**を行なうことが課題となる。これを**ライン・バランシング**（line balancing）と呼ぶ。

ある組み立てラインで，図4.7に示すようにラインが編成されていたとする。この図では，横軸の1～5はそのラインを構成するそれぞれの作業者（工程）を表しており，各作業者が行なう単位作業を丸印の数字で記述している。ここで，単位作業とは2.2節で説明したように，作業を分割する最小の単位であり，この例では18の単位作業がある。

単位作業のいくつかをまとめて，各作業者が行う作業が構成されている。図で棒グラフ上に積み上げられた作業の時間値の合計が，各工程での作業者の作

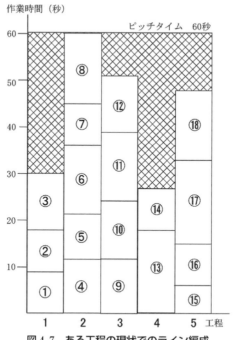

作業時間（秒）

図4.7　ある工程の現状でのライン編成

業所要時間である。

　このように編成されたラインでは前に述べたように，最も所要時間の長い工程の作業時間により完成品が出来上がる時間間隔（ピッチタイム）が決定される。図4.8の例では最も時間の掛かる第2工程の作業の時間がピッチタイムとなり，60秒である。各工程でピッチタイムから実際の作業時間を引いた時間（図の網掛けの部分）がロスタイム，あるいはアイドルタイムと呼ばれ，遊休（手待ちの）状態を示している。

　ラインがどの程度効率よく編成されているかをみる指標として，**ライン編成効率**がある。この指標はそのラインの生産能力として割り当てている作業時間（つまり，工程数×ピッチタイム）に対して，実際に作業している時間の割合を示すものである。すべての工程でピッチタイムと同じ作業時間が割り当てられていれば，ライン編成効率は100％である。図4.7の例でライン編成効率は，

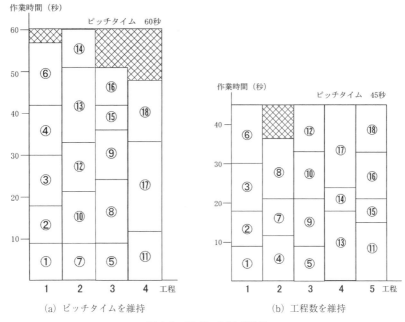

(a) ピッチタイムを維持　　　　　(b) 工程数を維持

図4.8　ラインの編成替え

$$\frac{(30+60+51+27+48)}{5\times60}\times100=72\ (\%)$$

と計算される。

　この指標はラインの時間的バランスを見るものであり，バランス効率と呼ばれることもある。逆の見方をすると，このラインでは残りの28％はバランスの悪さによる作業時間のロスである。この比率を**バランス・ロス率**と呼ぶ。

　この図のような編成効率の悪いラインでは，各工程で担当する単位作業を割り当て直し，バランス効率のより良いラインに編成し直すのが通常である。たとえば，ピッチタイムをそのまま60秒に保ったまま編成し直すとしても（各単位作業の先行順序関係は満足されているとして），図4.8(a)のように編成替え前より1工程少ない4工程のラインが編成できる。この変更後のライン編成効率は，$(57+60+51+48)/(4\times60)=90\%$ となる。

　一方，工程数は5のままで，ラインを編成し直した例が図4.8(b)である。こ

**表4.5 単一ラインの適用例にお
ける単位作業**

単位作業	所要時間	直接先行作業
A	32秒	—
B	10	—
C	20	A，B
D	5	B
E	10	D
F	23	C
G	20	F
H	5	F
I	32	E，G
J	10	H，I
K	30	J
合計	197	

の例では，編成替えによりピッチタイムが45秒まで低減され，ライン編成効率も96％に向上している。

ライン構成をする単位作業とそれらの所要時間，そして単位作業間の先行関係が与えられたとき，ライン編成を行う方法にはいくつかある。最適解を出したい場合は，OR（Operations Research）で開発された「分枝限定法」などの最適解法を利用する。しかし，単位作業の個数が多くなったり，単位作業間の先行順序関係が複雑になるに従い，組み合わせの爆発を起こし，最適解法の利用が困難になってくる。

実際には各単位作業の標準時間通りに作業者が作業を遂行できない場合もあり，せっかく最適解を出したとしても，現実的な意味で最適なライン編成になっている保証もない。そこで，最適解は保証しないが，最適解に近いレベルの実行可能解を簡単な手続きにより導出するヒューリスティックス（発見的な方法）を使い，ライン・バランシングを行うことが一般的である。

次項では，製造する製品が1品種の場合のライン・バランシングを簡単な数値例[29]により，ヒューリスティックスを用いた代表的な実行可能解法である位置重み付け法[33]を紹介する。

4.3.3 単一品種のライン・バランシング

位置重み付け法は，作業全体を構成する数多くの単位作業間の先行順序関係を見ながら，この関係を満足するように自分より後に行うべき作業が多い（これが位置重み値として表現されている）単位作業から優先的に割り付けていこうというヒューリスティックスである。「この先多くの時間が掛かるものから，まずやっておこう」という我々が普段行っている意思決定に似通ったものであろう。

ここでは，表4.5に示すA～Kの11の単位作業で構成される作業を，ピッチ

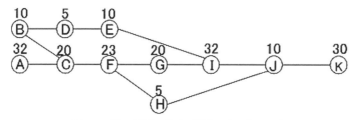

図4.9　単一品種のライン編成のネットワーク

表4.6　単一品種ラインの適用例の先行順位行列と位置重み値

i/j	A	B	C	D	E	F	G	H	I	J	K	所要時間	位置重み値
A	0	0	+1	0	0	+1	+1	+1	+1	+1	+1	32	172
B	0	0	+1	+1	+1	+1	+1	+1	+1	+1	+1	10	165
C	−1	−1	0	0	0	+1	+1	+1	+1	+1	+1	20	140
D	0	−1	0	0	+1	0	0	0	+1	+1	+1	5	87
E	0	−1	0	−1	0	0	0	0	+1	+1	+1	10	82
F	−1	−1	−1	0	0	0	+1	+1	+1	+1	+1	23	120
G	−1	−1	−1	0	0	−1	0	0	+1	+1	+1	20	92
H	−1	−1	−1	0	0	−1	0	0	0	+1	+1	5	45
I	−1	−1	−1	−1	−1	−1	−1	0	0	+1	+1	32	72
J	−1	−1	−1	−1	−1	−1	−1	−1	0	+1	10	40
K	−1	−1	−1	−1	−1	−1	−1	−1	−1	−1	0	30	30

タイム100秒という条件のもとでライン編成を行う。この表の一番右の欄に載っている先行関係を，アロー・ダイアグラムで表したものが図4.9である。この図では，単位作業を○印のノードで表し，その上の数値がその単位作業の所要時間である。作業は左から右方向に進み，前の単位作業が終わっていなければ，後続の単位作業を開始することはできない。

　以下，この例に従って，位置重み付け法のアルゴリズムをステップごとに説明する。

（1）先行順位行列の作成

　全作業を構成する単位作業間の先行関係をマトリックスとして記述する**先行順位行列**を作成する。表4.5の作業に対する先行順序関係を図4.9のアロー・ダイアグラムに示す。この順序関係に基づき，先行順位行列は表4.6に示すよ

うに作成される。この表において，左側の各列の単位作業 i（A～K）からみて，その単位作業が上側に記されているそれぞれの単位作業 j に対して，先行作業であるときは $+1$ を，逆に後続作業であるときには -1 を，それぞれの交差する欄に記入する。

　たとえば，図4.9から見てわかるように，単位作業Jは，単位作業Kの先行作業であるが（$+1$），その他のすべての作業（自身を除いて）の後続作業である（-1）。また，2つの単位作業の間に先行関係がない場合，あるいは同一の単位作業（自分自身）に対しては0を記入する。

（2）位置重み値の計算

　単位作業の割り付けの順序（優先度）の目安として，すべての単位作業に対して**位置重み値**を計算する。この指標は，単位作業そのものの所要時間と，その後続作業（すなわち，先行順位行列の左側の列に記されている単位作業からみると，$+1$ が書き込まれている上側の単位作業）の所要時間の合計として計算できる。

　たとえば，単位作業Aの位置重み値を求めると，自分自身（A）と表4.6の先行順位行列のAの行で $+1$ となっている単位作業，すなわちC，F，G，H，I，J，およびKの所要時間を合計し，$32+20+23+20+5+32+10+30=172$ となる。同様にして，A～Kのすべての単位作業についてこの指標を計算すると，表4.6の一番右端の列に記入してある位置重み値が求まる。

（3）工程への割り付け

　それぞれの単位作業を先行順序関係に従って位置重み値が大きい順に，所要時間の合計がピッチタイムをオーバーするまで，最初の工程から順番に割り付けていく。現在考慮中の単位作業をその工程に割り付けるとピッチタイムをオーバーしてしまうときには，その単位作業は次の工程に割り付ける。ただし，位置重み値の順に割り付けていったとき，その単位作業が先行順序関係を満足していない場合には，その次に大きな位置重み値をもつ未割り付けの単位作業の割り付けを検討する。すべての単位作業を割り付け終るまで，このステップ

を続けていく。

表4.6の位置重み値を使って，第一工程へ単位作業を割り当てていく。位置重み値の大きい順に，まずA（この割り付け完了時点で累積作業所要時間は32; 以下同様）を割り付ける。次にAより後続の（＋1がついた）単位作業で最も大きな位置重み値を持つB（42）を割り付け，先行順序関係をチェックしながら同様にC（62），F（85）と割り付けを行っていく。

次に位置重み値が大きい単位作業はG（105）であり，先行順序関係も満足している。しかし，ピッチタイムを100秒と決めたので，ここで単位作業Gを割り付けると，累積作業所要時間は105秒とピッチタイムをオーバーしてしまう。そのため，ここではGを第1工程に割り当てることはできず（この時点で第1工程にはまだ残り時間がある），第2工程に割り付ける。

次に位置重み値の大きなDの割り付けを検討する。表4.6の位置重み行列を見ると，Dの先行作業は－1の付いているBだけであり，この単位作業は既に割り付けているので，これまで第1工程に割り付けた単位作業のあとでも先行順序関係を満たしている。Dの所要時間は5なので，これを第1工程に割り付けても累積作業時間は90となり，ピッチタイム内に収まるので，これを割り付ける。

第1工程の残り時間分の10秒間に割り付ける単位作業として，次に位置重み値の大きなEについて検討する。この単位作業も（これまで割り付けた単位作業を考慮すると）先行順序関係を満足し，累積作業時間がちょうどピッチタイム（100）に一致した。この単位作業により第1工程の割り付けを終了する。

同様に，第2工程についても未割り付けの単位作業に対して，位置重み値の大きい順に先行順序関係をチェックしながら割り付けを行なっていく。この例では，単位作業I，H，J，Kと順に割り付けが進んでいく。これらすべての単位作業の合計がピッチタイム内に収まるので，この工程の構成は終了された（累積作業時間は97秒）。

この例では，全作業を2工程でライン編成することができた（ライン編成効率98.5％）。このように構成されたラインの状態を図4.10(a)に示す。

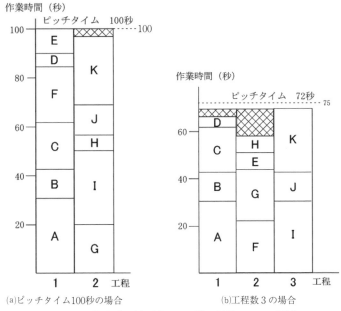

図 4.10　位置重み付け法による単一品種のライン編成

（4）工程数による編成

工程数が与えられた場合に，位置重み付け法を用いてライン編成を行う方法を説明する。前述のピッチタイムが与えられた場合と同様に考え，仮のピッチタイムを設定し，それに対する実行可能なライン編成を行っていく。実行可能解が得られたら，順次仮のピッチタイムを下げて，繰り返しライン編成を行っていく。ここでは例として，前と同じ表 4.5 に示した作業の例で，工程数が 3 になるようにライン編成してみよう。

最初に，仮のピッチタイムを設定する。この設定が実際に編成したときのピッチタイムになるべく近い値（最終的なライン編成のピッチタイムと同じか，やや大きい値）に設定できれば，最終的なライン編成を効率的に求めることができる。逆に，実行可能な値より小さい仮のピッチタイムを設定した場合には，次回はそれより大きな仮のピッチタイムを設定しないとならないという情報くらいしか得られず，解法の効率が悪い（この仮のピッチタイムに対する試行がム

ダになる）。

　ここでの例では，最悪でもライン編成効率80％程度のライン編成はできるものと仮定して，最初の仮のピッチタイムを82秒（197/0.8/3＝82）としてみる。このピッチタイムで，前述（4）の説明と同様の手続きで位置重み付け法を適用する。このピッチタイムでのライン編成として，第1工程はA，B，C，D，E；第2工程はF，G，I，H；そして第3工程J，Kのライン編成が得られる。このときのピッチタイムは80秒となる（ライン編成効率は82％）。

　引き続いて，この80秒のピッチタイムをさらに下げて，再度ライン編成を同様に行っていく。ライン編成効率82％はそれ程高い値ではないので，思い切って5秒縮めて，75秒を次の仮のピッチタイムとして，再びライン編成を行ってみることにする。すると，このピッチタイム内においても3工程でライン編成が可能であり，結果として72秒のピッチタイムで，91％のライン編成効率（197/（72×3）＝91.2％）の解が得られる。

　90％を超える高い編成効率が得られたので，もしさらにピッチタイムが下がっても1秒程度であろうと予想を立て，ここでは次の仮のピッチタイムは71秒に設定してみる。このピッチタイムに対しても位置重み付け法を繰り返し適用していく。このピッチタイムに対して3工程ではライン編成が得られず（結果として4工程になり），前の回の試行で得られたピッチタイム72秒のライン編成がこの問題の解になる。このときのライン編成を図4.10(b)に示す。

　ここでは前回の試行で求まった実行可能解のピッチタイム72より1だけ小さいピッチタイムを設定したが，仮のピッチタイムをもっと小さい71秒未満（たとえば70秒）に設定したとすると（当然実行可能解は得られないので），そのあとに仮のピッチタイム71秒に対して試行しなくてはならない（最後には，それまでの最小のピッチタイムの実行可能解の－1秒の仮のピッチタイムでの試行必要）。

　このように，決められた工程数（この例では3工程）でライン編成を行うときは，まずある程度余裕を持った，それ程小さくない仮のピッチタイムから初めてライン編成を行う。実行可能解が得られれば，順次ピッチタイムを下げてライン編成を繰り返していく。実行可能なライン編成が行えなくなったところでストップし，その工程数で編成できるそれまでの最も小さいピッチタイムの

ライン編成が解となる。

4.3.4　複数品種のライン編成

　前項で説明したライン・バランシングは，1品種の生産に対するライン編成である。現実には，同じラインで複数品種を生産している現場が多い（むしろ普通である）。本節の冒頭でも述べたように，社会の成熟化，人々の価値観・好みの多様化により，かつての少種多量生産から多種少量生産へと比重が移ってきている。それに従って，現実では単一品種を扱う生産ラインより，**複数の品種を1つのラインで生産する混合ライン**の方が一般的である。

　ここでは，本節で取り上げているライン・バランシングの問題を，複数品種の混合ラインに適応する考え方，方法について説明する。

（1）混合ラインのバランシング

　本節冒頭で稼働計画による生産方式の分類で取り上げたが，複数品種の製品をロット生産している現場では，製品種類ごとに前述の単一品種での方法を用いてライン編成をしておき，ロット替えの都度，その製品に合うライン編成で作業を行えばよい。

　次に，混合生産に対するライン編成を考えてみよう。混合ラインといえども全く異なる製品を流れ系列の生産ラインで製造することは現実としては考えられない。同種の複数品種の製品を混合生産している場合が多いであろう。

　このような職場では，各品種によって単位作業，そしてその**所要時間にそれ程大きな差がない状況**では，最も多くの生産量の製品に対して，単一品種のライン・バランシングのやり方を用いてライン編成を行い，その編成ですべての品種に対して生産を実施することも可能であろう。あるいは，個々の単位作業の所要時間値について，取り扱い全製品に対する平均値（あるいは生産量を考慮した重み付き平均値）を求め，その値を使って，単一品種のライン・バランシング問題として扱い，その解でライン編成を行うことも考えられる。

　平準化生産を行っている現場では，各単位作業に対して生産台数による重み付き平均値を作業の所要時間として，決められたピッチタイムに対する単一品

表4.7 平準化生産による混合ラインにおける品種ごとの所要量と所要時間

| 品種 | 所要割合 | 単位作業時間（秒） | | | | | | | | | | | 合計 |
		A	B	C	D	E	F	G	H	I	J	K	
タイプⅠ	50%	32	10	20	5	10	23	20	5	32	10	30	197
タイプⅡ	25%	30	14	26	12	10	24	16	10	37	14	34	227
タイプⅢ	25%	34	14	22	10	10	30	24	12	35	18	34	243
重み付き所要時間		32	12	22	8	10	25	20	8	34	13	32	216
位置重み値		186	184	154	97	89	132	99	53	79	45	32	

種のライン・バランシングとしてライン編成することが可能である。ここで，**平準化生産**とは1.2.5項のトヨタ生産方式のところでも説明したように，**生産工程で作られる複数の品種が，生産ラインに出現してくる割合，順番が時間的になるべく一定になるように生産**する方法である。

たとえば，タイプA，B，Cの3品種をそれぞれ200台，100台，および100台の生産を計画するとき，A，B，Cを順番に200台，100台，100台とラインに投入していけばロット生産となる。それに対して，「ABAC」というパターンをつくり，これらを100回繰り返すのが平準化生産である。

こうすれば，平均値より作業に時間ががかる品種が来た次には，平均値より短い時間の品種が流れてくるので，ある程度の時間値の範囲では作業所要時間のバラツキを吸収することができる。

例として表4.5で取り上げた単一品種のラインで，この品種（タイプⅠ）のほかに類似の2品種の製品を混合ラインとして平準化生産することを考えてみよう（3つのタイプの品種すべてに対して単位作業の先行順序関係も同じである）。これら3品種の生産割合は，それぞれ50%，25%，25%であり，各品種タイプに対する単位作業の所要時間等の詳細は，表4.7に示している通りである。

各単位作業の所要時間は上述したとおり，各製品タイプの生産割合で重み付けした平均値を計算し（表4.7参照），これらの時間値を使って4.3.3項で説明した単一品種のライン・バランシングと同様の位置重み付け法によりライン編成を行っていく。表4.6に示した先行順序行列に加えて，新たに計算した各単位行列の所要時間に適用して求めた位置重み値を，表の一番下の行に示してある。

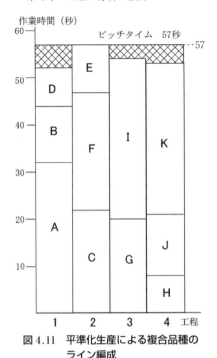

図4.11 平準化生産による複合品種の ライン編成

この位置重み値と先行順序関係を使って，4工程でライン編成を行った結果は，図4.11のようになる。機種により各工程で作業時間は異なるが（若干のバラツキは生じるが），作業時間が長くかかった品種の次には，平準化生産により時間の短い品種が到来し，平準化のサイクルとしてみると全体としてはバランスの取れたライン構成になる。

（2）U字ライン

現在多くの生産工程で多品種の混合生産ラインとなっている。中には1個流しの個別生産方式を採っているところも多く，そのようなところでは毎回違った品種の製品がライン上に流れてくる。上述したように，複数品種の製品で平準化生産を行っていたとしても，製品ごとに単位作業の内容は異なり，その所要時間も異なる。このような生産プロセスにおいて，毎回個別の製品に合うように（その製品に対しては最適になるように）ライン編成を変えたり，ましてやピッチタイムを変えるというのは得策ではない。現実的にはほぼ不可能である。

そこで，現実的な方策として複合品種の混合ラインであってもライン編成は変えず，作業時間が長く，仕掛かりが生じている作業者（工程）に対しては，余裕のある（手待ちの発生している）作業者が作業量の多い作業者を手助け（分担）するというやり方が考えられる。仮にライン編成効率のよい単一品種の生産ラインであっても，ライン・バランシングは標準時間を前提としてライン編成しているので，技能の高い人・低い人が混在すれば，同じように生産のスタック／手待ちの状況は発生してしまう。このようなときにも，作業の手助け，一時的分担の変更は有効な方策である。

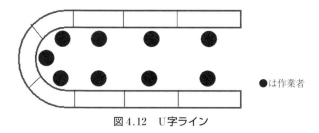

図4.12　U字ライン

　通常の生産ラインは一直線に作業者が並んでいる直線ラインであろう。このようなラインでは仮に自分に余裕があり，他の作業者への手助けが可能な状況が起こったとしても，手助けが可能なのはせいぜい両隣の作業者くらいであろう（手助けのあと，すぐに自分の持ち場に戻ってこなければならない）。品種間で作業時間のバラツキが大きい状況では，いつ，どこで，どの作業者に対して手助けが必要となるか予想できないので，場所的に離れた作業者には時間的余裕があっても，作業分担を必要とする工程に手助けに行くことは不可能である。

　そこで，図4.12に示すように，直線ラインを**U字ライン**に変更するとよい。こうすると，1人の作業者が**自分の持ち場から距離的に近い工程が増え**（両隣りだけでなく，後ろ，斜め後ろの工程も手助け可能な近さになる），手助けに向かえる可能性が大幅に増大する。

　これにより，生産ラインでの作業プロセスはフレキシブルになり，作業時間のバラツキを複数の作業者で吸収することが可能となる。また，ロット生産で品種替えのときに，一人の作業者が近くの複数の位置で行う作業を受け持つことが可能になるなど，U字ラインによりライン編成に大きな自由度，柔軟性が生まれる。

（3）セル生産と屋台方式

　多種少量生産において品種数がさらに増大し，個々の品種の生産に必要となる作業（そして作業時間）も大きく異なると，U字ラインを採用するにしても，品種替えの変動を吸収することは困難である。たとえば，かつては単なる「コピー機」であった単一機能の状況から，ネットワークに繋がり，FAX機能を

持ち，コンピュータと同等の機能を持ち，さまざまな機能が複合化した IoT（Internet of Things）時代となった現在においては（一方，A4 用紙のコピーだけできればいい安価なコピー機の要望もある），製品の多様化，個別化はますます進み，組立工程においてもバランス効率を考えたライン編成による流れ生産という形態が成り立たない状況になっている。

このような多種少量の傾向がどんどん進み，ほとんど一品生産に近い状況では，作業者 1 人が担当する作業の持ち分を大きくし，少ない作業者（工程）で生産を行う方が効果的な場合が多い。このような生産形態を**セル生産**，あるいはセル・システムという。

この方式では工程（セル）の位置は固定され，その数も少ないので，生産に大きな場所は必要としない。そのため，セル間に仕掛かり在庫を置くスペースも確保でき，前の工程からワークが届かないために，自分の作業がストップするという状況はなくなる。すなわち，各工程で遊休は発生せず，稼働率はほぼ 100％となる。

セル生産を実現するためには，フォード・システム以来行ってきた作業専門化から，1.2.5 項で説明したトヨタ生産性方式でも前提条件となっている，多くの種類の作業の遂行が可能な**多能工**が必要となる。この生産方式を実施するためには，的確な人員選択，技術・技能研修や訓練の充実が必須である。これが，セル生産を実現させるための最も大きなポイントである。

セル生産をさらに進め，すべての作業を 1 人の作業者で行う生産形態が（必然的に固定位置で作業することになるので）**屋台方式**と呼ばれるものである。

技能訓練を積んだ多能工といえども，すべての作業を，小数の作業を毎日行っている専門化された作業者と同じ作業ペースで行うことは不可能である。すなわち，セル生産を行うか，流れ生産を行うかに関しては，全体の作業時間とライン編成効率（バランス・ロス）とのトレードオフがある。専門化した小数の作業を担当する流れ生産を行っている職場が，同じ作業者で明日からすぐにセル生産に変更しようといっても不可能である。ここには，担当できる技能（作業）の種類と，技能のレベルが関係する。そのような教育・訓練を積んだ多能工を養成して可能となる生産方式である。

現在，多種少量化が進み，所要時間の変動の大きな個々の製品に対して，容認できるライン編成効率を確保することの困難さ，さらにライン編成すること自体の難しさがある。このような現状において，1製品に掛かる全体としての総作業時間は長くなっても，セル生産方式の方が効果的なところが多いようである。このような理由により，多種少量の（高価な）製品を製造している組立工場では，流れ生産からセル生産に切り替えているところが多い。

4.4　工程の最適配置：プラント・レイアウト

4.4.1　レイアウト法の種類

プラント・レイアウト（plant layout；工場だけでなく，オフィスでも住居でも同じように適用可能である）とは工場の目的を効果的に達成できるように，工場の建屋内の決められた位置に必要な部署，工程，設備のスペース（これをレイアウト問題では**アクティビティ**と呼んでいる）を割り付けることである。プラント・レイアウトにおいて典型的な目標は，マテハン（マテリアル・ハンドリング；運搬距離と運搬量の積）のコストを最小にすることである。ほかにも，生産設備の移動の調整を簡単に行えたり，要員間の接触のしやすさ，設備稼働率の向上，設備の利便性，仕掛かり在庫の減少などがある。また，いくつかの目標を同時に満足するようなレイアウトを構築したい場合もある。

　プラント・レイアウトの方法としては，前節で取り上げたライン・バランシングと同様に大きく分けると，最適解法とヒューリスティック解法の2種類がある。たとえば，工場内でアクティビティ間の運搬量が与えれているときに，移動する総運搬移動量（運搬量と運搬距離の積）を最小にするレイアウトを決めたいときは，この問題専用の最適解を導出する技法を用いることができる。このような方法は古くからさまざまな研究が行われており，代表的な方法にCRAFT[34]やCORELAP[35]などという手法がある。

　運搬量といった単一の目標ではなく，上述したような考慮したい目標が複数あるときに，最適解法を適用してレイアウト問題にアプローチすることは困難

であり，このようなときにはヒューリスティック解法を利用してレイアウトを
構築することになる。

　本節では，多数のレイアウト目標を扱うことができ，現実のレイアウト問題
に対してこれまで最もよく利用されてきたミューサー（Richard Muther）の
SLP（Systematic Layout Planning）[36]を紹介し，例を用いてこの方法の適用に
よるプラント・レイアウトの構築の仕方を説明する。

4.4.2　レイアウト作成のステップ

　SLP による最終的なレイアウト作成までの大まかなフローを図 4.13 に示す。
現実のプラント・レイアウトの作成ステップは SLP に限らず，どのような手
法を用いても同様である。

　レイアウト作成の第一歩はまず，関連するデータ，レイアウトに関する入手
が可能なデータを集め，それを分析することから始まる。これらのデータは対
象とするプラントで製造する製品（Products; P），量（Quantity; Q），取扱い方
法（Routing; R），サービス／利用設備（Service; S），そして時間・時刻／タイミ
ング（Time; T）に関するものである。SLP においてこれらのデータの収集，
そしてそれらを用いた分析の中心として，**P-Q 分析**（生産品目―数量分析）が
図 4.13 の適用フローの最初のブロックとして書かれている。

　レイアウト作成の 2 番目のステップは，プラント内の資材やものの流れ，そ
してこれら以外のアクティビティ間の関連性に関する分析である。SLP にお
いては第 1 ステップの P-Q 分析に引き続き，**資材のフロー分析，アクティビ
ティ相互関連表**そして**アクティビティ相互関連ダイアグラム**の作成までが，こ
のステップに対応している。ここまでのステップでは，第 1 ステップで入手し
た P，Q，R，S，T の情報，そして各アクティビティの機能等を考慮している
が，面積（スペース）についてはまだ考えていない。

　レイアウトに関する利用可能，あるいは必要なスペースを考慮に入れて分析
するのが，次の第 3 番目のステップである。プラント全体，そしてそこにレイ
アウトすべき各アクティビティの必要スペース（そして形状）を検討し，これ
に関するデータ取得する。SLP ではこれらの情報をもとに，前のステップで

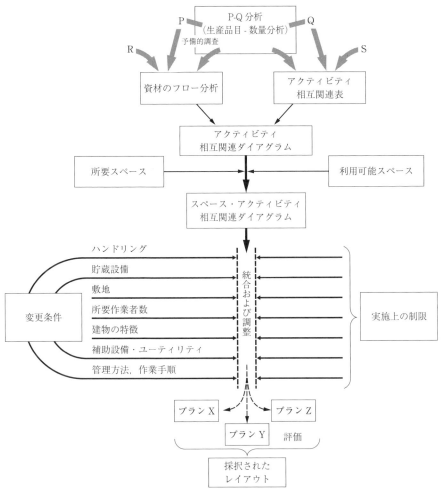

図4.13 SLPの全体の流れ

(出所) Muther, R. and Hales, L.: *Systematic Layout Planning* (*4th ed.*), Management & Industrial Research Publications, Marietta, GA, 2015（SLP の日本語訳には，十時昌（訳），『工場レイアウトの技術（SLP）』，日本能率協会，1964がある）を改変．

作成したアクティビティ相互関連ダイアグラムから**スペース・アクティビティ相互関連ダイアグラム**に変換する。

　次の第4ステップでは，スペースを考慮に入れたレイアウト（スペース・アクティビティ相互関連ダイアグラム）に対して，さまざまな条件を考え，必要で

あればそれらに変更，修正を加え，そして実施上の制約や制限を満たしているかチェックする。これにより，実行可能なレイアウト案を作成する。

　前述したように，変更条件を考慮に入れ，必要があれば前のステップで設定した敷地やアクティビティーのスペースや形状なども変更してレイアウト案を作成する。その他に考慮すべき条件として，マテハンの方法，作業者・従業員数，補助設備・ユーティリティ，作業方法・手順などがある。

　このようなレイアウト案は1つではなく，複数の代替案を作成する。多すぎても現実的でないので，通常は2〜5程度のレイアウト案を作成する。

　最後のステップで，作成したレイアウト案から実際に採用し，建設するレイアウトを1つ選択する。この評価・選択は，各評価項目に基づいて行うことになる。この代替案評価では投資費用や運転費用，ハンドリングのしやすさといった有形な（tangible; 明確な特性値として判断できる）評価項目だけでなく，作業者の心証やモチベーションといった無形の（intangible; 定量的に実態として判断しにくい）項目も入れてやるとよい。このようにして選ばれたレイアウトをもとに，さらに詳細部分まで設計し，実際に構築するプラントを設定することになる。

　以下，各ステップの手続きを説明していく。

4.4.3　レイアウト関連要素の分析

（1）P-Q分析

　工場において製造する製品の数（品目数）と，それぞれの製品の生産数量はプラント・レイアウトに大きな影響を及ぼす。極端な例でいうと，T型フォードの時代のように1機種を大量に作る工場のレイアウトと，一品生産ですべての異なる品種を混合生産するためのレイアウトが同じでは，効率よく生産することはできない。そのため，複数品種（多品種）を生産する工場においては，製品によりレイアウトのエリアを分割し，それぞれに適合するレイアウトを構築した方が効果的である。

　このようなときに行う分析が，**P-Q分析**（Product-Quantity Analysis）である。ある自動車工場について全く同じ車種を製造する（組立から検査，出荷ま

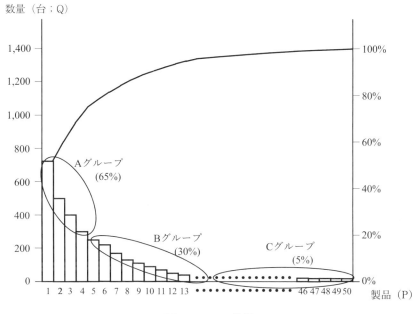

数量（台；Q）

図4.14　P-Q分析

で）新鋭工場を別の場所に建設するプロジェクトの例で，この分析を説明しよう。

　まず，この工場で現在生産している車種の生産量を把握しなければならない。全車種に対する1年間の生産台数のデータを収集して，それに対してP-Q分析を行った結果を図4.14に示す[4]。P-Q分析は，横軸に製品の品種，縦軸に生産量を取り[5]，横軸の左側から（原点から）生産量の多い機種から順に配置し，それぞれの生産量を棒グラフとして表していく。それとともに，横軸の各

4）1.2.2項でも述べたように，現在では自動車は多種少量生産の代表的製品であり，オプションの違いも含めると，何千車種という数になってしまう。ここでは，類似のオプションはまとめてそれらを同一品種として括ると，全部で50機種の品目を生産していると仮定して，P-Q分析を説明する。

5）P-Q分析の場合，縦軸には生産量を取るのが普通だが（だからQ—quantityとしている），1台あたりコストの違いが品種により非常に大きいときなどは，生産量の代わりに，売上高など，より重要な変量に変えてもよい。また，コンビニ，スーパーといった製品の価格が大きく異なる多数の製品を扱うところでも，生産数量（販売数量）より取扱金額（売上高）との関係を見た方が効果的な場合が多い。

製品機種ごとに，その製品までの累積の占有率を折れ線グラフ（カーブ）で書いていく（最後の機種では当然100％になる）[6]。

　すべての機種の生産量が等しい場合には，高さがすべて同じ矩形をした棒グラフになるが（このとき累積占有率の折れ線グラフは直線になる），一般にはそうならない。売れ筋製品・機種があるというのが普通なので，たとえば全製品機種の10〜20％で全生産量の60〜80％程度をカバーするといったように，生産機種と生産量との間にはアンバランスがあるのが一般的である。小数の機種で多くの生産量を占めるところでは，累積比率を示すカーブは急な形状になり，品種間の生産量の差が小さいところではカーブは緩い直線に近い形状となる。

　ここで，全生産量の70％程度を占める生産量上位の機種をAグループ，すべての生産量を合わせても10％程度しかない，図4.14の横軸の右側に位置する少量生産の機種をCグループと分類する。AグループとCグループの間の製品機種がBグループである[7]。製品1台を生産，そして管理する労力は，Aグループであろうと，Cグループの製品であろうと，ほぼ同じであるから，これらすべてに同じ生産方式，同じレイアウト方式を適用するのは賢明とは言えない[8]。

　Aグループの（売れ筋）製品では同じ機種の生産が多く続くので，4.3.1項で論じた流れ系列生産により効率的に生産が実施できる。しかし，Cグループでは1台1台異なる製品の作業となり，作業内容も所要時間も異なるので，流れ系列生産では非効率である。これには，製品固定型の生産方式や屋台方式の方が適している。その中間であるBグループの機種に対しては一般に，機能別配置生産方式，あるいはセル生産が向いている生産方式である。

6）一般に，このような品種を横軸に取扱量の大きい順に並べその量を棒グラフで，そして累積比率を折れ線グラフで表す図をパレート図という。

7）このような累積取り扱い量（あるいは金額）の比率で製品（商品ユニット）を（通常は3つに）クラス分けする方法を一般に，**ABC分析**という。

8）生産・製造に対するレイアウトだけでなく，スケジューリングや発注・在庫管理などのマネジメントも，それぞれのグループの生産量や売上高に見合う管理方式を採用するのが普通である。すなわち，売れ筋商品や生産量の多い製品に対してはきめ細かな管理（例外処理などを含め，手数が掛かっても効果の大きい方式），生産量・売上高の小さいものに対しては効果は小さくても管理に手間は掛けないで，有限な管理努力のもとで全体として管理の効率を上げるということである。

このように，プラント内で扱うべき製品をすべて1つの形態のレイアウトで対応するのではなく，それぞれの製品グループの特性，それらの生産の特徴に合うレイアウトを構成すべきである。このようなタイプ分けで非常によく使われる有効な方法が，プラント内で扱う製品と生産量の関係から製品をグループ化するP-Q分析である。この分析の結果によりプラント内のエリアを分割し，レイアウトを構築することが，SLPの第1ステップである。

図4.14でP-Q分析を例示したプラントでは，その結果から敷地全体を3つのエリアに分類すると決定したとしよう。上位5機種で全体の65%をカバーするAグループの車種の組立てに対しては，専用のコンベアラインによる流れ系列生産を採用することにした。Cグループの機種はほとんどが特注の車種であったので，これらの品種に対しては一品生産の屋台方式で組立・検査する方式に決定した。Bグループに対しては，組立工程を大きく3つのサブ工程に分割し，比較的数多くの作業が含まれるサブ工程でそれぞれ20程度の同一ステーションによるセル生産を行うことにした（ピッチタイムは約20分程度になることを想定している）。

以下，本節ではBグループのセル生産による組立プラントのレイアウトを例に，SLPの個々のプロセスを説明していく。

（2）資材のフロー分析

Bグループ用のセル生産プラントには，組立ての3つのサブ工程のほか，検査工程，製造部事務室，そして搬送用の出入口等もこのプラントに必要なアクティビティとして含まれている。このプラントに割り付けるべきアクティビティ全体を表4.8に示す[9]。

前述したように，レイアウトの目的は複数あるが，この例で最も重要な目的は資材運搬量の最小化である。そこで，このステップではアクティビティ間の資材の流れ（フロー）を分析する。この分析には，いくつかの方法が利用可能

9）SLPの実施手続き上，スペースはまだ考慮する段階ではないので，この表の「所要面積」の欄はこの時点では無視していただきたい。このあとの4.4.4項で説明するスペースの考慮に関するステップで必要になるものであるが，紙面の節約上この表に記入した。

表4.8　レイアウトするアクティビティ

No.	アクティビティ		所要面積（m^2）	備考
1.	車体搬送入り口	⇒1	45	広い通路に隣接
2.	完成車出口	⇒2	45	広い通路に隣接
3.	パーツ・資材受入口	⇒3	35	広い通路に隣接
4.	従業員出入口	⇒4	10	作業者の安全考慮
5.	組立工程Ⅰ（エンジン・機械部品組付け）	⑤	650	
6.	組立工程Ⅱ（ドア・窓・シート等組付け）	⑥	500	
7.	組立工程Ⅲ（艤装・最終組立）	⑦	515	
8.	完成車検査	⑧	330	
9.	パーツ・資材受入検査場	⑨	100	
10.	製造部事務所	⑩	190	
11.	生産技術部事務所	⑪	240	
12.	ツール置場	▽12	70	
13.	パーツ・資材置場	▽13	250	
14.	作業者休憩所	▽14	80	1/3の作業者が昼食
15.	トイレ	▽15	60	
16.	更衣室	▽16	60	最低50人分
17.	共通会議スペース	⑰	90	

である。典型的な方法の１つが，4.2節で取り上げた工程図記号を用いた工程分析である。他によく使われる方法としては，プラント内の任意の２つのアクティビティ間を流れる量を記入した**フロム・ツー・チャート**（from-to chart）がある。２つのアクティビティ間の流れの方向を考慮し，n個のアクティビティがあれば，$n(n-1)$の順列のフローを調べなくてはならない。工程図記号の利用にしろ，フロム・ツー・チャートによる記述にしろ，資材のフローを明確にするための調査が必要である。

　表4.8に示したアクティビティ間では，資材・ワークの流れは車体搬送入り口から組立工程Ⅰ→組立工程Ⅱ→組立工程Ⅲ→完成車検査工程→完成車出口というフロー，およびパーツ・資材受入口からパーツ・資材受入検査場→パーツ・資材置場という２つの流れがある。パーツ・資材置場から各組立工程への

表4.9 フロム・ツー・チャート

from \ to	1	2	3	4	5	6	7	8	9	10	11	12	13	14	15	16	17
1．車体搬送口	—				100												
2．完成車出口		—						30									
3．資材受入口			—						10								
4．従業員入口				—												160	
5．組立工程Ⅰ					—	100	50					30	30	25			
6．組立工程Ⅱ					100	—	100					30	30	25			
7．組立工程Ⅲ					50	100	—	100				30	30	25			
8．完成車検査		100						—				30	25				
9．受入検査			10						—			20	20				
10．製造事務所										—				50		30	
11．生産技術部											—			50		30	
12．ツール置場					30	30	30	30				—	50				
13．資材置場					40	40	40		20			50	—				
14．休憩所					25	25	25	25	20					—	100		
15．トイレ										50	50			200	—		
16．更衣室				160												—	
17．共通会議室										30	30						—

数値は1日当たりの人の移動の延べ平均回数（10回未満は省略）

資材の流れは，資材チャージ係の作業員が行うので，ここではアクティビティの間の資材の流れの代わりに，アクティビティ間の人の流れを分析し，1日当たりの延べ移動回数として表現したフロム・ツー・チャートを表4.9に示す。これによる人の流れの分析結果として，次のステップであるアクティビティ間の相互関連の近接性の設定に利用する（たとえば個人的なつながり，利便性）。

（3）アクティビティ関連分析

　工場や生産現場でアクティビティの配置を考える際にはほとんどの場合，資材やものの流れが最重要の要因である。一方，オフィスなど，工場以外のレイアウトでは資材のフローはそれほど重要でないことが多い（このときは，人の

流れを資材の流れに置き換えればよい。このような理由により，表4.9のフロム・ツー・チャートでは人の流れの頻度を提示した）。

　さらに言うと，プラント・レイアウトの場合でもアクティビティ間の相互関連について考慮に入れなければならない要因や条件はほかにもある。たとえば，同じ設備や機械を使うアクティビティは近くに配置することが望ましいし，事務作業の流れ，個人的な関係など，さまざまである。

4.4.4　アクティビティ相互関連

　プラントに割り付けるすべてのアクティビティ間の**近接性**（closeness；近づける望ましさの度合い）を評定する。引接性は2つのアクティビティの組み合わせすべてに対して，それら2つを近付ける望ましさ（必要性）の度合いとして評価する。近接性は前項で説明した資材やもののフローに関する情報だけでなく，そして近づける必要性に関係するすべての要因や理由を総合して判断する。レイアウトに割り付けるべきアクティビティがn個あれば，$n(n-1)/2$の組み合わせのそれぞれに対して近接性を評定する。SLPではペアとなる2つのアクティビティ間それぞれに対して，6段階[10]で近接性を評定する。

　近接性のレベル（強さ）は，表4.10(a)に示されているように，数字ではなく，そのレベルを意味する（英）用語の頭文字のアルファベット1文字で表現する。これらの段階は，絶対に（Absolutely）近接させることが必要なAから，近接させる必要のないU（Unimportant）まで，そして逆に近接させるのは害で，望ましくないときのX（Not Desirable；日本語で使うバツー×）を入れた6段階である。

　アクティビティの相互関連においては近接性の強さとともに，近接させるべき（あるいは近接させるべきでない）理由を明記しておく。特に，近接性のレベルがI（重要）以上のアクティビティのペア（すなわち，A，E，I），そして望ましくないアクティビティのペア（X）に対しては，その2つを近づける（ある

10）現在の第4版（4th Edition）では，近接が望ましくないレベルのXに対して，これよりさらに，絶対的に望ましくないXX（Extremely undesirable）を加え，7段階で評定しているケースもある。

表 4.10　SLP における近接性の評価

(a)近接性の強さ

強さ	元の英用語	近接性の意味
A	絶対必要	Absolutely Necessary
E	特に重要	Especially Important
I	重要	Important
O	普通	Ordinary closeness
U	必要なし	Unimportant
X	好ましくない	Not Desirable

(b)近接性の理由

符号	理由
1	個人的なつながり
2	利便性
3	騒音，妨害
4	光
5	水道・電気等の共有
6	訪問者へのリスク
7	設備，供給品の移動
8	類似設備
9	管理・事務的作業の流れ

いは近づけない）ための理由を明記しておく必要がある（記入する理由は1つで
なく，複数でもよい）。これらのアクティビティのペアの近接性の理由を見つけ
るのが困難な場合，実際には近接させることがそれ程重要ではないことも多い。

　このように，近接性の理由を考えることは，近接性の強さの評定のチェック
としても寄与している。近接性の理由に関して，表4.10(b)には現実の適用で
ありえそうな典型的な理由を示している。それぞれの適用において自分自身の
レイアウトの目的に従って近接性について他の理由があれば，それを加え，数
字によるコード化をしておく。次に述べるアクティビティ相互関連表では，近
接性の理由はコードで記入するため，表4.10(b)に示すようにコードと理由の
対応表を作っておく。

（1）アクティビティ相互関連表

　評定したアクティビティ間の近接性は，**アクティビティ相互関連表**（activ-
ity relationship chart）という形でまとめる。4.4.3項で例に挙げた3つの組立工
程を中心とするプラントでは，組立工程中の資材のフロー，表4.9に示したフ
ロム・ツー・チャートで記述した人の流れなど，そしてそのほかの近接性の理
由も考慮して各アクティビティ間の近接性（そしてその理由）を評定し，アク
ティビティ相互関連表としてまとめたものを図4.15に示す。

　この図が示しているように，アクティビティ相互関連表は左端の列にアクテ
ィビティを並べ，2つのアクティビティの交点にそれらの近接性を記入する。

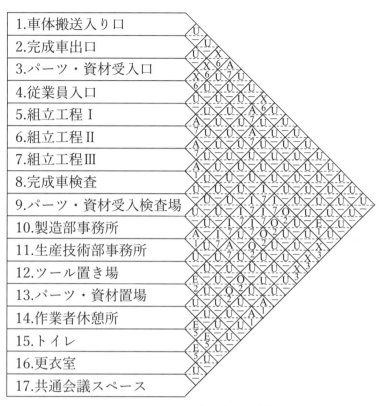

図4.15　アクティビティ相互関連表

アクティビティのペアを表す交点の欄は上下2段に分かれており，上段に近接性の強さ，そして下段にその理由を記入する（図4.15においては理由を表す数字コードは表4.10(b)のものと同様）。たとえば，「5．組立工程 I」と「14．休憩所」との近接性は，各々の行からそれぞれ右に進んだところの交点に示されており，近接性の強さは I （重要），その理由として1（個人的な繋がり；作業者は頻繁に休憩所を利用する）と2（利便性；休憩所が作業場から近い方が便利）の2つが挙げられている。

（2）アクティビティ相互関連ダイアグラム

アクティビティ間の相互関係（近接性）を表したアクティビティ相互関連表

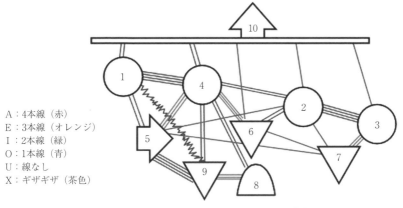

図 4.16 アクティビティ間の相互関連の記述法

（出所） Muther, R. and Hales, L.: *Systematic Layout Planning* (*4th ed.*). Management & Industrial Research Publications, Marietta, GA, 2015（SLP の日本語訳には，十時昌（訳），『工場レイアウトの技術（SLP）』．日本能率協会，1964がある）を改変.

をもとに，各アクティビティをその ID 番号を付したノードで表し，ノード間の近接性を図的に表した**アクティビティ相互関連ダイアグラム**（activity relationship diagram）を作成する。アクティビティを表すノードは基本的には，4.2節で論じた工程図記号の基本図記号の各機能に対応する形状で記述する。たとえば，本節で例として使っている自動車の組立プラントの例では，組立工程は「加工」を表す○，資材置き場は「貯蔵」を表す逆三角形のノードを用いている（表4.8参照）。

　図4.16 に示しているように，アクティビティ間の近接性の強さに応じて，1〜4本の線で2つのノードを結ぶ。すなわち，A（絶対必要）の4本から，E（特に重要）は3本となり，I（重要）は2本，O（普通）は1本の線で表し，U（必要なし）のノード間には線を結ばない。近接が望ましくない（X）ノード間はギザギザの線で2つのアクティビティを結ぶ。

　さらに，近接性を視覚的により見やすくするために，近接性の強さに対応する色も決まっており，アクティビティを結ぶ線をそれぞれの色で表すことができる。それぞれの近接性に対応する線の色は，図4.16 に記した凡例を参照されたい。

　この段階では，アクティビティのスペース（面積，形状）は考慮に入れてお

らず，基本的には線の本数の多い近接性の強いアクティビティほど近くなるように描写する。こうするためには，アクティビティ相互関連ダイアグラムを紙に手書きで作成する場合，近接性を表しているアクティビティ相互関連表において，まず最も強いAの近接性をもつノードを近くに配置するように紙上に描く。Aの近接性を持つアクティビティのペアすべてを紙上に書き終えたら，近接性が次に強いEのペアの描写に移る。

　このように近接性の強いペアから順にアクティビティを紙上に配置し，その相互関係を線の本数で結んでいくことにより，必然的に近接性の強いアクティビティ同志は近くに，弱いものは遠くに配置されるようになる。こうして，すべてのアクティビティを近接性に従って紙上に配置したノードを，見栄えがよくなるように位置を調整して，見やすいアクティビティ相互関連ダイアグラムを作成する。

　図4.15に示した自動車の組立工場のアクティビティ相互関連表をもとに，そこで記述したアクティビティ間の近接性に従って，アクティビティ相互関連ダイアグラムを描いた例が図4.17である。

（3）スペースを考慮した相互関連

　次の段階において，各アクティビティの必要スペース（必要に応じて形状も），そして全アクティビティを収容するレイアウト全体の広さなど，スペースに関する情報を正式に設定する。4.4.2項の全体概要で述べたように，最初の計画段階で関連データを収集するときに，レイアウト全体の敷地やプラントに必要な各工程から，各アクティビティに対する概要データとして面積や形状などの関連データも取得しているのが通常である。これらをさらに詳細に検討し，エリア全体のスペース，各アクティビティのスペースを決定する。

　ここで設定したスペースをもとに，前段階で構築したアクティビティ相互関連ダイアグラムに基づき，各アクティビティのノードにスペース（面積）を持たせた**スペース・アクティビティ相互関連ダイアグラム**（space activity relationship diagram）を作成する。基本的には，アクティビティ相互関連ダイアグラムを引き延ばしていき，面積を持つ各アクティビティのノードが重なり合わ

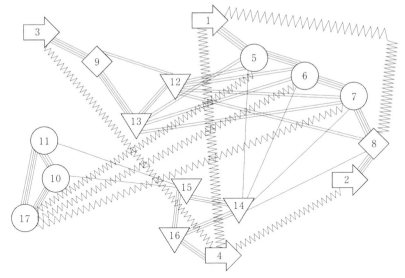

図4.17 アクティビティ相互関連ダイアグラム

ないように位置を調整していく。

　本節で例として取り上げている自動車の組立工場では，プラント全体のレイアウト・スペースは東西 80 m，南北 50 m の矩形のエリアで，このエリアに隣接する東西方向には大型トラックが通行できる広い通路（道路）が 2 本あると決定したとしよう。また，各アクティビティのスペースは，表4.8の所要面積の欄に記入してある大きさに決定した。

　このような全体エリア，そして各アクティビティのスペースを考慮に入れ，図4.17のアクティビティ相互関連ダイアグラムをもとに作成したスペース・アクティビティ相互関連ダイアグラムが図4.18である。

4.4.5　レイアウト代替案の作成

　スペース・アクティビティ相互関連ダイアグラムにおいて決まった各アクティビティの配置をもとに，実際に構築可能なレイアウトを作成していく。このとき，作成したレイアウト案が実施上の条件や制約などをクリアしているか，また実施上どのような制限があるか，チェック，検討しておかねばならない。

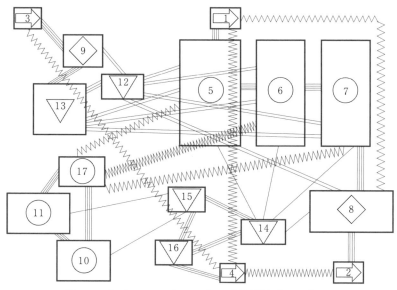

図4.18　スペース・アクティビティ相互関連ダイアグラム

その結果，条件を変更する必要性も出てくるかもしれない。たとえば，プラント内の通路の広さから，プラント全体のエリアの大きさ，アクティビティのスペース，プラント内のハンドリング方式などが変更対象になるかもしれない。

　そのほかにも，プラント内で働く作業者の人数が計画初期に考えていたものと変わっている可能性があるかもしれない。さらに，水やガス，電力などのユーティリティや補助設備に変更の必要がないか，幅広い観点から条件をチェックし，必要があれば変更する。

　変更条件の調整後に，前段階で構築した（あるいは，条件変更のため一部変更した）スペース・アクティビティ相互関連ダイアグラムをもとに，実施可能なレイアウト案を作成する。さらに，各アクティビティの内部のサブアクティビティや重要な設備の配置など（この例では，たとえば組立工程Ⅰ，Ⅱ，Ⅲ内のワークステーション／セル等の配置，など），実施可能な詳細なレイアウト案を作成する。このとき，単一のレイアウトではなく，複数のレイアウト案を作成する。現実的な代替案の数としては，3～6案程度が推奨されている。

　自動車の組立工場の例で，図4.18のスペース・アクティビティ相互関連ダ

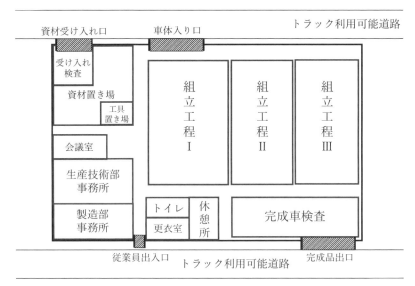

図4.19 完成したレイアウト案

イアグラムをもとに作成したレイアウト案の1つを図4.19に示す。この図の例では実施条件の検討のところで，資材置き場スペースの形状（と若干の面積）などを変更している。

4.4.6 代替レイアウトの評価

構築したレイアウト代替案を評価し，実際に構築するレイアウトを選択するのが最後のステップである。本節の冒頭でも述べたように，プラント・レイアウトでは資材フロー（運搬距離×重量）の最小化が重要な目的になることが多いが，ほかにもレイアウトの目的は多数ある。さらには，代替案の中から実際に建設する1つのレイアウトを選択する際，アクティビティ間の相互関連の検討に用いたレイアウトの目的（すなわち相互関連の理由）だけでなく，ほかにも考慮に入れなくてはならない評価項目は存在する。

たとえば，プラントを建設したあと，ずっと同じ製品だけを長期に渡って生産してることはなく，新製品・新機種の製造はそれほど遠からず起こりうるであろう。そのとき，レイアウトの変更は当然必要になってくるので，レイアウ

表4.11　レイアウト評価の項目例

No.	評価項目	No.	評価項目
1.	将来の拡張のし易さ	11.	管理・監督のし易さ
2.	適応性と融通性	12.	外観，促進的価値，地域社会との関係
3.	レイアウトの柔軟性	13.	製品の品質
4.	資材フローの有効性	14.	保守・保全の問題
5.	マテハンの有効性	15.	会社の組織構造との適合
6.	貯蔵・保管の有効性	16.	設備の稼動率
7.	スペースの利用率	17.	自然条件・周囲環境の利用
8.	支援・サービスの統合の有効性	18.	生産能力・所要条件を達成する能力
9.	安全と整理整頓	19.	プラントのセキュリティと防犯
10.	作業条件と従業員満足度	20.	組織の長期計画との整合性

（出所）　Muther, R. and Hales, L.: *Systematic Layout planning* (*4th ed.*). Management & Industrial Research Publications, Marietta, GA, 2015 (SLP の日本語訳には，十時昌（訳），『工場レイアウトの技術（SLP）』. 日本能率協会，1964がある）を改変.

トの柔軟性は重要な要素である。設備や機械の保守・保全のし易さもプラントの運営では大きな要素になる。いくらいいレイアウトでも，建設に投資費用が掛かり過ぎるのでは実施不可能になるかもしれない。等々，いろいろな評価項目を考慮に入れ，レイアウト案を選択する。

　レイアウト代替案の評価に利用されうる潜在的な評価項目をまとめたものが表4.11である。これらの項目の中から自分達のプラント構築の目標に適合した評価項目を選び，ほかにも独自に評価に必要な項目があれば追加し，それらの項目全体を総合して評価し，レイアウト案を選択する。

　これらの評価項目に基づき複数の代替案から，1つのレイアウト案を選択する典型的な方法を例を使って説明しよう。表4.12に示すように，A～Dの4つのレイアウト代替案を作成したとする。これらの案を評価する項目として表4.11の項目や，この表に載っていない項目も検討して，表4.12の一番左の列に示した評価項目を取り上げた。

　各代替案に対してこれらの評価項目それぞれについて評定し，その合計値が高い代替案を選択することが一般的である。しかしながら，評価項目間には重要度の違いがあるのが普通である。たとえば，財務状況が逼迫した状況においては，投資費用は他の項目より重要かもしれない。管理のしやすいレイアウト，従業員満足度が重要な評価要素のプラントがあるかもしれない。そのようなこ

表 4.12 レイアウト代替案の評価

No.	評価項目	ウェイト	代替案：評定（重み付け評定値） A	B	C	D	備考
1.	サービスの利便性	10	O (10)	I (20)	I (20)	E (30)	
2.	管理のし易さ	15	O (15)	A (60)	E (45)	E (45)	
3.	拡張の可能性	5	E (15)	I (10)	I (10)	U (0)	将来的変更
4.	マテハンの経済性	10	E (30)	E (30)	I (20)	A (40)	運用コスト
5.	変更への柔軟性	30	O (30)	I (60)	U (0)	O (30)	
6.	投資費用	10	A (40)	O (10)	I (20)	E (30)	設備費等
7.	付加価値的能力	5	E (15)	E (15)	O (5)	U (0)	工場見学など
8.	従業員満足度	15	O (15)	I (30)	A (60)	E (45)	アンケート調査
（重み付き）合計		100	(170)	(235)	(180)	(220)	

A：完璧 (4)．E：優 (3)．I：良 (2)．O：可 (1)．U：不可 (0)。

とから，自分自身が取り組んでいるレイアウト構築で，選択したそれぞれの評価項目に対する重要度をウェイトとして設定する（表4.12の例では全体で100となるようにウェイト付けしている）。

各代替案に対して，それぞれの評価項目を評定し，重み付き合計値を計算し，その最も高い値の代替案を採用するのが一般的な手続きである。この評価スコアが拮抗している複数の代替案が上位にある場合には，さらなる検討を要する場合もある。そのために備考に重要事項を記入しておくとか，評価項目のウェイトを再度見直すという努力は必要である。

表4.12に代替案評価例を示したSLPの評定値のスコアは，1〜5の5段階スコアという数値でもよいが（あとで評定を数値に対応させているので），アクティビティ間の近接性評価のところでも用いたように，A, E, I, O, U, Xという英文字によるスコア付けになっている。アクティビティ間の資材のフロー分析も数値的な運搬量から，最終的にはこの英文字による等級分けとして表現している（すなわち，アクティビティ相互関連の近接性）。各評価項目に対するレイアウト代替案の評定についてもこのポリシーを踏襲し，AからUまでの5段階（Xは除く）で評定する。

このA〜Uの段階による評定のメリットとしては，SLP内での評定法の一貫性が保てるほか，AからUの評定コードのそれぞれに自由な数値を割り振ることも可能になる。A〜Uの評定にどのようなポイントを割り当てるかは，そ

れぞれのレイアウト計画の目的や特徴に従って随意である。ここでは，次の考え方により数値を割り付ける。すなわち，U（unimportant）は「不要」を意味するので，0 を割り付け，そこから上昇して O-1，I-2，E-3，A-4 と数値化していく。これが評定コードに対する典型的なウェイトの割り当てである。この考え方で評定段階 A から U に数値を割り振り，重み付け評価合計値を出した結果が表 4.12 である。

　別の考え方として，特に最上位の A の評価は飛び抜けた，非常に稀な評価ということで，より高いポイントをあげようという評価法もある。このような場合，E〜U はそのままで，A には 5 あるいは 6 を割り付ける（たとえば，大学受験で一芸に秀でた学生を採用しようという考え方に近い）というやり方である。

4.5　まとめ：現代マネジメントへの広がり

　本章で取り上げた工程管理の方法は，伝統的な IE の発展とともに当初は生産工場など，そしてそこでの作業・業務の管理のために開発されたものである。しかしながら，これらの方法は単なる生産・製造工程を対象とするだけでなく，知的・認知機能を利用するホワイトカラー業務など，今日の多くの職務に適用が可能である。たとえば，4.2 節で論じた工程図記号では，（製造作業における）「加工」を「作業／業務」，「貯蔵」を「休憩」，「滞留」を「手待ち」と一般的な用語（機能，あるいは行動）に置き換えることにより，異なるタイプの多くの業務に適用できる（このような応用例の 1 つとして「図書館でのコピー業務」への適用を説明した）。

　代表的なレイアウト技法として 4.4 節で紹介した SLP は工場内の設備のレイアウトだけでなく，オフィスのレイアウト，住居のレイアウト，機器の計装パネルのレイアウトなど，数多くのタイプのレイアウト問題に適用が可能である。

─◆この章のポイント◆─
- 工程図記号は製品／部品の生産工程を構成する個々の機能をノードで表し，数少ない種類に分類し，機能を表すノードの繋がりで生産工程全体をわかりやすく記述するた

めの方法である。

- 工程図記号は，生産工程を構成する機能を基本図記号と呼ばれる加工，運搬，貯蔵，滞留，数量検査，および品質検査の6つに分類し，それぞれに固有の形状のシンボルが割り当てられている。2つの機能を同時に行うプロセスを複合記号として表し，主となる機能を外側に，従となる機能のシンボルを内側に示す。

- 工程図記号を用いて製品を生産する工程を図示したものを工程図と呼び，直列型，合流型（組立工程でよく見られる形態），分岐型（装置産業や化学プロセスなどが典型的な形態），および混合型などのタイプがある。

- 工程図記号は基本図記号の6つの機能の対応付けを考えることにより，生産・製造工程だけでなく，事務作業，ホワイトカラー業務など，生産工程とは別のタイプの職務へも適用可能である。

- 生産方式は異なる要因からいくつかのタイプに分けることができる。製品の作り方から分類すると組立生産方式，および進行生産方式がある。生産現場における作業者や装置・設備の配置によって分類すると，製品固定生産方式，機能別配置生産方式，および流れ生産方式がある。稼働計画により分類すると，同じ製品・機種を連続して製造する連続生産方式から，ある程度の個数をまとめて作るロット生産方式（組別生産方式），そして1個流しの個別生産方式がある。

- 流れ生産方式において生産に必要なすべての作業をそれぞれの工程にうまく割り振り，個々の工程の作業時間がなるべく均一になるように，効果的なライン編成を行う問題がライン・バランシングである。

- ライン・バランシングの解法には分枝限定法などの最適解法，そしてヒューリスティック解法がある。単位作業の数が多くなったり，単位作業間の先行順序関係が複雑になるに従い，最適解法の利用が困難になってくる。そのため，現実の工程編成においては最適解は保証しないが，最適解に近いレベルの実行可能解を簡単な手続きにより導出するヒューリスティックスを使うことが一般的である。

- 複合品種の混合ラインにおいてはライン編成は変えず，作業時間が長く，仕掛かりが生じている作業者を，余裕のある作業者が手助け（分担）するやり方が現実的である。これを支援するラインの形態にU字ラインがある。U字ラインでは個々の作業者は自分の持ち場から距離的に近い工程の数が増え，生産ラインでの作業プロセスはフレキ

シブルになる。すなわち，工程間の作業時間のバラツキを複数の作業者で吸収することが可能となる。

- 一品生産に近い多種少量生産の状況では，作業者一人が担当する作業の持ち分を大きくし，少ない作業者（工程）数で生産を行う方が効果的である。このような生産形態がセル生産である。工程（セル）の位置は固定され，セル間に仕掛かり在庫を置くスペースも確保でき，自分の作業がストップするという状況はなくなる。

- プラント・レイアウトは工場の目標を達成するために，工場全体のエリア内の決められた位置に必要な部署，工程，設備のスペースを割り付ける問題である。プラント・レイアウトの目標は総運搬移動量（運搬距離と運搬量の積）最小，生産設備の移動・調整のしやすさ，要員間の接触のしやすさ，設備稼働率の向上，設備の利便性，仕掛かり在庫の減少など，さまざまである。

- プラント・レイアウトの解法は，レイアウトの目標が総運搬移動量最小というように単一で数量的に把握できる場合には，その問題専用の最適解法を用いることができる。一方，考慮すべき目標が複数あるときには，ヒューリスティック解法を利用してレイアウトを構築することが一般的である。

- 現実のレイアウト問題に対してよく利用されている SLP のステップは，関連データの収集として P-Q 分析から始まり，資材のフロー分析，アクティビティ相互関連表，そしてアクティビティ相互関連ダイアグラムの作成と続いていく。

  その次のステップとしてプラント全体，レイアウトすべき各アクティビティの必要スペースと形状を検討し，これらの情報をもとにアクティビティ相互関連ダイアグラムを作成し，それをスペース・アクティビティ相互関連ダイアグラムに変換する。

  このスペース・アクティビティ相互関連ダイアグラムに対して，さまざまな条件を考え，変更，修正を加え，実施上の制約や制限を満たしているかチェックして，実行可能なレイアウト案を作成する。最後のステップで，作成したレイアウト案から1つを選択する。

第5章
IE の将来展望
——伝統的 IE からの脱却——

　本章では，本書のまとめとして IE がもつ方法論としての強みと弱みをまとめる。それに続いて，IE の将来展望として高度・成熟化した現代社会における諸問題に IE を効果的に適用するため，これらの弱みを克服し，伝統的な IE の限界を打破するアイデア，ならびに着眼点について論じる。

5.1 伝統的 IE の強みと弱み

　冒頭の第 1 章では伝統的な IE の方法論を，現場・現実主義，ボトムアップ・アプローチ，規範的な問題解決，良構造問題，そして定常状態・想定内の状況を対象とした管理技術として特徴付けた。これらの特徴については，それぞれが IE の強みを形成している一方，弱みとなっていることもある。

　現場・現実主義により想像や思い込み（ひどい場合には当てずっぽう）を排して実際の問題を正確に，忠実に扱うため，信頼度の高い解を導き，間違いのない，確実なマネジメントに大きく寄与している。ボトムアップ・アプローチによりそれぞれの業務に直接関わる従業員の力を効果的に利用している。それにより全員参加によるマネジメント，現場力の発揮・増進，そして従業員のモラール・モチベーションの向上などにも繋がっていく。また，良構造問題（構造がわかっている問題）を規範的に（「こうするべきだ」という観点から）に取り組むため，組織内で問題解決のベクトルが一致し，作業や業務の標準化や組織の一体感・全員参加にも結び付いていく。

　このようなメリットがある反面，これら個々の特徴が伝統的な IE の弱みになったり，別のタイプのマネジメント諸問題に対する限界になったりもする。

5.1.1 ボトムアップ VS トップダウン・アプローチ

　よく言われていることであるが，戦後日本の高度成長を支えてきた大きな原動力の 1 つが，現場の力，すなわちボトムアップの力であることは間違いない。これにより，従業員一人ひとりが能力を発揮し，技能を向上させ，自主的に作業を改善し，生産性の向上に寄与してきた。

　ボトムアップによるこれらの活動は生産現場のマネジメントにおいては必要不可欠な能力であるが，現状を前提とした地道な改善活動である。これに対して，生産性を一挙に 2 倍，3 倍に上げるというような大きな効果を，このような活動に期待することはできない。このような大変革や革新的な向上にはボトムアップ・アプローチは向いていない。

　組織内の業務に大きな革新的な変化，ブレイクスルーを起こすような改革を

実現する際には，目標から具体的施策にトップダウンに展開していく方が適している。生産性だけでなく，組織の掲げるいかなるタイプの目標であっても，革新的な大きな効果の達成を目指すには，トップの強いリーダーシップのもと，設定した目標を組織階層の下位レベルの活動に展開していくトップダウン・アプローチによる組織の運営・管理が必要になってくる。

　IE をより広い範囲の目標や対象に，そしてオペレーショナルなレベルの問題だけでなく，戦略的な意思決定を含む問題解決を目指すには，トップダウンによる管理アプローチを IE と結び付ける必要がある。

5.1.2　良構造問題から悪構造問題へ

　IE が対象とする問題はその構造がわかっている良構造問題であるが，組織におけるマネジメントが直面している問題には構造が事前にはわかっていない悪構造問題もある。特に，高度・複雑化した現代の組織においては，組織構造や環境の変化も多く，扱う問題も悪構造なもの，そして複雑なものが増えてきている。当然ではあるが，この種の問題は一般に，構造化問題より数段難しい問題である。

　この種の問題を解決するには，まず問題構造の同定・理解から始めなくてはならない。たとえば，労働災害に対する再発防止策の立案・実施のように，問題（災害）が発生してからでなくては，その構造を同定することができない場合もある。また，現実には問題の構造を解明すること自体が困難で，大変な場合も多い。

　悪構造問題に対しては一般に，タスク分析を利用して問題構造を明らかにしてから，その問題に IE アプローチを適用することが考えられる。

5.1.3　想定内から想定外の問題へ

　IE に限らず，QC や OR など，他の管理技術でも想定外の非定常な状況のマネジメントは対象とはしていない。しかしながら，地球温暖化による世界的な環境変動が進み，地震や台風などの大規模な自然災害が多く，そして近い将来大地震の発生が予測されている我が国において，現状では IE が直接扱う問題

ではなくても，作業・業務を想定外の状況から，いち早くもとの定常状態に移行させる能力・特質を組織に備えておくことは，業務管理においても非常に重要である。

　組織活動においてこの種の問題にアプローチするため，予期せぬ状態に導いた混乱から元の状態に素早く復旧，復元するレジリエンスの能力[37]を組織に備えることが非常に重要であり，IE アプローチと共存させる必要がある。

　これらの伝統的な IE が持つ限界に打ち克つ挑戦として，ボトムアップ・アプローチを補完し，トップダウン・アプローチに繋げる目標展開，悪構造問題に対処するタスク分析，そして想定外の異常事態にも効果的に取り組むためのレジリエンス能力の醸成について，本章の残りの各節で論じていく。

5.2　トップダウン管理への橋渡し：目標展開

　組織の戦略的目標をトップが主導して実働部門に合致する事業に展開し，その目標に従った活動をそれぞれの部門で実施していく管理の仕方として**目標展開**がある。目標展開は典型的には，組織（企業，事業所など）の中長期計画に従った総合目標に対して，それを達成すべく各部門に目標を割り振る。各部門ではその目標値に対して，部門横断的に取り組む活動（プロジェクト）のほか，部門を構成する各部／課／ユニットに目標値を割り当てていく。それぞれの課やユニットに割り当てられた目標値はさらに，下位の組織階層である工程やグループへの個別目標として受け継がれていく。

　このようにして，**組織のトップが設定した総合目標から，組織の階層構造に従って順次下位のレベルに達成すべき目標値が設定されていく**。場合によっては，個々の従業員や作業者のレベルにまで展開されていくこともある。各個別目標に対して設定された**最終段階の目標値に対して，それを実現するための具体的な施策を設定し，それらを実施する活動が推進**されていく。この目標展開の様子を模式化したものが**図 5.1** である。

　目標展開ではこのように，トップの設定した総合目標から，組織階層をトッ

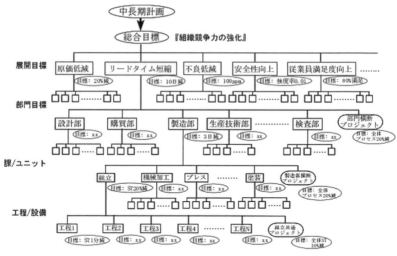

図5.1　総合目標から個別目標への展開

プダウンに下位の階層へと目標が展開されていき，ベクトルを合わせて同じ目標を共有し，全員参加により活動が推進されていく。ここで，組織階層に従って展開されてく目標値は **KPI**（Key Performance Indicator; 重要パフォーマンス尺度)[1]に対して設定される。それぞれの個別目標の間には**表5.1**に示すように相互関係（寄与の方向と大きさ）があるので，そのことを考慮に入れて目標値を設定する。

さらなる下位の部門にそれ以上展開を行わない最下層の個別目標に対して，

---

1) KPIは意味としては，個々の目標に関連する計測可能な重要な尺度というものである。多くの書籍や文献等においてKPIに対して「重要業績評価指標」という訳語が用いられている。目標展開や経営管理などといった限られた対象や専門分野で議論する場合には，これはわかりやすい，いい訳語と思われる。

しかし，indicator（尺度）とmeasure（指標）に対する厳密な定義では，パフォーマンス指標とは単一の概念として認識，判断することができる組織のパフォーマンスに関する特性や特徴，機能を表す項目である。これに対して，パフォーマンス尺度は組織・システムの特性・特徴・機能等に関して，客観的に測定が可能な単一のインデックスである。

また，KPIは狭い意味での組織の「業績」を評価するためだけのものでなく，さまざまな組織のパフォーマンスの測定，把握，評価など，他の用途・目的にも広く利用が可能である。このように，厳密な意味とのミスマッチがあるため，ここでは原語により忠実に「重要パフォーマンス尺度」という訳語を用いることにする。

表5.1　個別目標から施策へのマッピング・策定

施策	個別目標						工程					共通プロジェクト
	原価低減	生産性向上	不良低減	安全性向上	従業員満足	…	1	2	3	…	N	
A　自動化	△	○	○						○		○	
B　機械化・省人化	○	○			×						○	
C　治具・ツールの利用		○	△					○				
D　作業の単純化・簡単化		○		△	×		○	○				
E　作業の集約化	○	○							○			
F　ITの導入	○	○					○					○
G　作業の自律化		×			○							○
H　資材の共通化	○	○	○									○
I　不要作業の廃止・見直し	△	○		○			○					
J　部品・資材の規格見直し	△		○					○			○	
K　作業の共通化		○	○						○			
L　フールプルーフ			○	○				○				
M　ライン形態の見直し	×	○			○							○
⋮												

それを実現するアイデアを創出し，個々の施策を設定する。これらの最下層のそれぞれの施策の実施に際して，ボトムアップの力によるIEアプローチを活用する。決定した施策の推進において基本的には，Plan（計画）→ Do（実行）→ Check（評価）→ Action（改善／アクション）のPDCAサイクルを回すことにより，計画期間内に終了するように活動を管理する。

　このように，**組織内の業務プロセスにブレイクスルーを起こすような革新的変化を実現するには，トップの戦略的意思決定からトップダウンに個別施策へと導く目標展開と，展開された個々の施策の実現にIEの強みであるボトムアップの力を結び付ける**ことである。

5.3　悪構造問題への取り組み：タスク分析

5.3.1　タスク分析の利用

（1）タスク分析の目的

IEだけでなく，いかなる管理技術であっても，問題の構造がわからない悪構造問題はそのままでは扱うことができない。一般には，問題の目標，制約条件，入出力，プロセスなど，問題構造を明らかにしてから，その問題に取り組む。対象とする問題構造を解明するための分析を総称して，**タスク分析**（task analysis）[38,39]という。

タスク分析により構造が明らかになった問題がIEアプローチにより解決することが適していれば，これを利用して解決することになる。このように，タスク分析を適用して良構造問題にすることにより，悪構造問題に対してもIEアプローチを適用する可能性が広がっていく。

タスク分析は組織マネジメントといった固有の目的や問題，あるいは管理技術といった固有の技術に必要な情報の獲得に特化した方法ではない。作業の設計／再設計，訓練や人事配置，事故解析，そしてヒューマン-マシン・システムやヒューマン-マシン・インタフェースの設計など，さまざまな目的に対して役立つ情報やデータの獲得，設計／改善に対するヒント・指針を与える技術・方法である[2]。適用対象のシステムやタスクの内容とその特徴，そして適用の目的などにより，数多くのタスク分析の技法が開発されている。IEアプローチ利用の前段階として問題構造を同定するためのタスク分析においても，このような既存の技法のなかから，適用目的や問題対象に合う技法を選んで，タスク分析を実施すればよい。

2）タスク分析はこれらの応用分野に限られる手法ではないが，人間工学に関連する問題や目的に利用されることが多い。タスク分析に関する著書は数多く出版されており，この方法の詳細については他書に譲ることにする（たとえば[40]など）。

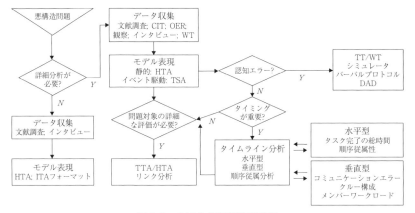

図5.2　タスク分析実施の流れ

CIT: Critical-Incident Techniques; TT: Task Through;

WT: Walk Through; DAD: Decision-Action Diagram;

OER: Operational Experience Review; TSA: Tabular-Scenario Analysis

TTA: Tabular Task Analysis; HTA: Hierarchical Task Analysis;

ITA: Initial Task Analysis

（出所）　Kirwan, B.: *A Guide to Practical Human Reliability Assessment.* Taylor & Francis, London, 1994 を改変.

（2）タスク分析のステップ

　タスク分析の一般的な実施の流れを図5.2に示す。タスク分析は典型的には，対象とする問題に関するデータ収集（データ獲得），モデル表現（問題構造の明示化，タスク記述），そして問題解決の目的に応じた分析結果のまとめというステップで実施される。それぞれのステップの実施をサポートする技法がいろいろと開発されており，データ収集，モデル表現の各ステップに適用可能な代表的な技法が，図5.2に記載されている。

　これを参考に利用する技法を選び，タスク分析を実施するのも1つの手である[3]。

3）この図に載っているタスク分析技法を説明している書籍としては[38]がある。また，この図の引用元の文献[39]もこれらの技法に関して詳細な情報が掲載されている。さらに，それぞれの技法に関する文献もウェブ等で容易に検索することができる。必要ならばそれらの文献を参照されたい。筆者の知る限りでは残念ながら現在のところ，これらの技法を詳細にカバーしている日本語の書籍はない。

5.3.2　データ獲得の技法

　データ獲得のステップでは，人間の業務・作業遂行時のプロセスに関するデータ，運行・管理するシステムと人間（オペレータ，管理者など）とのインタラクションに関するデータなど，対象とする目的に対応して問題構造を同定するためのデータを収集する。伝統的な IE においては実作業の観測が最も典型的なデータ獲得の方法であったが，タスク分析においても観測は利用可能な，最も有用な方法の1つである。

　問題解決の目的や作業の特徴によって，対象とする行動や作業を現場で直接観察，あるいは実機と同じ機能とインタフェースを持つ**訓練シミュレータ**[4]を利用した作業を観測してデータを得る。必要に応じて作業・行動中のパフォーマンスだけでなく，生理・心理指標を測定し，データを獲得する。

　実作業の観測を応用した方法に**行動サンプリング**（activity sampling）があり，これもタスク分析のデータ獲得ステップに利用できる。この方法は，決められた観測時刻に行われている行動に関するデータを集計して，異なる行動の時間比率を推定する方法で，3.4節で取り上げたワーク・サンプリングもこれに類する手法と位置付けることもできる。

（1）プロトコル分析

　伝統的な IE が主要な対象とした生産現場での作業は，作業者の筋骨格系による運動機能を使うため，外から見ればどのように作業をしているか一目瞭然であり，観測アプローチが非常にうまく機能していた。現在の職務環境で多く

4）航空機のコックピット内でのパイロットの操縦・オペレーションを訓練するためのフライト・シミュレータ，原子力発電所の制御室内でのオペレーションを訓練するための制御シミュレータ，自動車運転のためのドライビング・シミュレータ，電車の運転のためのシミュレータ，手術室における麻酔医の手術管理の訓練をサポートするシミュレータなど，さまざまな対象・分野でシミュレータは利用されている。
　　システムを構成する重要な機器（たとえば航空機のエンジン）が故障したとき，重大な局面に入った（たとえば原子炉の温度が異常に上がった）ときの処置・行動といった危険を伴う作業に対しては，実際の現場で作業を観測することはできないので，このような適用対象にはシミュレータを使った作業を観測することになる。

を占めている事務・管理業務，ホワイトカラー業務は運動機能というより，従業員の認知機能を主として利用する作業である。これに対しては，身体を動かさない（頭を働かせている）ので，外から従業員を観察していてもよくわからない。そのため，観測アプローチがうまく適用できない。

このような人間の認知機能，知的行動を分析，解明するための代表的な方法に**プロトコル分析**（protocol analysis）[5]がある。プロトコル分析の方法自体はいたって単純で，その基本は**意思決定，あるいは自分の頭の中で実行している処理内容をすべて口に出して報告し（通常は録音しておき），それを詳細に分析する**ことである。

このように，タスク実行中のアクション，理由などのタスクに関連する内容について発せられた言語データを**言語（バーバル）プロトコル**（verbal protocol）と言う。基本的には，**言語プロトコルの獲得を作業実行時に同時に（並行的に）実施**する。その意味から，言語プロトコルのこの獲得方法を**並行的プロトコル**（concurrent protocol; 認知プロセスの追跡をプロセスの進行と同時並行的に行う）と言うこともある。

実作業の遂行・観測時にこの方法を適用するには，プロトコルを採取する作業者に問題解決のプロセス中に「考えていることを声に出す」（think aloud）ように頼むだけでよい。この並行的プロトコルの内容を補うため，タスク終了直後に，VTRで録画した作業中の自身の行動や視点（眼球運動）の軌跡を提示し，追加的な言語プロトコルを採ることも多い[6]。

言語プロトコルの獲得には，上述の並行的プロトコルの他にも次に挙げるような，いくつかのバリエーションがある。

- **中断的プロトコル**（interruptive protocol）：タスクを一時的に停止（中断）して，それまでの問題解決の内容などに関するプロトコルを獲得する。問

5）プロトコル分析に関する詳細は他書を参照されたい。たとえば，[41]のほか，日本語で書かれたものとしては[42]などがある。

6）このように，作業終了直後に（質問したり，作業に関連するきっかけを与えて）追加情報を聞き出すことを "debriefing"（デブリーフィング）という。

題解決と同時にプロトコルを発することが困難な場合には有効であるが，タスクを頻繁に中断しなくてはならないというデメリットがある。

- **内観的プロトコル**（retrospective protocol）: 分析すべきタスクの終了時に，その問題解決に関する質問を与え，それに対する被験者の応答をプロトコルとして収集する。中断的プロトコルと同様に，問題解決とプロトコル発現の同時性を回避する効果はあるが，タスク遂行中の内容やプロセスをタスク終了時にどれだけ覚えていられるかということが問題になる。
- **自然的プロトコル**（naturalistic protocol）: 2 人，あるいはそれ以上の作業者の活動中の自発的な対話として発せられた内容をプロトコルとして記録したり，書き写す。対象とするタスクが 2 人／チームでの共同作業で，その多くの部分がコミュニケーションによるときには有効である[7]。

プロトコル分析は現状では，認知行動の詳細を解明するための唯一の方法とも言われており，利用範囲や有効性も大きいが，限界や欠点があることも知られている。最も大きな弱点として，自律段階にある人間の処理・行動[8]は，処

---

[7] たとえば，航空機のコックピット内では機長と副操縦士の 2 人が協調しながら航空機を運航している。離陸時においては，彼らの 1 人（パイロット A）が操縦桿を握り，航空機の離陸に関する操縦に直接関わっている。この操縦のためには，機体の速度，エンジンの回転数など，時々刻々と変化する情報が必要である。このような必要情報をもう一方のパイロット（B）に計器を読むように頼み，パイロット B はその値をパイロット A に伝える。離陸時には，このようなコミュニケーションを絶え間なく行っている。そのため，プロトコル分析を行うために，これらのコミュニケーション以外に自分が行っているプロセスを発することは不可能である（メインタスクである離陸プロセスの邪魔になる）。

　むしろ，これらのコミュニケーションを詳細に分析すれば，ここで対象にしている離陸に関するパイロットの認知プロセスは容易に同定することができる。このコミュニケーションの内容を記録（録音）したものが自然的プロトコルである。

[8] 人間の技能の学習段階は，認知段階（cognitive stage; 学び始めで，何をすべきかに関する宣言的知識を獲得する段階），連合段階（associative stage; 初期段階の理解によるエラーが発見され，徐々に取り除かれて，パフォーマンスを発揮するための要素の関係（連合）を強化する段階），自律段階（autonomous stage; 処理手続きがより自動化され，速くなっていった段階）へと進展していく。

　我々が認知作業で明らかにしたいプロセスは，組織の中で専門的にその業務を実践している従業員である場合が多い。このような人の作業プロセスはまさに自律段階に入っていることが多く，それに対してはプロトコル分析によりその処理内容を明確に表現できない可能性を示唆している。

理メカニズムを陽に（正確に）表現できないという事実がある。

　このような弱点があるため，人間の処理メカニズムを取り出すために言語プロトコルを補完する方法が必要となる。上述したプロトコル分析におけるタスク終了直後に行う"debriefing"も，その１つの手段である。一般的には，言語プロトコルと他の感覚機能（modality）によるデータを組み合わせることにより，人間の認知機能や意思決定の処理メカニズムをより信頼度高く推測することが可能となる。そのような言語プロトコルを補完する代表的なデータが眼球運動であり，それを分析した**眼球運動解析**（eye movement analysis）である[9]。

　眼球運動解析は"**eye-mind assumption**"（目と心の投影仮定）[43]という「目は心の働きを投影している」（人間は目で見ている情報を（認知）処理している）という仮定に基づいている[10]。すなわち，「注視している情報を認知処理している」ということであるので，その情報がどのような内容か，そして連続してみている一連の情報を内容的に，意味的に見ていくと，どのような認知処理をしているか結構推測できるものである。

　眼球運動解析により推測した認知処理と，プロトコル分析により同定した認知処理を組み合わせてみると，確からしさがより高い認知処理，あるいはより範囲の広い認知処理を推測することが可能になってくる。「目は口ほどにものを言う」という格言もあるように，人間は意識していなくても必要なところに自然と目がいき，必要な情報を必ず取り込む。このことこそが，自律段階にある人間の行動が陽に表現できないというプロトコル分析の弱点に打ち克つ１つ

---

9) 眼球運動解析に関する詳細，ならびに適用例などについては他書を参照されたい。プロトコル分析のところで紹介した文献[42]では，眼球運動解析に関する内容も多く取り上げている。

10) ここで「目で見ている情報」というのは，「注視しているところ」（注視点）ということである。この仮定は多くの対象や状況において成り立っていると思われるが，これが受け入れられない状況もあることを念頭に置いておくことは重要である。

　たとえば，自動車を運転していて歩道から子供が急に飛び出してきたということを考えて欲しい。このとき，その子供を注視する（中心視）前に，周辺視で子供の気配を察知し，ブレーキをかけるだろう。このときには見ていない（注視していない）情報も処理している。この例では"eye-mind assumption"は成り立っていない。

　眼球運動データをプロトコル分析を補完する情報として認知処理の分析に利用するには，"eye-mind assumption"が受け入れられるかチェックし，それが成立する状況に限って適用しなくてはならない。

の手段である。

　眼球運動のデータは**アイトラッカー**（eye tracker）と呼ばれる装置により，人間の注視点（中心視で見ている場所）として抽出される。通常用いるアイトラッカーでは，30〜60 Hz（1秒間に30〜60回）のサンプリング・レートで注視点の位置が抽出される。注視点の座標情報から，その位置に存在する意味情報に変えてやれば，どのような情報をいつ見ているかがわかる（現在多くの機器で，このような変換を行うソフトを提供しているので，分析者が自分で行わなくてよい）。

　1990年代の終わりには数100万円もしていたアイトラッカーも，急速な技術革新により現在では1万円程度の機器が出回り，眼球運動解析が身近なものになってきたことも，眼球運動解析が脚光を浴びている一因である。

（2）インタビュー調査

　実作業の観測のほかにも，タスク分析に利用できるデータ獲得の一般的な方法として文献調査，そしてインタビュー調査，アンケート調査といった主観的方法がある。タスク分析におけるインタビュー調査では，報道番組や記者会見などのときによく見られるような，質問者（インタビュアー）が回答者（たとえば政治家や芸能人）に対して，その時々でさまざまな内容の質問を行うというインタビューの形式を取ることは稀である。

　通常は，**質問項目，質問の順番等の手続きをあらかじめ決めておき，それに従ってインタビューを実施**する**構造化インタビュー**（structured interview），あるいは**半構造化インタビュー**（semi-structured interview; 構造化インタビューより手続きを大まかに決めておく，あるいはある程度の手続きからの逸脱を許容する）と呼ばれる方法を用いる。半構造化インタビューでは回答者の答えに応じて，さらに関連する質問を行い，より幅広いデータを獲得していくこともある。

　他のインタビュー形式として，**フォーカスグループ・インタビュー**（focus group interview）[11]を用いて，タスク分析に必要なデータ収集を行うこともよくある。この方法は，取り組む問題や課題に関係する，あるいは経験／知識を持つ複数の参加者[12]，そして議論を推進してゆく調整役（モデレータ）1名で構

成され，モデレータのリードのもと参加者が自由に議論を進めていく[13]。

（3）タスク分析固有の技法

タスク分析におけるデータ収集に固有の技法，あるいは人間工学の応用でよく用いられる方法もある。そのなかでもよく用いられる方法として**クリティカル・インシデント技法**（critical incident technique）[45]がある。クリティカル・インシデント技法は，過去に自分自身，あるいは同僚などの身近な人に起こったインシデント（典型的には好ましくない望まない出来事であるインシデントであるが，望ましい成功体験を含める場合ある）を思い出し，それらを分類，分析するものであり，問題解決や業務改善などに利用することができる。

クリティカル・インシデント技法で利用するデータは，たとえば医療施設（病院）のインシデント報告システムのように発生したエラーや不具合の事象に関するデータを収集するシステムを持っていれば，それらを利用することができる。このようなシステムを有していないところでは，次のようにしてインタビューによりデータを獲得することもできる（例：大学教員の授業改善。この例の場合，学生を対象にインシデントを調査する）。

クリティカル・インシデント技法では，たとえば過去1ヶ月で経験したもっとも悪いインシデント[14]，次に過去1ヶ月で2番目に悪いインシデント……といったように，過去にあったインシデントを思い浮かべてもらい（通常は3つ

---

11) このインタビュー形式は社会科学の研究などでよく用いられる方法で，単にフォーカスグループと称されることもある。この方法についての詳細は他書を参照されたい（たとえば[44]）。ウェブ等で検索すれば，日本語で書かれた／訳された邦書も見つかると思う。

12) このような条件を有する参加者は"subject matter expert"（「課題に関する専門家」の意味）と呼ばれ，異なる役割やバックグランドをもつ6～10人程度で構成するのがよいと，経験的には言われている。鉄道事故発生に対する処置の問題を幅広く議論するようなときにはたとえば，その鉄道を頻繁に利用する乗客，他の鉄道を利用する乗客，株主，その鉄道の運転士，車掌，運行関係の管理者，安全関連の管理者などがフォーカスグループのメンバーとなりうる。

13) 対象とする問題領域の複数の専門家が一堂に会したディスカッションにより問題解決を行う**テーブルトップ分析**（Table-top Analysis）[38]という方法もある。この方法は安全に関わるハザード分析などに利用することが多く，その実施方法は専門家の構成を含めて，基本的にはフォーカスグループと同様である。

14) ここでのインシデントのケースとしては，たとえば学生が授業中に，あるいは授業に関してやる気をなくさせたり，学生が最悪と感じる気分にさせる教授の振る舞いや態度があり，これらについて具体的に聴取する。

表5.2　クリティカル・インシデント技法のインタビュー項目の例

- そのインシデントはどのようなものでしたか？（インシデントの内容を聞く）
- そのインシデントはどのような状況で起こりましたか？（状況を聞く）
- そのインシデントは，どのくらい前に発生したものでしたか？
- そのインシデントは，どのような授業で発生しましたか（たとえば，講義／実験／演習，専門科目／全学科目，朝一番／午後の最初／午後の最後，必修科目／選択科目，……）
- そのインシデントの結果，どうなりましたか？（インシデント影響／効果を聞く）
- そのインシデントが発生して，あなたはどのような気分になりましたか？
- そのインシデントのあと，あなたやクラスの学生の態度等に変化がありましたか？

程度まで），それぞれのケースに対して表5.2に示すような内容を聞く（場合によっては，これに関する良かったケースも加えるとよい。このときは表の質問を良いものを対象とするように変更する）。このように獲得したインシデントのケースを所定の手続きに従って分析する。

ウォークスルー（walk-through），および**トークスルー**（talk-through）は，タスク遂行に関連するデータを獲得する方法としてよく利用されている。これらは本質的には同じ方法であり，ある程度現実的な状況を設定して，ある種のタスクのデモンストレーションを行い（必ずしも実際のタスク遂行は必要とはしない），観察可能なタスクのプロセス，要因等を記述，同定していく。タスク遂行時に必要な**現実感**（fidelity）の違い[15]によりウォークスルー，あるいはトークスルーと，呼び名が変わる。

この方法の利用に際して，調査すべき目的や対象とする問題の特徴などにより，適当なレベルを選択し，データ収集を実施していく。選択した方法の現実感のレベルにより，獲得されるデータの精度と適用のしやすさ（時間や手間・費用）のトレードオフがある。

ウォークスルーは現実感の高い状況で実施されるもので，実際のシステム，あるいは適切な（高度な）シミュレータを用いてタスクを遂行し，これに関する手順の説明を行っていく（前述したプロトコル分析と同様の手続きである）。たとえば，大規模システムでのウォークスルーでは，実際の工場内を歩き回り，作業に必要な動作の内容や，なぜそれが必要なのか，その理由などを現場のそ

---

15) たとえば，現場から離れた場所，あるいはカメラ映像によるタスクの観測から，現場での実際のタスク遂行まで，さまざまなレベルが存在する。

れぞれのポイントで説明していくというようにして進められる。

　一方，トークスルーは現実感が相対的に低い状況において行われ，タスク遂行時の作業者のアクションを言語化して記述，説明していく。たとえば，実際の作業現場から離れた場所で，タスクの内容を言語化していくというように進められる。このように，トークスルーは実施が簡単な反面，得られるデータの精度や詳細度が高くない。

5.3.3　タスク記述技法

　タスク記述は，解決しなくてはならない対象の中身がよくわからなかった悪構造問題を，獲得したデータに基づき明確に表現する重要なプロセスである。たとえば，データ獲得のプロセスで得た情報を，そのまま単純な文章にした記述（プロトコル分析で取り出した言語プロトコル）では，分析者が問題解決の目標に関して調査したいと望んでいるすべての重要な情報を取り扱うことは不可能である。そのため，ここでは収集した情報を形式的なフォーマットで目に見える形に構造化するモデル化の方法が含まれる。

　タスク記述により，対象とする問題の理解が容易になり，文章で書くよりコンパクトに問題構造を描くことができる。

（1）ネットワーク図による記述

　このような視覚的に構造化（モデル化）する方法で最もよく用いられるものが，ネットワーク図を用いた表現である。

　ネットワーク図による表現には，フローチャートや入出力図（Input/Output Diagram），ペトリネット（Petri net）[16]のように，どのような問題にも適用が可能な汎用技法がある。一方，対象を限定してより詳細に問題を記述・モデル化する専用技法もある。4.2節で取り上げた工程図記号は，生産工程を対象にした専用技法の1つの例である。

　4.4節のプラント・レイアウトの技法として紹介した SLP においても，レイ

16）ペトリ（Carl Adam Petri）が開発した離散事象のシステムを視覚的にモデル化するツールの1つである。ペトリネットについて詳しくは他書を参照されたい（たとえば[4]など）。

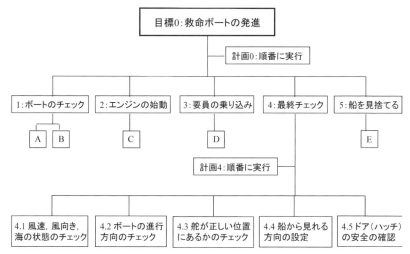

図5.3　救命ボートの進水に対する階層的タスク分析の適用例

（出所）　Kirwan, B.（伊藤謙治訳）：タスク分析（4.1章），伊藤謙治，桑野園子，小松原明哲（編），『人間工学ハンドブック』，pp. 218-233，朝倉書店，2003.

アウトのアクティビティ間の関係を図示するためにアクティビティ相互関連ダイアグラムとしてネットワーク図を用いていた。これにより，関係が不明確だったレイアウトの要素を構造的に視覚化することに役立っている。

（2）階層的タスク分析

　ネットワーク図を用いた方法のほかにも，タスク分析におけるタスク記述・モデル化のための技法が開発されている。問題の特徴や意思決定の目標に合致した技法を選び，それを利用してタスク分析を進めることが考えられる。ここでは，これらの中からよく利用される代表的なタスク記述技法をいくつか，簡単に紹介する。

　最もよく利用されている有用なタスク分析のタスク記述技法が**階層的タスク分析**（Hierarchical Task Analysis; HTA）である。**HTA**は図5.3に例を示すように，トップレベルのタスクの目標（全体目標）から，その目標を満足するために必要なサブタスク，サブサブタスクといったように順次ブレークダウンしていき，末端の（一番詳細なレベルの）タスクが影響を受ける（オペレーション

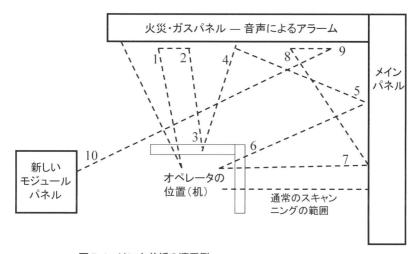

図5.4 リンク分析の適用例
（制御室内におけるオペレータとアラームの関係）

（出所） Kirwan, B.（伊藤謙治訳）：タスク分析（4.1章）．伊藤謙治，桑野園子，小松原明哲（編），『人間工学ハンドブック』，pp. 218-233，朝倉書店，2003.

と呼ばれる）個々の物理的なアクションまで，タスクをトップダウン（階層的）に記述する方法である。

各々のオペレーション／タスクがいつ実行されるべきかを示すために，HTAでは各レベルで"計画"を利用している。図5.3で「計画4：順番に実行」とあるのが計画の例である。この「計画」は「4：最終チェック」というサブタスクは，4.1～4.5のオペレーションを順番に遂行されることを示している。この図中，A～Eは紙面の都合上，「4：最終チェック」と同様に上位のサブタスクをブレークダウンしたオペレーションを示している。

この図の例では2階層でタスクを記述しているが，何階層までタスクをブレークダウンしていくかは，問題解決の目標などによる。必要があれば，どの階層までブレークダウンを行うかを決定するために，ストッピング・ルールを設定しておくことができる。

（3）リンク分析

図5.4に例を示す**リンク分析**（Link Analysis）も，たとえば作業場のレイア

ウトの評価など，特にシステムの構成要素間の関係性の記述などによく利用される方法である。リンク分析はタスク遂行中，システムの構成要素間の関係（図の例では，作業場において異なる制御装置やディスプレイ間で発生するオペレータとの関係）をリンクの頻度（リンク値）として図式的に表現する技法である。

図5.4は，中央制御室のレイアウトの改善を行うために，新レイアウト案におけるオペレータのタスク遂行の様子を示している。この例では，オペレータの定常時の視覚的なスキャンニングのための移動が破線により示されている。新しいシステムではモジュール・パネルが制御室内にインストールされたが，制御室内に十分なスペースがないため，オペレータの後ろに置かれている。視覚情報を補うために，火災・ガスパネルを通じて聴覚によるアラームが配してある。この新しいシステムのレイアウトではアラームが鳴ったときに，火災・ガスパネルとメインパネルのすべての情報をすべてスキャンしなくてはならないことを示している。

（4）タイムライン分析

時間軸に沿って，いつ，どのような機能や処理が行われるのかを図的に表現したものが**タイムライン分析**（Timeline Analysis; TLA）である。タイムライン分析には2つの基本タイプがある。すなわち，タスクが完了するまでに要する時間を決定する**水平型**（horizontal），およびタスク実行中の要員の役割，資源の必要物・必要量に焦点を当てた**垂直型**（vertical）である。

水平型タイムライン分析はX軸に時間，Y軸にタスクをとり，それぞれのタスクに対して遂行している時間を示すものである。あるタイム・フレーム（時間の範囲）内において，タスク完了に対する全体的な成功確率を決定するのに用いられたり，潜在的なボトルネック（bottleneck）やクリティカル・パス（critical path）[17]上のタスクを同定する目的で利用されることが多い。

図5.5に水平型タイムライン分析の例を示す。この図は，沖合いに建設されている海上の天然ガスプラントにおいてガス漏れ事故が発生したときの避難オペレーションの時間的推移を示している。

垂直型タイムライン分析は縦方向の欄に従ったコラム形式の表現により，1

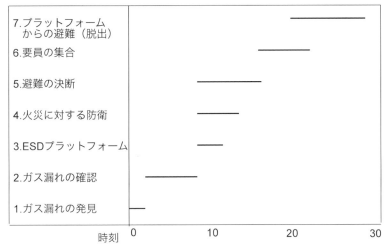

図5.5　沖合い避難シナリオに対する水平型タイムライン分析

(出所)　Kirwan, B.（伊藤謙治訳）：タスク分析（4.1章），伊藤謙治，桑野園子，小松
原明哲（編），『人間工学ハンドブック』，pp.218-233，朝倉書店，2003.

つの欄に時刻，もう1つの欄にはタスク／サブタスクをとり，これらに対応し
て残りの欄にオペレータの行動を記述していく。たとえば，システム内で複数
の要員が関連性を持ちながら職務を遂行するような場合には，時間軸を垂直方
向に取り，横軸にそれぞれの要員を配置し，それぞれの時刻において各要員が
遂行するオペレーションを記述することにより，各要員のアクションや機能の
時間的関係が明確になる。

　このように，複数の要素を有する，より複雑な状況においては，垂直型タイ
ムライン分析によるタスク記述が効果的である。図5.5に示した沖合いの天然
ガスプラントのガス漏れ事故時の避難オペレーションに関連して，関連各部署

---

17)　業務全体が複数のタスクで構成されているとき，作業時間の遅延が業務全体の完了時間，ある
　　いは工程全体の工期に影響を与えるタスクの集合（これらのタスクを作業順に並べたパス）を
　　クリティカル・パスという。
　　　クリティカル・パス上にないタスクの遂行時間が少しくらい遅れても，全体の業務の完了時
　　間には影響を与えない。そのため，クリティカル・パス上のタスクが重点管理対象となる。た
　　だし，クリティカル・パス上にないタスクであっても，大きな時間遅延があれば，クリティカ
　　ル・パスが変わってしまうことがある。このときは，そのタスクが新たなクリティカル・パス
　　を構成することになる。

タスク・ステップ	時刻	システムの状態	制御室1	制御室2	その他	備考
1. ガス漏れの発見	0.00	大規模なガス漏れ	第1ガス漏れ発見器のアラーム作動			「間違い警報」かと思っていた
	0.01		第2, 第3ガス漏れ発見器のアラーム作動	沖合いプラントの担当マネージャーに連絡		ここに至って, 事の重大さを知る
	0.02		ガス漏れ場所を特定		沖合いプラントの担当マネージャーが中央制御室に向かう	
	0.04		現場のオペレータに調査を指示		現場のオペレータは電話を受ける	ガス漏れを確認する手順によりオペレータは危険区域に入る；形式の決まったコミュニケーション規約なし。そのため, コミュニケーション・エラーの傾向は極めて高い
2. ガス漏れの確認	0.06				現場のオペレータがポータブル・ガス漏れ発見器と防毒マスクをもって, ガス漏れ現場に入る	この手順では少なくとも2人の要員で実施すべき（"相棒"システム）

図5.6　沖合い避難シナリオに対する垂直型タイムライン分析

（出所）　Kirwan, B.（伊藤謙治訳）：タスク分析（4.1章）, 伊藤謙治, 桑野園子, 小松原明哲（編）,
『人間工学ハンドブック』, pp. 218-233, 朝倉書店, 2003.

でのタスク遂行の時間的推移の一部を垂直型タイムライン分析により記述した
例が図5.6である。この例では主として2つの制御室1・2が関わっており,
その他の要員とともに, それぞれが個々の時点でどのような状況, どのような
行動・意思決定を取っているのかを記述している。

　以上, 代表的なタスク分析技法を簡単に紹介したが, 実際のタスク分析にお

いては取り組む問題の特徴や意思決定の目標などから，適するタスク記述技法を選定することが重要である。5.3.2項で説明したデータ獲得プロセスで収集した情報を5.3.3項のタスク記述技法に適用し，対象とするタスクや問題の構造を視覚化する。

このようにして構造が明らかになった構造化問題に対しては IE アプローチが適用可能となり，現代社会における複雑な問題に対して IE の考え方だけでなく，実際の問題解決に IE 手法が利用できるようになる。

5.4 非定常・想定外への対応：レジリエンスの取り込み

5.4.1 レジリエンスの必要性

2011年3月11日に発生した東日本大震災，そしてそれに端を発して起こった福島第一原子力発電所の事故により我が国，そして世界中の各国は予期せぬ想定外の事象に対するマネジメントの重要性を目の当たりにした。その後も頻発する大規模台風，そして豪雨・土砂災害により多くの尊い人命を失い，電力，水道，道路，鉄道網などのライフラインに大きな被害を及ぼし[18)]，**想定外の事象に対して素早く，的確に対処**しなくてはならない**レジリエンス**（resilience）[19)]が現代社会における最重要課題の1つになっていることは間違いない。

レジリエンスの重要性は，福島第1原発の事故により多くの人々知るところとなったため，システムの安全を実現するため，そして社会インフラ・ライフラインに必要な機能と思われがちであるが，それ以外の組織目標に対するマネジメントにとっても重要な特性である。少し古い出来事ではあるが，組織運営

---

18) たとえば，2019年9月，10月に連続して首都圏を直撃した台風15号・19号（台風15号は「令和元年房総半島台風」，そして19号は「令和元年東日本台風」と命名された）により被災地域の電力網が完全に復旧するのに，その後数週間を要した。さらに，屋根に損傷を受けたこの地域の住宅は，1年経ってもまだ屋根が雨避けのブルーシートで覆われていたことは記憶に新しい。

19) レジリエンス，そしてレジリエンス・エンジニアリングについての詳細，そして関連する議論については他書を参照されたい。たとえば，レジリエンス・エンジニアリングの原書[37,47]などは日本語訳の書籍も出版されている。また，[26]の4.4節にはレジリエンス・エンジニアリングの解説をまとめている。

のレジリエンスに関わる1つの事例を紹介したい。

1997年2月1日にアイシン精機（現：アイシン）の刈谷工場（愛知県）で火災が発生した。この火事により工場機能の復帰には少なくても1週間は掛かると推定されていた大災害であった。

この工場はトヨタ自動車のブレーキ機構の製造を担っており，ある部品はトヨタ車全体の99％を製造していた。トヨタは1.2.5項でも述べたように，極めて在庫が少ないため[20]，特に部品供給の停止はトヨタ全社の生産への影響が大きかった。トヨタ全体の製造が1つの部品の欠品のため一夜にして少なくても1週間はストップしてしまう，アイシン，そしてトヨタにとって想定外の大惨事であった。

アイシンは火災発生後直ちにトヨタと共同でこの部品供給の対策室を開設し，供給再開のための追加技術者の手配や，トヨタの取引先や別の部品製造の下請け企業に対して，このブレーキ部品の製造を優先するよう要請した。これらの諸施策により，火災発生数日後にはこのブレーキ部品の供給が開始され，自動車生産の再開が当初の予想より大幅に早まり，世間を驚かせた。これらは，普段からの不測事態への対処方法の検討とともに，系列工場の生産能力の高さ，サプライチェーンの機能性，グループとしての一体感や企業系列の価値感の醸成などにより可能となったものであり，トヨタのレジリエンス能力[21]の高さを世に知らしめた事象である。

以下，本節では想定外の事象にも対処しうるレジリエンスの捉え方，レジリエンスを発揮するために組織に必要な能力について簡単に論じる。

5.4.2　レジリエンスの目的

レジリエンスという考え方そのものは，それほど新しいものではなく，提唱されてからは既に50年を経ている。レジリエンスは，"bounce back"（跳ね返る）の意味をもつラテン語の"resiliere"を語源としており，辞書を引くと

20）火災当時，この部品の在庫はわずか4時間分であったと言われている。
21）この当時はまだ，レジリエンスという用語を用いてこの事象が語られることはなかったが，混乱からの素早い復元，回復であり，まさにレジリエンスの能力である。

「回復力」「弾力性」「復元力」などの意味がある。この用語の意味に従って，たとえば災害レジリエンスの分野ではレジリエンスをハザードを削減し，災害が発生したときには災害の影響を抑制し，社会の混乱を最小にし，将来の災害の影響を減少させるように，回復のためのアクションを実行する社会ユニット（組織，地域社会など）の能力，と定義している[48]。

レジリエンスのシステム安全への適用として近年脚光を浴びている**レジリエンス・エンジニアリング**（Resilience Engineering）では，レジリエンスを次のように定義している[49]：「想定内，想定外どちらの状況下においても，変化や混乱が起こる前，起きている最中，そして発生後においても，システムの運転を持続可能な状態にできるように，システムの機能を調整する本質的な能力」。このように定義されたレジリエンスを「複雑な社会技術システムに対する混乱や妨害，そして変化に適応，またはその影響を吸収するため」に増進することが，レジリエンス・エンジニアリングの目的である[50]。

以上をまとめると，レジリエンスとは**システムの状態に混乱を与える事象の発生に対して，それを持続可能に運転できる状態に復元する能力**である。この能力を**吸収力**（混乱の影響を自動的に吸収し，それに悪い結果を最小限にする能力），**適応力**（組織的な学習機能などにより，混乱に対応するための内生的なメカニズム），**回復力**（システムを修復するための外生的な要素に焦点を当てた能力），**準備力**（未知の混乱に対して備える能力），そして**計画力**（混乱に対応し，システム修復のための方策を計画する能力）を増進していくことにより発揮していこうというのが，レジリエンスの狙いである。

5.4.3 レジリエンスのコンセプト

組織あるいはシステムがレジリエントであるということはどういうことだろうか？　ここでは，レジリエンスの背景にあるコンセプトについて考えてみたい。前述したレジリエンスの定義や目的に従うと，レジリエンスを災害などの混乱により引き起こされた影響や要求に立ち向かい，レジリエントなシステムとしては，4R と称される次の特性を持つ必要がある[48]。

- **頑健性**（robustness）：システムや構成要素，分析対象のユニットが機能の損失や劣化がなく，与えられたレベルのストレス，あるいは要求に耐えうる強さ
- **冗長性**（redundancy）：代替可能なシステムや構成要素，分析対象の他のユニットが存在する範囲が大きいこと。すなわち，混乱，機能の損失や劣化のさなか，要求される機能が十分に満足されること
- **問題解決能力**（resourcefulness）：あるシステムや構成要素，あるいは分析対象のユニットが崩壊の脅威に直面しているとき，その問題を同定し，やるべきことの優先順位を的確に決定し，資源を有効に使えるようにする能力。この問題解決能力は決定された優先順位と達成目標を満足するために，さらに物的資源（貨幣，物質，技術，情報）に対する適用能力と，人的資源に対する適用能力の，2つに分けて概念化できる
- **迅速性**（rapidity）：損失を抑え，将来の混乱を避けるために，タイムリーに優先順位を満たし，目標を達成する能力

　これら4つのレジリエンス特性のうち，頑健性と迅速性はレジリエントなシステムを達成するために要求される目標である。一方，冗長性と問題解決能力はこれらの目標を達成するための手段に関する特性である。これら2つの特性はともに頑健性と迅速性という目標に寄与する。冗長性は主として頑健性に，そして問題解決能力は迅速性により強く関連する手段である。

5.4.4　レジリエンスのための組織能力

　レジリエンスを発揮するために必要な組織の能力について，レジリエンス・エンジニアリングでは次の4つを本質的な能力として提唱している[51]。(a)事象に応答する能力，(b)進展する状況をモニタリングする能力，(c)将来の脅威や好機を予見する能力，(d)過去の成功と失敗から同じように学習する能力。
　最初の**応答能力**（ability to respond）については，想定内の出来事とともに想定外の混乱に対しても，どのようなアクションを取るべきかを知ることが重要である。すなわち，応答能力とは**現実に立ち向かう**能力である。

　モニタリング能力（ability to monitor）については，何が将来の脅威となりうるか，それを探し出す能力である。すなわち，**決定的なもの，危機に立ち向かう**能力がモニタリング能力である。モニタリング能力は予期せぬ脅威に対応するために，これを的確に認知する能力である。

　予見能力（ability to anticipate）は脅威など，将来的にどのような進展が見られるかを的確に予知する能力である。すなわち，予見能力としては，現在は見えていない**潜在的なものに立ち向かう**ことが重要である。

　学習能力（ability to learn）は，過去の失敗経験（たとえば事故やインシデント）だけでなく，成功からも学習していく能力を備えることが重要である。すなわち，**事実に基づいてものごとに立ち向かっていく**のが学習能力である。

　世の中の変動がグローバルになり，そして地球温暖化などの環境問題などにより，我々を取り巻く社会は想定外の，重大な事象がますます頻繁に発生し，そしてその範囲も格段に大きくなっている。これらの状況に的確に，そして効果的に対処するために，レジリエンス・エンジニアリングの目的，考え方，そしてレジリエンスを発揮する能力を，組織として普段から身につける努力を行っていくことが重要である。

◆この章のポイント◆

- 伝統的な IE の特徴である現場・現実主義，ボトムアップ・アプローチ，規範的な問題解決，良構造問題，そして定常状態・想定内の状況を対象とした管理技術はそれら自身が強みとなっている反面，方法論としての弱み，別のタイプの問題に対する限界にもなっている。

- ボトムアップ・アプローチによる生産現場のマネジメントは現場力発揮の源泉となっているが，革新的な改善には不向きである。このようなブレイクスルーを起こす改革の実施には，設定した戦略目標を組織階層の下位レベルの活動に目標展開していくトップダウン・アプローチが有効である。展開された個々の施策の実現に IE の強みであるボトムアップの力を結びつけることが重要である。

- IE が対象とする良構造問題は信頼度の高い解を導き，間違いのないマネジメントに

寄与しているが，現代社会が直面している問題の多くに構造がわかっていない悪構造問題もある。このような問題に対してはタスク分析を利用して問題構造を明らかにしてから，IEアプローチを適用すればよい。

- タスク分析は対象とする問題に関する「データ収集」「モデル表現」「タスク記述」，そして問題解決の目的に応じた「分析結果のまとめ」というステップで実施される。それぞれのステップをサポートする技法が開発されており，各ステップで問題解決の目標に合ったな技法を選択し，タスク分析を実施する。

- 事務・管理業務，そしてホワイトカラー業務は人間の認知機能を利用する作業であり，これらを分析，解明するための代表的なタスク分析の方法が「プロトコル分析」である。

- プロトコル分析には自律段階にある人間の処理・行動は処理メカニズムを陽に表現できないという制限のため，他の方法を組み合わせることが有効である。言語プロトコルを補完する代表的な方法が「眼球運動解析」である。

- IEに限らず，どのような管理技術も想定外の状況のマネジメントを対象とはしていない。想定外の問題に適切にアプローチするためには，予期せぬ状態に導いた混乱から元の状態に素早く復旧，復元するレジリエンスの能力を組織に持たせ，IEアプローチと共存させる必要がある。

- レジリエンスとは混乱や変化に対してシステムが持つ，持続可能な状態への回復力，それを持続可能に運転できる状態に復元する能力である。

- レジリエントなシステムとして4Rの特性，すなわち頑健性，冗長性，問題解決能力，および迅速性が重要である。

- レジリエンスを発揮するために次の4つの本質的な組織の能力が組織に必要である。すなわち，事象に応答する能力，進展する状況をモニタリングする能力，将来の脅威や好機を予見する能力，および過去の成功と失敗から同じように学習する能力である。

付録 A
MTM の基本動作資料

A.1　手作業の基本要素動作

「手を延ばす」（Reach; R），および「定置する」（Position; P）については，本文中（2.3.4項）に記載がある。

（1）移動する（Move; M）

目的の場所に目的物を運ぶことを主目的として行なう基本要素（表 A.1 参照）。

《所要時間に影響を与える要因》

- 移動距離（cm）
- 目的地（位置決め）の状態（ケース A，B，C）
- 動作のタイプ（タイプ I，II，III；"手をのばす"と同じ）
- 重量（kg）

（2）まわす（Turn; T）

前椀の長さ方向の軸を中心とする手，手首，および前椀の回転運動により，空手，またはものを持っている手を回転するために行なう基本要素（表 A.2 参照）。

《所要時間に影響を与える要因》

- 重量（小，中，大）
- 回転角度（度）

（3）加圧する（Apply Pressure; AP）

回す最後に，回しながら力を入れる動作（表 A.2 参照）。

表 A.1　移動する：Move—M

距離 (cm)	TMU				重量に対する調整			ケースの説明
	A	B	C	Bm	重量(kg)	係数	常数	
2以下	2.0	2.0	2.0	1.7	1	1.00	0.0	A　○一方の手に持っている物を他方
4	3.1	4.0	4.5	2.8				の手に移動する。
6	4.1	5.0	5.8	3.1	2	1.04	1.6	○品物を止まりまで移動する。
8	5.1	5.9	6.9	3.7				
10	6.0	6.8	7.9	4.3	4	1.07	2.8	
12	6.9	7.7	8.8	4.9				
14	7.7	8.5	9.8	5.4	6	1.12	4.3	
16	8.	9.2	10.5	6.0				
18	9.0	9.8	11.1	6.5	8	1.17	5.8	
20	9.6	10.5	11.7	7.1				
22	10.2	11.2	12.4	7.6	10	1.22	7.3	B　○品物を大体の位置まで移動する。
24	10.8	11.8	13.0	8.2				
26	11.5	12.3	13.7	8.7	12	1.27	8.8	
28	12.1	12.8	14.4	9.3				
30	12.7	13.3	15.1	9.8	14	1.32	10.4	C　○品物を正確な位置まで移動する。
35	14.3	14.5	16.8	11.2				
40	15.8	15.6	18.5	12.6	16	1.36	11.9	
45	17.4	16.8	20.1	14.0				
50	19.0	18.0	21.8	15.4	18	1.41	13.4	
55	20.5	19.2	23.5	16.8				
60	22.1	20.4	25.2	18.2	20	1.46	14.9	
65	23.6	21.6	26.9	19.5				
70	25.2	22.8	28.6	20.9	22	1.51	16.4	
75	26.7	24.0	30.3	22.3				
80	28.3	25.2	32.0	23.7				

（出所）　Maynard, H. B., Stegemerten, G. J. and Schwab, J. L.: *Methods-Time Measurement*. McGraw-Hill, New York, 1948（林茂彦（訳），『MTM メソッド～タイム設定法―改訂追補版』．技報堂，1956，p. 397，表 2）．

表 A.2　まわす：Turn—T

重　　量	回転角度に対する TMU										
	30°	45°	60°	75°	90°	105°	120°	135°	150°	165°	180°
S　　0～1 kg	2.8	3.5	4.1	4.8	5.4	6.1	6.8	7.4	8.1	8.7	9.4
M　1.1～5 kg	4.4	5.5	6.5	7.5	8.5	9.6	10.6	11.6	12.7	13.7	14.3
L　5.1～16 kg	8.4	10.5	12.3	14.4	16.2	18.3	20.4	22.2	24.3	26.1	28.2

加圧する。ケース1，AP1―16.2 TMU　　　ケース2，AP2―10.5 TMU

（出所）　Maynard, H. B., Stegemerten, G. J. and Schwab, J. L.: *Methods-Time Measurement*. McGraw-Hill, New York, 1948（林茂彦（訳），『MTM メソッド～タイム設定法―改訂追補版』．技報堂，1956，p. 397，表 3）．

表 A.3 つかむ：Grasp—G

ケース	TMU	ケースの説明
1A	2.0	手にとる―小，中，または大なる物をじかにつかみ，つかみかたの容易なばあい。
1B	3.5	―極めて小さな物，または平面に接して置いてあるもののばあい。
1C1	7.3	―円筒形の底面と1側面に障害があってつかむばあい。 （直径12mmより大きい物）
1C2	8.7	―円筒形の底面と1側面に障害があってつかむばあい。 （直径6mmから12mmまでの物）
1C3	10.8	―円筒形の底面と1側面に障害があってつかむばあい。 （直径6mmより小さい物）
2	5.6	つかみ方を直す。
3	5.6	左右の手をつかみかえる。
4A	7.3	他の物と入りまじっている中から探して選んでつかむ。 （25mm×25mm×25mmより大きい物）
4B	9.1	他の物と入りまじっている中から探して選んでつかむ。 （6mm×6mm×3mmから25mm×25mm×25mmまでの物）
4C	12.9	他の物と入りまじっている中から探して選んでつかむ。 （6mm×6mm×3mmより小さい物）
5	0.	触れる，滑らせる，ひっかける。

（出所） Maynard, H.B., Stegemerten, G.J. and Schwab, J.L.: *Methods-Time Measurement*. McGraw-Hill, New York, 1948（林茂彦（訳），『MTM メソッド～タイム設定法―改訂追補版』．技報堂，1956，p.398，表4）.

《所要時間に影響を与える要因》
- ケース1（AP1）：指や手の筋肉に力が入る
- ケース2（AP2）：つかみ直しがない

（4）つかむ（Grasp; G）

1つ，または1つ以上の目的物を指，または手で完全にコントロールして，次に行なうべき基本要素の備えることを主目的として行なう基本要素（表A.3参照）。

《所要時間に影響を与える要因》
- ケース（1A，1B，1C1，1C2，1C3，2，3，4A，4B，4C，5）

表 A.4　(a) 手を離す：Release—RL　　　　　　**(b) 分離する：Disengege—D**

ケース	TMU	説　明
1	2.0	指を開いて手を放す
2	0	触れている手を放す

結合の級		取扱容易	取扱困難
1 級	ゆるい結合	4.0	5.7
2 級	固めの結合	7.5	11.8
3 級	極めて固い結合	22.9	34.7

（出所）Maynard, H. B., Stegemerten, G. J. and Schwab, J. L.: *Methods-Time Measurement*. McGraw-Hill, New York, 1948（林茂彦（訳），『MTM メソッド〜タイム設定法—改訂追補版』．技報堂，1956，p.398，表 6，表 7）．

（5）手を離す（Release Load; RL）

目的物を指，または手でコントロールするのをやめるために行なう基本要素（表 A.4(a) 参照）．

《所要時間に影響を与える要因》

- ケース 1 （RL1）：指を開くだけの動作
- ケース 2 （RL2）：触れている手を離す

（6）分離する（Disengage; D）

1 つの物が他のものと接触しているのを引き離すために行なう基本要素（表 A.4(b) 参照）．

《所要時間に影響を与える要因》

- 結合（はめあい）の度合："定置する"と同じ（表 2.14 参照）
- 取り扱いの難易度：定置する"と同じ

A.2　その他の動作

（7）クランク運動（Cranking Motion; C）（表 A.5 参照）

（8）目を移す（Eye Travel; ET）（表 A.6 参照）

（9）足・脚・胴体の動作（表 A.7 参照）

1．足の動作（Foot Motion; FM）

2．脚の動作（Leg Motion; LM）

3．横に寄る（Side Step; SS）

表 A.5　クランク運動：Cranking Motion—C

直径（cm）	T（TMU）	直径（cm）	T（TMU）
4	9.2	22	13.9
6	10.0	24	14.2
8	10.7	26	14.5
10	11.3	28	14.8
12	11.9	30	15.0
14	12.4	35	15.5
16	12.8	40	15.9
18	13.2	45	16.3
20	13.6	50	16.7

（出所）　Maynard, H. B., Stegemerten, G. J. and Schwab, J. L.: *Methods-Time Measurement*. McGraw-Hill, New York, 1948（林茂彦（訳），『MTM メソッド～タイム設定法―改訂追補版』．技報堂, 1956, p. 398, 表 8）を改変.

表 A.6　目を移す：Eye Travel—ET

$ET = 15.2 \times \dfrac{T}{D} - TMU$（最大 20 MTU に止める）	T＝目を移す 2 点間の距離
$EF = 7.3\,TMU$	D＝線 T に対する目からの垂直距離

（出所）　Maynard, H. B., Stegemerten, G. J. and Schwab, J. L.: *Methods-Time Measurement*. McGraw-Hill, New York, 1948（林茂彦（訳），『MTM メソッド～タイム設定法―改訂追補版』．技報堂, 1956, p. 399, 表 9）.

4．身体の向きを変える（Turn Body; TB）

5．腰を折るおよび立ち上がる（Bend & Arise; B, AS）

6．膝を折るおよび立ち上がる（Stop & Arise; S, AS）

7．片膝をつく（Kneel on One Knee & Arise; KOK）

8．両膝をつく（Kneel on Both Knees & Arise; KBK, AKBK）

9．腰かけるおよび立ち上がる（Sit & Stand; SIT, STD）

10．歩行する（Walking; W_M, W_P, W_PO）

表 A.7　足，脚および胴体の動作

説明	記号	距離	TMU
足の動作―足首を関節とする	FM	10 cm まで	8.5
足の動作―踏んで強くおす動作	FMP		19.1
脚又は下肢の動作	LM	15 cm まで	7.1
		1 cm ごとに加える	0.5
1 歩横に寄る―ケース 1 ―踏み出した方の 　　　脚が床に触れると同時に働 　　　かせ得るばあい	SS-C1	30 cm 以下 30 cm 1 cm ごとに加える	R または M に同じ 17.0 0.2
1 歩横に寄る―ケース 2 ―あとの方の脚を 　　　ひき寄せてからでないと手 　　　を働かせ得ないばあい	SS-C2	30 cm 1 cm ごとに加える	34.1 0.4
腰を折る。膝を折る。片膝をつく	B. S. KOK		29.0
B. S. KOK の姿勢を起す	AB. AS. AKOK		31.9
両膝を突く	KBK		69.4
KBK から立上る	AKBK		76.7
腰掛ける	SIT		34.7
SIT から立ちあがる	STD		43.4
体の向きを変える（45°-90°）			
ケース 1 ―踏み出した脚が床につくと同時 　　　に手を働かせ得るばあい	TBC1		18.6
ケース 2 ―あとの方の脚を引き寄せてから 　　　でないと手を働かせ得ないばあ 　　　い	TBC2		37.2
歩行する―1 メートル当り	W-M		17.4
歩行する―1 歩当り	W-P		15.0
歩行する―（障害のあるばあい）―1 歩当り	W-PO		17.0

（出所）　Maynard, H. B., Stegemerten, G. J. and Schwab, J. L.: *Methods-Time Measurement.*
McGraw-Hill, New York, 1948（林茂彦（訳），『MTM メソッド～タイム設定法―改訂追補
版』，技報堂，1956，p. 399，表10）.

A.3 MTM における可能な同時動作

表 A.8 可能／不可能な同時動作

手を延ばす			移動する			つかむ			定置する			分離する		ケース	動作
A.E	B	C.D	A.Bm	B	C	G1A G2 G5	G1B G1C	G4	P1S	P1SS P2S	P1NS P2SS P2NS	D1E D1D	D2		
	*	*	*	*	*		*	*	*	*	*	*		*	*		
	W O	W O	W O	W O		W O	W O	E	D	E	D	E	D		E D		
															A.E	手を延ばす
															B	
															C.D	
															A.Bm	移動する
															B	
															C	
															G1A,G2,G5	つかむ
															G1B,G1C	
															G4	
															P1S	定置する
															P1SS,P2S	
															P1NS,P2S P2NS	
															D1E,D1D	分離する
															D2	

□ ＝ 同時動作が容易
⊠ ＝ 習熟すれば同時動作ができる
■ ＝ いくら習熟しても同時動作が
　　　困難。各動作に時間を与えよ。

上表に示す以外の動作

　T ＝ 通常は，すべての動作と同時動作が容易。
　　　 ただし，Tがコントロールを要する場合。およびDを除く。
AP ＝ 習熟すれば容易のこともあるが，困難なこともある。
　　　 それぞれの場合につき分析を要する。
P3 ＝ すべて困難。　　D3 ＝ 通常は困難。　　RL ＝ すべて容易。
　D ＝ ケガをしたり，品物をいためたりしないように注意を要する
　　　 場合は，級のいかんにかかわらず困難。

*W ＝ 正常視野内
　O ＝ 正常視野外

**E ＝ 取扱容易
　D ＝ 取扱困難

（出所）　Maynard, H. B., Stegemerten, G. J. and Schwab, J. L.: *Methods-Time Measurement*. McGraw Hill, New York, 1948（林茂彦（訳），『MTM メソッド・タイム設定法—改訂追補版』，技報堂，1956，p. 399，表11）を改変.

付録B
標準資料の表現形式

B.1 等式

等式は関連する作業要因となる変数に値を代入することにより，その条件下での作業の所要時間が算出できる（図B.1参照）。

$$T = \frac{\pi DL}{1000VS}$$

T: 切削時間(分)
D: 加工品の直径(mm)
L: 加工長さ(mm)
V: 切削速度(m/分)
S: 毎回転送り(mm/回転)

図B.1 等式「切削加工における機械切削時間」

（出所） 作業測定便覧編集委員会編：『作業測定便覧』. 日刊工業新聞社, 1964[17], p. 863.

B.2 カーブ

所要時間に影響を与える要因が1つのとき，その変数の値に対する所要時間値を直感的にうまく示すことができるのがカーブである（図B.2参照）。

B.3 表

カーブと同じように，所要時間に影響を与える要因が1つのとき，その変数の値に対する所要時間値を表形式で示すことができる（表B.1参照）。

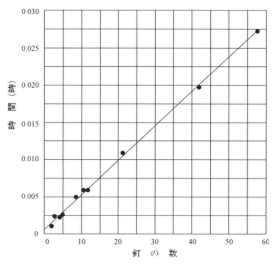

図 B.2　カーブ「釘打ち所要時間」

（出所）　作業測定便覧編集委員会編：『作業測定便覧』．日刊
工業新聞社，1964[17]，p.860，図3.2.

表 B.1　表「釘打ち所要時間」

釘の数	時　間	釘の数	時　間	釘の数	時　間
1	0.0011	21	0.0102	41	0.0193
2	0.0015	22	0.0106	42	0.0197
3	0.0020	23	0.0111	43	0.0202
4	0.0025	24	0.0115	44	0.0207
5	0.0029	25	0.0120	45	0.0211
6	0.0033	26	0.0125	46	0.0216
7	0.0038	27	0.0130	47	0.0220
8	0.0042	28	0.0134	48	0.0225
9	0.0047	29	0.0138	49	0.0229
10	0.0052	30	0.0143	50	0.0233
11	0.0056	31	0.0147	51	0.0238
12	0.0060	32	0.0152	52	0.0243
13	0.0065	33	0.0157	53	0.0247
14	0.0070	34	0.0161	54	0.0252
15	0.0075	35	0.0166	55	0.0257
16	0.0079	36	0.0170	56	0.0262
17	0.0083	37	0.0175	57	0.0266
18	0.0088	38	0.0179	58	0.0271
19	0.0092	39	0.0183	59	0.0275
20	0.0097	40	0.0188	60	0.0280

（出所）　作業測定便覧編集委員会編：『作業測定便
覧』．日刊工業新聞社，1964[17]，p.860，表3.2.

B.4　計算図表

　計算図表は要因が 2 つのとき，2 つの要因それぞれのスケールの当該値の点を結んだ直線と，中央の時間値を示す直線の交点の値が作業の所要時間値となるように作成されている（図 B.3 参照）。

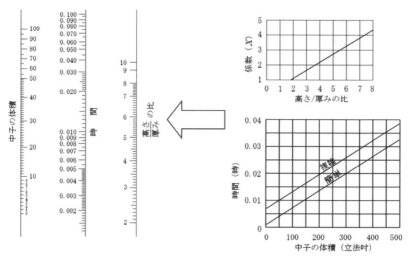

図 B.3　計算図表「砂を中子に積めて，叩く」

（出所）　作業測定便覧編集委員会編：『作業測定便覧』．日刊工業新聞社，1964[17]，p.861，図3.3，図3.4.

B.5　組み合わせカーブ

　所要時間に影響を与える変数がさらに増え，3 つのときに利用する表現として考え出されたものが組み合わせカーブである（図 B.4 参照）。

B.6　プレレートシート

　所要時間に影響を及ぼす要因の数がさらに多くなったときに，カーブ，図などで効果的に表現することは不可能である。このような場合の例としてプレレート・シートがある（表 B.2 参照）。

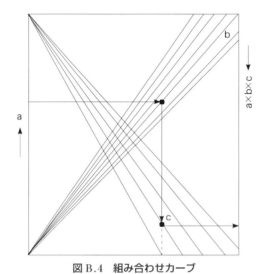

図 B.4　組み合わせカーブ

（出所）　作業測定便覧編集委員会編：『作業測定便覧』，
日刊工業新聞社，1964[17]，p.861，図3.5.

表 B.2　プレレート・シート「ダイヤル型電話器操作」

受話器をとる	時間 (0.0001分)	受話器までの距離（cm）										電話番号 (56)6136
		14〜32			〜47		〜63			〜83		
		152			178		200※			220		200
第一桁目	No.	1	2	3	4	5	6	7	8	9	0	
	時間 (0.0001分)	118	133	150	165	※184	199	217	232	250	265	184
	No.	時間(0.0001分)										
第二桁目 以　後	1	149※						×1				149
	2	164										
	3	181※						×1				181
	4	199										
	5	215										
	6	230※						×3				690
	7	248										
	8	263										
	9	281										
	10	296										
									計			1404

（出所）　作業測定便覧編集委員会編：『作業測定便覧』．日刊工業新聞社，1964[17]，p.862，表
3.3.

B.7　多変数表

　さらに要因数が増えて，所要時間に影響を与える変数が4つになったときの標準資料の表現形式の工夫の例として多変数表がある（表B.3参照）。

表B.3　多変数量「孔あけ加工時間」

					12		長　さ			1 1/2	材
					9	12				1 3/4	料
					6 3/4	9	12			2	径
		孔　径			5 1/4	7	9	10 1/2		2 1/4	径
3/16	1/4	5/16	3/8	7/16		5 3/4	7 1/4	8 1/2	10	2 1/2	
1/8		深　さ			.13	.14	.15	.16	.17		
3/16	1/8				.14	.15	.16	.17	.18		
1/4	3/16	1/8	→		.15	.16	.17	.18	.19		
5/16	1/4	3/16	1/8		.16	.17	.18	.19	.20		
3/8	5/16	1/4	3/16	1/8	.17	.18	.19	.20	.21		
	3/8	5/16	1/4	3/16	.19	.20	.21	.22	.23		
		3/8	5/16	1/4	.21	.22	.23	.24	.25		
			3/8	5/16	.23	.24	.25	.26	.27		
				3/8	.26	.27	.28	.29	.30		

（出所）　作業測定便覧編集委員会編：『作業測定便覧』．日刊工業新聞社，1964[17]，p. 885．表3.12下．

引用文献

[1] Taylor, F. W.: *The Principle of Scientific Management*. Harper & Brothers, New York, 1947（上野陽一（訳），『科学的管理法』．産業能率短期大学出版部，1957）．

[2] 秋庭雅夫：『インダストリアル・エンジニアリング』．日科技連出版，1978．

[3] IISE: What is industrial and systems engineering? https://www.iise.org/details.aspx?id=282 Institute of Industrial and Systems Engineers, Norcross, GA, Last accessed 2019年3月15日．

[4] Taylor, F. W.: Shop Management. *Transactions on ASME*, Vol. 24, pp. 41-219, 1903（上野陽一（訳編），『テーラー全集』第1巻に「工場管理法」として収録，同文館，1932）．

[5] Ford, H.: *My Life and Work*. Golden City New York, 1922.

[6] United Nations: The Sustainable Development Goals Report 2021 https://unstats.un.org/sdgs/report/2021/The-Sustainable-Development-Goals-Report-2021.pdf United Nations, Last accessed 2021年10月14日．

[7] 栗原啓介：スウェーデン・ボルボ社における人間重視型生産方式．機械技術，Vol. 39，No. 10，pp. 38-43，1991．

[8] Berggren, C.: *The Volvo Experience: Alternatives to Lean Production in the Swedish Auto Industry*. Macmillan Press, London, 1993.

[9] Sandberg, Å.: *Enriching Production: Perspectives on Volvo's Uddevalla Plant as an Alternative to Lean Production* Avebury, Aldershot, UK, 1995.

[10] Maslow, A. H.: *Motivation and Personality* (*2nd ed.*). Harper & Row, New York, 1970（小口忠彦（訳），『人間性の心理学：モチベーションとパーソナリティ』．産業能率大学出版部，1987）．

[11] Herzberg, F.: *Work and the Nature of Man.* Ty Crowell, New York, 1966（北野利信（訳），『仕事と人間性：動機付け―衛生理論の新展開』．東洋経済出版社，1968）．

[12] McGregor, D.: *The Human Side of Enterprise.* McGraw-Hill, New York, 1960（高橋達男（訳），『企業の人間的側面：統合と自己統制による経営』．産業能率大学出版部，1970）．

[13] Womack, J. P., Jones, D. T. and Roos, D.: *The Machine That Changed the World: The Story of Lean Production.* Harper Perennial, New York, 1990.

[14] Graban, M.: *Lean Hospitals: Improving Quality, Patient Safety, and Employee Engagement* (*2nd ed.*). CRC Press, Boca Raton, FL, 2012.

[15] 圓川隆夫：『現代オペレーションズ・マネジメント：IoT 時代の品質・生産性向上と顧客価値創造』．朝倉書店，2017．

[16] Vicente, K. J.: *Cognitive Work Analysis: Toward Safe, Productive, and Healthy Computer-Based Work.* Lawrence Erlbaum Associates, Marwah, NJ, 1999.

[17] 作業測定便覧編集委員会編：『作業測定便覧』．日刊工業新聞社，1964．

[18] Quick, J. H., Duncan, J. H. and Malcolm, J. A.: *Work-Factor Time Standards: Measurement of Manual and Mental Work.* McGraw-Hill, New York, 1962（上田武人（訳），『W. F. 分析法（動作時間標準法）』．技報堂，1951）．

[19] Maynard, H. B., Stegemerten, G. J. and Schwab, J. L.: *Methods-Time Measurement.* McGraw-Hill, New York, 1948（林茂彦（訳），『MTM メソッド～タイム設定法―改訂追補版』．技報堂，1956）．

[20] Heyde, G. C.: *P. I. Control with MODAPTS.* AAPTS & R, Sydney, 1966（日本モダプツ協会編『モダプツ法による作業改善テキスト』．日本出版

サービス，2008)．

[21] Zandin, K. B.: *MOST: Work Measurement Systems.* Taylor & Francis, Boca Raton, FL, 1990 (坂本重泰（訳），『新版 MOST（モスト）画期的な標準時間の設定法：新しい発想"シーケンス"による最新の作業測定技術』．日本能率協会マネジメントセンター，1993)．

[22] Card, S. K., Moran, T. P. and Newell, A.: *The Psychology of Human-Computer Interaction.* Lawrence Erlbaum Associates, Hillsdale, NJ, 1983 (GOMS モデル，モデル・ヒューマン・プロセッサ（Model Human Processor）については，たとえば，伊藤謙治：18.4章 マン-マシン・インタフェース．工程管理ハンドブック編集委員会編『工程管理ハンドブック』，pp. 1007-1035，日刊工業新聞社，1992で日本語で解説している)．

[23] Barnes, R. M.: *Motion and Time Study: Design and Measurement of Work（7th ed.）.* John Wiley and Sons, New York, 1958.

[24] 伊藤謙治，桑野園子，小松原明哲（編），『人間工学ハンドブック』，朝倉書店，2003.

[25] 青木和夫：人間工学関連の規格・標準（1.3章）．伊藤謙治，桑野園子，小松原明哲（編），『人間工学ハンドブック』，pp. 16-21，朝倉書店，2003.

[26] 伊藤謙治：『ヒューマンファクターズ・アプローチによる安全管理：人間工学の理論から実践へ』．中央労働災害防止協会，2021.

[27] Nielsen, J.: *Usability Engineering.* Academic Press, New York, 1993.

[28] Nielsen, J.: 113 Design Guideline for Homepage Usability.
http: //www. nngroup. com/articles/113-design-guidelines-homepage-usability/
Last accessed 2019年 4 月22日.

[29] 圓川隆夫，伊藤謙治：『生産マネジメントの手法』．朝倉書店，1996.

[30] 日本産業規格：工程図記号，Z 8206．日本工業規格，1982.

[31] American Society of Mechanical Engineers: *ASME Standard: Operation*

and *Flow Process Charts 1947*. The American Society of Mechanical Engineers, New York, 1947.

[32] 日本能率協会コンサルティング：『工場マネジャー実務ハンドブック』, 日本能率協会マネジメントセンター, 2010.

[33] Kilbridge, M. D. and Wester, L.: A heuristic method of assembly line balancing. *The Journal of Industrial Engineering*, Vol, 12, No. 4, pp. 292-298, 1961.

[34] Buffa, E. S., Armour, G. C. and Vollman, T. E.: Allocating facilities with CRAFT. *Harvard Business Review*, Vol. 42, pp. 136-136, 1964.

[35] Lee, R. C. and Moore, J. M.: CORELAP-COmputerized RElationship LAyout Planning. *Journal of Industrial Engineering*, Vol. 18, No. 3, pp. 195-200, 1967.

[36] Muther, R. and Hales, L.: *Systematic Layout planning (4th ed.)*. Management & Industrial Research Publications, Marietta, GA, 2015 (SLP の日本語訳には, 十時昌 (訳), 『工場レイアウトの技術 (SLP)』. 日本能率協会, 1964がある).

[37] Hollnagel, E., Woods, D. D. and Leveson, N. G.: *Resilience Engineering: Concepts and Precepts*. Ashgate, Aldershot, UK, 2006 (北村正晴 (監訳), 『レジリエンスエンジニアリング：概念と指針』. 日科技連出版, 2012).

[38] Kirwan, B. and Ainsworth, L. K.: *A Guide to Task Analysis*, Taylor & Francis, London, 1992.

[39] Kirwan, B.: *A Guide to Practical Human Reliability Assessment*. Taylor & Francis, London, 1994.

[40] Kirwan, B. (伊藤謙治訳)：タスク分析 (4.1章). 伊藤謙治, 桑野園子, 小松原明哲 (編), 『人間工学ハンドブック』, pp. 218-233, 朝倉書店, 2003.

[41] Ericsson K. A. and Simon, H. A.: *Protocol Analysis: Verbal Reports as Data*. MIT Press, Cambridge, MA, 1984.

[42] Hansen, J. P., Hauland, G. and Andersen, H. B. (伊藤謙治訳)：認知プロ

セスデータの獲得と分析法（5.2章）．伊藤謙治，桑野園子，小松原明哲（編），『人間工学ハンドブック』，pp. 335-349，朝倉書店，2003.

[43] Just, M. A. and Carpenter, P. A.: A theory of reading: From eye fixations to comprehension. *Psychological Review*, Vol. 87, No. 4, pp. 329-354, 1980.

[44] Krueger, R. A. and Casey, M. A.: *Focus Groups (3rd ed.): A Practical Guide for Applied Research*. Sage Publications, Thousand Oaks, CA, 2000.

[45] Flanagan, J. C.: The critical incident technique. *Psychological Bulletin*, Vol. 5, No. 4, pp. 327-358, 1954.

[46] Peterson, J. L.: *Petri Net Theory and the Modeling of Systems*. Prentice Hall, Englewood Cliffs, NJ, 1981（市川惇信，小林重信（訳），『ペトリネット入門：情報システムのモデル化』，共立出版，1984).

[47] Hollnagel, E., Pariès, J., Woods, D. D. and Wreathall, J. (Eds.): *Resilience Engineering in Practice: A Guidebook*. Ashgate, Farnham, UK, 2011（北村正晴，小松原明哲（監訳），『実践レジリエンスエンジニアリング：社会・技術システムおよび重安全システムへの実装の手引き』，日科技連出版，2014).

[48] Bruneau, M., Chang, S. E., Eguchi, R. T., Lee, G. C., O'Rourke, T. D., Reinhorn, A. M., Shinozuka, M., Tierney, K., Wallace, W. and von Winterfeldt, D.: A framework to quantitatively assess and enhance the seismic resilience of communities. *Earthquake Spectra*, Vol. 19, No. 4, pp. 733-752, 2003.

[49] Hollnagel, E.: Resilience: the challenge of the unstable. In Hollnagel, E., Woods, D. D. and Leveson, N. G. (Eds.), *Resilience Engineering: Concepts and Precepts*, pp. 9-17, Ashgate, Aldershot, UK, 2006.

[50] Hollnagel, E. and Woods, D. D.: Epilogue: Resilience engineering precepts. In Hollnagel, E., Woods, D. D. and Leveson, N. G. (Eds.), *Resilience Engineering: Concepts and Precepts*, pp. 347-358, Ashgate, Aldershot, UK, 2006.

[51] Hollnagel, E.: Prologue: The scope of resilience engineering. In E. Hollnagel, J. Paries, D. Woods and J. Wreathall (Eds.), *Resilience Engineering in Practice: A Guidebook.* pp. xxix-xxxix, Ashgate, Farnham, UK. 2011.

〈著者紹介〉
伊藤謙治（いとう・けんじ）

1956年　東京生まれ。
1975年 4 月　東京工業大学工学部 3 類入学
1979年 3 月　東京工業大学工学部経営工学科卒業
　同年 4 月　（株）日立製作所　入社
1983年10月　東京工業大学工学部経営工学科助手
1989年 3 月　工学博士（東京工業大学）
1991年11月　東京工業大学工学部経営工学科助教授
1994年 3 月　デンマーク・リソ国立研究所客員研究員（1994年12月末まで）
1996年 5 月　東京工業大学大学院社会理工学研究科経営工学専攻教授
2008年 5 月　デンマーク工科大学客員教授（2008年 9 月末まで）
2016年 4 月　大学の組織変更により工学院経営工学系教授
2021年 4 月　東京工業大学名誉教授
　　　　　　東京理科大学経営学部経営学科教授
　　　　　　　　　　　　　　　　　　　　　　現在に至る

主要著書
- 『ヒューマンファクターズ・アプローチによる安全管理：人間工学の理論から実践へ』，中央労働災害防止協会，2021.
- 『高度成熟社会の人間工学』，日科技連出版社，1997.
- （圓川隆夫との共著）『生産マネジメントの手法』，朝倉書店，1996.
- （桑野園子，小松原明哲と共編）『人間工学ハンドブック』，朝倉書店，2003（普及版 2012）.
- Kenji Itoh, Henning Boje Andersen and Kim Lyngby Mikkelsen: Safety culture dimensions, patient safety outcomes and their correlations. In P. Waterson (Ed.), *Patient Safety Culture: Theory, Methods and Application*, pp. 67-98, Ashgate, Surrey, UK, 2014.
- Kenji Itoh, Henning Boje Andersen and Marlene Dyrløv Madsen: Safety Culture in health care, In P. Carayon (Ed.), *Handbook of Human Factors and Ergonomics in Health Care and Patient Safety (2nd ed.)*, pp. 133-162, CRC Press, Boca Raton, FL, 2012.
- Marlene Dyrløv Madsen, Henning Boje Andersen and Kenji Itoh: Assessing safety culture in healthcare. In P. Carayon (Ed.), *Handbook of Human Factors and Ergonomics in Healthcare and Patient Safety*, pp. 693-713, Lawrence Erlbaum Associates, Mahwah, NJ, 2007.
- Kenji Itoh, Henning Boje Andersen and Marlene Dyrløv Madsen: Safety culture in healthcare. In P. Carayon (Ed.), *Handbook of Human Factors and Ergonomics in Healthcare and Patient Safety*, pp. 199-216, Lawrence Erlbaum Associates, Mahwah, NJ, 2007.
- Kenji Itoh, Masaki Seki and Henning Boje Andersen: Approaches for transportation safety: Case studies applying to track maintenance train operations. In E. Hollnagel (Ed.), *Handbook of Cognitive Task Design*, pp. 603-632, Lawrence Erlbaum Associates, Mahwah, NJ, 2003.
　　　　　　　　　　　　　　　　　　　　　　ほか多数

詳解インダストリアル・エンジニアリング
体系化とマネジメントへの展開

2022年5月30日　初版第1刷発行

著　　者 ——— 伊藤謙治
　　　　　　　© 2022 Kenji Itoh
発 行 者 ——— 張 士洛
発 行 所 ——— 日本能率協会マネジメントセンター
〒103-6009 東京都中央区日本橋2-7-1 東京日本橋タワー
TEL 03（6362）4339（編集）/03（6362）4558（販売）
FAX 03（3272）8128（編集）/03（3272）8127（販売）
https://www.jmam.co.jp/

装　　丁 ——— 冨澤崇（EBranch）
本文DTP ——— 創栄図書印刷株式会社
印　　刷 ——— 広研印刷株式会社
製　　本 ——— 東京美術紙工協業組合

ISBN 978-4-8005-9010-7 C3034
落丁・乱丁はおとりかえします。
PRINTED IN JAPAN

スマートファクトリー 構築ハンドブック

毛利　大／神山洋輔　著
日本能率協会コンサルティング　編

スマートファクトリーのコンセプト設計から実装までを支援するためのフレームワークと検討ステップについてまとめています。

企業は，実現したい未来のために経営の革新を図っていく必要があります。スマートファクトリーの構築のためには DX 化，デジタル人材の育成が欠かせません。しかし，流行に振り回されず，自社に適した変化をもたらすために必要なものは何なのか？　本書ではそうした課題についてどう考え，解決していけばよいか解説します。

A５判　272 ページ

日本能率協会マネジメントセンター